人中吕布

中国养子文化史（先秦至南北朝）

马陈兵 ⊙ 著

图书在版编目（CIP）数据

人中吕布：中国养子文化史：先秦至南北朝／马陈兵著. —北京：
生活·读书·新知三联书店，2023.4
ISBN 978 - 7 - 108 - 07528 - 4

Ⅰ.①人… Ⅱ.①马… Ⅲ.①宗法制度－研究－中国－先秦时代－南北朝时代
Ⅳ.① D691.21

中国版本图书馆 CIP 数据核字（2022）第 191314 号

策划编辑　徐国强
责任编辑　陈富余
装帧设计　刘　洋
责任校对　张　睿
责任印制　卢　岳
出版发行　生活·讀書·新知 三联书店
　　　　　（北京市东城区美术馆东街 22 号　100010）
网　　址　www.sdxjpc.com
经　　销　新华书店
印　　刷　河北松源印刷有限公司
版　　次　2023 年 4 月北京第 1 版
　　　　　2023 年 4 月北京第 1 次印刷
开　　本　635 毫米 × 965 毫米　1/16　印张 23
字　　数　277 千字　图 8 幅
印　　数　0,001 - 6,000 册
定　　价　69.00 元
（印装查询：01064002715；邮购查询：01084010542）

黄景仁《何事不可为二章·咏史（其一）》 马陈兵书

神马爸爸图　马陈兵绘

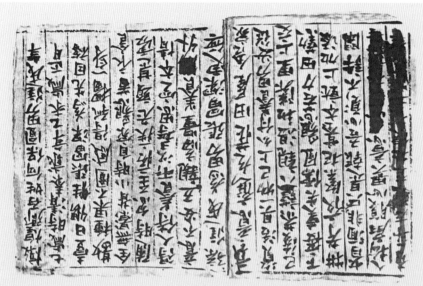

后唐清泰二年（935）正月敦煌多名僧徒并居士等施舍入报恩寺牒（局部）

资料来源：方广锠，《佛教藏经集成与敦煌文书研究》，上海古籍出版社，2009年。

嗚呼世道衰人倫壞而親疏之
理反其常干戈起於骨肉異類
合為父子開平顯德五十年間天下
五代而實八姓其三公私二名位將相卓其
大者積元下其次立功名位將相卓
非一時之隆以利合而相資者邪
惟自號沙陀起代北其興也有兒
時雄傑誅武之士往往養以為兒
競義兒軍至其有天下多用以成功
業及其亡也由焉太祖養子多兵
其間紀書兒人至多明宗其次曰兩
眼何本嗣恩存信在孝更存
進存璋在賢作義兒傳

新五代史義兒傳
迄之昌陳兵抄於
壬寅秋宗明書于
里所竹村中

《新五代史·义儿传》序　马陈兵书

宗法为经　拟亲为纬

兴亡继绝　生生不息

谨以此书献给历劫弥繁的家国

那浅草没蹄的江南之王

与月明如昨的苏堤春晓

栀子花开　妹妹回来

目　录

2

序　章　李世民怎么称呼隋炀帝？

李世民怎么称呼隋炀帝？

按说，这个问题不荒唐，好回答。

西魏、北周名将独孤信（503—557）保持着一项很牛的记录：三朝国丈。

独孤信的大女儿嫁给周明帝宇文毓，为北周明敬皇后；七女嫁隋文帝杨坚，就是以吃醋闻名的文献独孤皇后；四女在世时低调些，但子孙开国称孤，身后皇帝一大串：她嫁给隋朝的唐国公李昞，生下唐高祖李渊，被追封为元贞皇后。

隋文帝杨坚，是唐高祖李渊的姨父。

杨坚是李渊姨父，李渊比杨广年长三岁，也就是杨广的表兄。顺下来，李世民该叫杨广表叔。

唐太宗有没有见过隋炀帝？即李渊在太原起兵之前，李世民有没有觐见过当朝皇帝表叔？不好说。李世民生于公元598或599年，足足比杨广小三十岁以上。在他五六岁时，仁寿四年（604），三十五岁的杨广即位。大业初年，李渊先后担任岐州刺史和荥阳、楼烦二郡太守，其后入朝任殿内少监、卫尉少卿，但时间很短。大业九年（613），隋炀帝为对付杨玄感叛乱，任命李渊为弘化留守，节制关右诸郡兵马，其后镇守太原，直至起兵反隋，李渊应未再回到表弟御前。

但在明人演义小说《说唐全传》中，隋炀帝成了李世民的老干爹。新进皇养子李世民给皇养父磕过头，还乖乖跑到萧皇后那儿叫一声母后千岁，母子吃了回认亲酒。《说唐全传》第三十四回说，隋炀帝在下扬州前北巡太原，唐公李渊带着四个儿子见驾，炀帝看李世民一表人才，"心中欢喜得紧"，对李渊说："王兄，朕欲将卿子世民承继为子，不知卿意若何？"李渊急忙谢恩，于是"世民拜了炀帝。炀帝即封世民为秦王，下旨令太监引入后宫，去拜母亲。世民见了萧妃，俯伏道：'臣儿世民朝见母后，愿母后千岁千岁千千岁！'萧妃叫声：'王儿起来。'忙吩咐摆宴后宫，赐宴不表"。

根据正史的记述，大业十一年（615）八月，隋炀帝北巡，被突厥始毕可汗数十万大军包围在雁门，李世民时年十六，隶将军云定兴麾下勤王参战，并无随父觐见炀帝之事。脱围后的隋炀帝如惊弓之鸟直接回驾洛阳，两年后，李世民就策动其父起兵，而南下扬州前，隋炀帝亦未再次北巡太原验收晋阳宫。这桩养子公案，应属虚构。

《说唐全传》是明清英雄传奇小说的代表作，旧时曾与《三国演义》《水浒传》等量齐观，几乎家喻户晓。小说广泛吸收包括正史、野史、趣闻逸事，乃至这些故事在民间流传中衍生积累的新奇情节，其创作成书是一个文本与传说长期互动的过程。换言之，上一个王朝的皇帝把下一个王朝的皇帝收为义子这样的情节设计，可能采自民间传说，是社会心理与民众集体意识的投射。

在野史逸闻中过养义子、当干爹大瘾的远不止隋炀帝，仅《说唐全传》就有多宗。小说中另一个杜撰的人物靠山王杨林为隋炀帝叔父，号称隋朝第八条好汉，原已收养义儿十二人，见据说是上界左天蓬大将转世下凡的天下第十六条好汉秦叔宝人才一表，武艺高强，喜欢得不得了，强收为义子，凑足十三太保之数。偏秦叔宝之父原是北齐济州守将秦彝，在北周灭齐战争中死于杨林枪下，杀父仇人囫囵成养父义子，情何以堪！

在乱世，现实版的"秦杨配"往往有之，颇不稀奇。例如16世纪后期纵横于广东潮州沿海的海上武装力量主要领导人许朝光，本姓谢，潮州府饶平县东界所城人氏。海盗许栋杀其父，掳其母，养其子，名之为朝光。许朝光长大后，随养父为海盗，后羽翼丰满，伏兵杀许栋，统并其众。

再说开去，这种殊遇孽合，原非暴君枭雄们的专利，古贤先圣也喜欢得紧，周文王姬昌早在《封神演义》中干过一票。小说中，西伯姬昌是个繁殖能力超强的生子狂人，年纪轻轻就娶四妻生九十九子，上天又在荒山野岭直接打赏他一个超级养子。该书第十回说，姬昌应纣王宣召前往朝歌，行至燕山，遭遇雷雨，姬昌才断言"雷过生光，将星出现"，就有婴儿哭声从一座古墓旁传来。左右寻到一个小孩，抱过来给他看：

> 姬昌看见好个孩子，面如桃蕊，眼有光华。姬昌大喜，想："我该有百子，今止有九十九子，适才之数，该得此儿，正成百子之兆，真是美事。"

一行人捡了宝继续赶路，刚翻过燕山，就来了仙人云中子，把古墓奇婴收为徒弟，带上终南山，七年后下山助周灭纣，是为雷震子。

周文王这一票，不劳而获，免养而父，无本万利，真叫后世无数亏光赔尽的养父气噎。许栋杀人父，夺人母，子其子，结局如此，也算现世报应；秦叔宝和许朝光类似；杨广就一冤大头，认个表侄做义儿，按说亲上加亲，却被养子家一脚反踹，失了江山。

杨广冤苦难抑时，不妨想想本家妹妹杨玉环。

杨玉环降贵纡尊，认安禄山为子，"三日洗禄儿"，后来落得魂断蜀道，香消马嵬。看来养子这种事，姓姬的随便干干，姓杨的尽量别惹。

话说回来，唐之代隋，既自知天下易得乃是捡亲戚家的便宜，满朝公卿也多是历隋乃至南北朝入唐的数朝故人或者隋二代，即为新朝服务的衣冠之族，多已勃兴数代，所以唐立国之后仍为隋讳，存了父子之国的意味。唐初首发修史之议的大臣令狐德棻直谓唐"受禅于隋"（《新唐书·令狐德棻传》），宋人就诧异开了。陆游《老学庵续笔记》说："唐初，魏郑公等撰《隋书》，以隋文帝之父名忠，故凡'忠'字皆谓之诚……书作于唐，犹为隋避讳，骤读之，殆不可晓。太宗诗云：'疾风知劲草，板荡识诚臣。'亦是避隋讳耳。"王仲荦先生《北周地理志》卷五"山南部·广州条"以《隋柱国左光禄大夫宏义明公皇甫府君碑》与《隋书·皇甫诞传》对照，后者将"广州"改为"鲁州"，也说明"唐初臣僚尚为隋帝讳改也"。隋朝二帝如地下有知，尚可存一丝苦笑。

回到周文王的公案。

中国的古史与诸经虽未见文王百子的记述，但《大戴礼记》说"文王十五而生武王"，《史记集解》据此推定周武王仅小他老爸十四岁，《礼记·文王世子》又说周文王活到九十七岁。一个十五岁就当爹的一夫多妻老寿星一口气生上百个孩子，并非难事。南朝陈宣帝寿不过五十三，仅儿子就生了四十二个。《南史·梁宗室传》说，梁武帝第十一弟萧恢"有男女百人，男封侯者三十九人，女主三十八人"。如前所述，明清历史小说多在民间传说的基础上加工而成，传说多少有史实影子，完全空穴来风，必然传之不远——这不，演义小说中的养子公案，包括种种场景情节，只要不拘同一主角，不难在正史中找出基本对应的原型。

欧阳修撰《新五代史》，专为沙陀军阀晋王李克用开出一个新品种《义儿传》，作为超级养父，李克用收养李嗣昭，情景就颇似姬昌收雷震子：

> 李嗣昭，本姓韩氏，汾州太谷县民家子也。太祖出猎，至其家，见其林中郁郁有气，甚异之，召其父问焉。父言家适生儿，太祖因遗以金帛而取之，命其弟克柔养以为子。初名进通，后更名嗣昭。

古人讲望气，山林蓊郁、大野雷电等正好被当成上天特殊的佳兆，何况五代史本身就杂厕了不少传说。真要比较，灭唐开五代的梁太祖朱温比他的死对头晋王李克用更善于通过收养义儿来整合、扩大社会资源。他和《说唐全传》中的隋炀帝一样，一见有培养价值的好苗子就两眼放光，不但养武人，也养富人、异人，更有创意的是连子带孙串蚂蚱一样养。《新五代史·南平世家》如此交代南平王高季兴早年被丐养而发迹的经历：

> 季兴少为汴州富人李让家僮。梁太祖初镇宣武，让以入赀（即贡献财物）得幸，养为子，易其姓名曰朱友让。季兴以友让故得进见，太祖奇其材，命友让以子畜之，因冒姓朱氏，补制胜军使，迁毅勇指挥使。

高季兴原乃一富商仆从，能有多少才？朱温何以知他有才？还是《旧五代史》朴实喜气，直说高季兴"耳面稍异"，朱温无意瞟一眼，注意上了，"命友让养之为子"。命养子养子，得朱子朱孙，朱温这串联式收养，高效率，有创意。

　　　　　　　　人中吕布：中国养子文化史

元世祖忽必烈行事看来比朱温磊落，他曾以皇子之尊促成一段水到渠成的恩养关系，《新元史·王显祖传》云：

> 王显祖，字继先。其先高平人，后徙居邢州。金人南渡，河北隔绝，州民推显祖父明为节度判官。木华黎徇地至邢州，明以城降，授本州节度副使，佩金符。明卒，显祖袭节度判官。世祖在潜邸，过邢州，刘秉忠与明有旧，引显祖入见。显祖年十四，状貌奇伟，世祖酌酒赐之，使为秉忠养子。

刘秉忠是元初名臣，忽必烈的左右手。刘与王父是同乡和故交，本来就有抚旧之情、恤孤之义，而少年王显祖也与高季兴一样长相不错。后来王显祖不负所望，成为有名良吏。

明朝出了个史上最招摇无忌的"父皇"——明武宗朱厚照。

朱厚照不育，却"收养义子，布满左右"（《明史·黄巩传》）。正德七年，他一次"赐义子一百二十七人国姓"，第二年又"以边将江彬、许泰分领京营，赐国姓"（《明史·武宗本纪》），义子钱宁甚至在名刺上自称"皇庶子"。他带上一帮义儿假子从北玩儿到南，满朝文武谏争无用，甚至由此导致惨烈的大规模廷杖。事实上，养子之风终明一朝长盛不衰，不止皇帝，宦官如魏忠贤，首辅如严嵩，都是出名的大养父。

从小说到史实，从大盗到帝王，上述诸例让我们切实感受到：在中国古代，假父身影到处晃动，养子气息无处不在！

二

残唐五代，养子炽盛，风头劲戾。欧阳修《新五代史》首辟《义儿传》，而也后无继者。面对"天下五代而实八姓，其三出于丐养"（即后唐明宗李嗣源、后汉高祖刘知远、后周世宗柴荣均以养子位登大宝）的史实，他发出感慨："世道衰，人伦坏，而亲疏之理反其常，干戈起于骨肉，异类合为父子。"欧阳修主要从道德人心与乱世争战两个维度审视自安史乱后的中晚唐至五代养子义儿异常活跃的现象。时至今日，欧阳修的看法仍有相当大的代表性和影响。

但欧阳修的局限也很明显。立足中国大历史，养子也好，义儿也罢，只是举要而言，其背后的传统和社会机理，远非一朝数代所能括其端绪，更非安禄山的八千曳落河[1]或李克用一支义儿军所能完全代言。

众所周知，古代中国很早就形成了以父系血统为唯一合法传承路径的宗法制社会结构，并在父权制基础上发展出以宗族关系与皇权承续嬗变为中轴的专制社会治理系统。大体而言，这套系统相当成功，有二三千年"中华国族"的文明发展与繁衍壮大为证。但血亲传承依赖生物遗传而有严重的先天局限，不育绝嗣或继承人孱弱败坏的困境经常出现。而且，草根原生、蓬勃多元的社会活力，理论上将被血缘之经阻隔在父宗集团或者说优势家族之外，无法及时得到吸纳整合，以通过温和途径共享社会治理和资源分配，导致社会阶层加速固化，沉滞枯竭，如此，革命、暴乱必来得更猛烈，轻则政权更迭愈为频繁，重则动乱分裂，往而不返，国族沦于小弱衰败。如何有效调整、缓解、转化这个矛盾？老祖宗从鬼神到人事一路摸索，捣鼓出一套符合儒家伦理的辅助调整工具，这就是以继嗣养子为核心的拟亲制度，它不仅包括养子的诸多显性形式如异姓收养、以

---

[1]《新唐书·逆臣传》云：安禄山谋逆，"养同罗、降奚、契丹曳落河八千人为假子……"。

人中吕布：中国养子文化史

庶为嫡、同宗继嗣，乃至赘婿、招夫、改嫁、兄弟结拜等伴生的丐养关系，还包括天人合一观念之下的天子之道、蓄士养客、宗族部曲、师生门人、主官辟召、赐姓名等隐性的变体。从这个意义上，拟亲制度——养子文化是我们这个以宗法为经的古老东方专制帝国不可或缺之纬，经纬交织，贯穿整个古代历史，实乃"帝国的纬线"。事实上，拟亲文化仍深刻影响着现代社会，养子的诸多形式或变体依然广泛存在。

三

清人徐珂《清稗类钞·讥讽类》收录了一个冒姓得官的故事：

> 江苏甘泉县邵伯镇有王石平者，某督之纪纲（州郡长官的掾属之类随员）也。以买得某姓族谱画像，遂冒姓某氏，某督遂亦不以仆视之，由是起家，而购良田，置美宅。

《庄子·逍遥游》说，宋国有人能配制一种使手在冬天不冻裂的膏药。虽拥此秘方，这家人仍不免为制药终年操劳。有客出百金购得此方，寒冬替吴王带兵与越人水战，依靠治皲秘药使军士免因手足冻裂影响战斗力，打了胜仗，裂土封侯。千载之下，邵伯镇的王石平与庄周笔下的购药客可谓知己！一本别人家的族谱和祖宗画像，在老实本分者眼中是无用之物，在死读书人那儿大概也只是有点儿意思的残篇古董，但王石平直接用它来冒姓易宗，并由此摆脱仆隶阶层，当上大僚属吏，过上幸福生活。换句话，就是王石平通过瞒骗假冒，突破血缘宗法的壁垒，直接成为大姓后裔，而这通常必须通过养子、赘婿等相当辛苦、费时的拟亲渠道方能实现。王石平聪明大胆，是个出色的"盗谱者"。

王石平买谱冒籍花了多少银子不可考，但这门交易一直有人做，卖谱与人，罪可致死。东晋南朝堪称中国历史上门第、阶层区隔最严的时代，谱学成为显学。"先是，谱学未有名家，希镜祖弼之广集百氏谱记，专心习业。晋泰元中，朝廷给弼之令史书史，撰定缮写，藏秘阁及左户曹。希镜三世传学，凡十八州士族谱，合百帙，七百余卷，该究精悉，皆如贯珠，当时莫比。"贾希镜因为精通谱学在南齐受重用，官至长水校尉，但他在为官府修谱的同时也发卖谱的黑财，有个叫王宝泰的向他买《琅邪谱》，冒袭琅邪王氏。后事发，"希镜坐被收，当极法"（《南史·贾希镜传》），他的长子跑到齐明帝那里叩头谢罪，额头磕得鲜血淋漓，才保下老父一条命。南朝自宋元嘉至齐世，"伪状巧籍，岁月滋广"（沈约语，见《南史·王僧孺传》），禁而不止，甚至因此引发动乱，如齐武帝萧赜时以富阳侨人唐寓之为首的"抗检籍"暴动。不过，一般人盗籍伪谱多为避役逃赋，想要混入侨户甲族王、谢门中，大概只有像贾希镜这样掌握着官藏秘谱的人才能帮忙做到。

就实质而言，所有通过拟亲关系突破血缘壁垒的人，或者反之，通过恩养结拜等方式建立具有"拟亲关系"的利益圈子或社会集团的人，都是血亲系统的"盗谱者"、父宗社会的"破壁剂"。他们的"盗"与"拟"，收养与被养，在不同程度上促进了社会能量交换与资源整合，以此而言，"盗"亦有道。唧唧复唧唧，木兰当户织。帝国的纬线，正是由这一代代的盗谱者投梭织就。以此言之，他们居功亦伟，自当有史。

马陈兵　绘

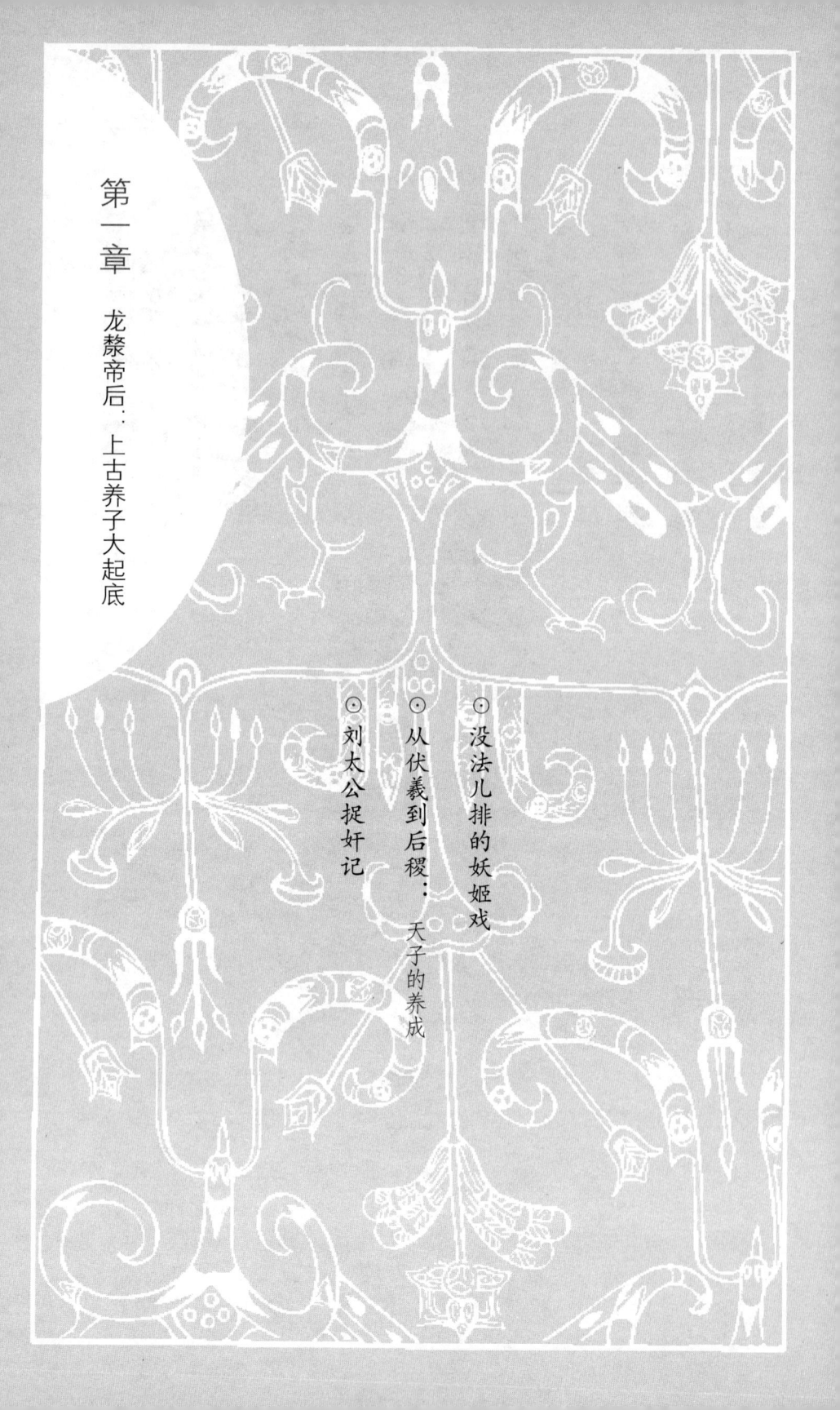

第一章

龙缕帝后：上古养子大起底

没法儿排的妖姬戏

年代愈远愈荒忽奇特，是历史书写的共同面相，因为所有民族、地区的历史，都有由神话、传说向信史演进的过程。中国上古，圣人以神道设教，巫史一家，夏、商、西周乃至春秋，史官常兼卜筮之职，人神同维，历史甚至能以近千年的时间跨度预演、预设、预言。

公元前8世纪初叶，大约周幽王三年（前779）或其后不久某年的某天，周朝柱下史伯阳父打开层层深锁的王室档案，把堆满屋子的甲骨一版一版翻出来读，读完本朝读前朝，记载印证并预言了他的担忧。读毕，他无可奈何地提前宣判："周朝要亡国了！"接着，伯阳父讲出深藏在列朝史记中的亡国密码——

好奇害死猫，这是一段千年妖物降世的孽缘：

> 很久很久以前，夏朝第十四代君主帝孔甲在位时，政乱世衰，有两条神龙从天而降，停在夏帝庭中，自称褒国二君。怎么办好呢？孔甲卜占过，有杀掉、赶走、留下三种办法，都不吉，改卜向龙求漦（龙精气所吐之沫）并保藏，这才得到吉兆。于是，孔甲让人把这个请求写在简策

上，以布币为贽向二龙祷请，龙果然吐沫留漦飞走了。

夏人用匣子把龙漦小心封藏起来。

夏亡国后，这个神秘匣子传入殷朝，殷亡传周，一直到周厉王之前，没谁敢去打开它。

有一天，胆大好奇不惧鬼神的周厉王想起这事，便让人打开匣子，想看个究竟。匣子一开，龙漦流淌到地上，腥味扑鼻，怎么弄都没办法消除。厉王叫一群妇女脱光衣服，对着龙漦噪叫喧呼，不料龙漦变成一只玄鼋，跑进后宫，正好遇上一个七岁的女童。

这个女童长到十五岁时，莫名怀孕。因为是无夫生子，非常惊怕，生下来就悄悄把婴儿扔了。

周宣王时，有童谣唱道："檿弧箕服，实亡周国。"即卖桑木弓箭和箕木箭袋的人将亡周国。宣王听了，下令全城搜查，发现一对夫妇正好卖这两样东西，便派人去抓。这对夫妇连夜逃跑，半路听到婴儿哭声，心生怜悯，就把婴儿抱走，逃到褒国。这个女婴，正是当年遭遇玄鼋后无夫而孕的宫中女童遗弃的孩子。后来周幽王讨伐褒国，褒国献上一个姓姒的美女，大家叫她褒姒。褒姒是谁？正是当日被卖弓夫妇抱走收养的女婴！

周幽王三年的一天，王在后宫碰上褒姒，喜欢上了她，生下儿子伯服。而后幽王竟然想把申皇后和太子废掉，改立褒姒为皇后，伯服为太子。眼看祸乱铸成，童谣就要应验，这真是没办法的事啊！

上面这段话，基本译自《史记·周本纪》。这台龙漦大戏，跨界，跨代，跨朝，跨国，匪夷所思，周朝的伯阳父发布出来，西汉的司马迁转述起来，都凌乱得一地鸡毛。

根据上古史通行的说法，公元前21世纪到公元前11世纪这千把年时间中，夏、商两朝前后相续，大约各占其半。帝孔甲夏朝末年在位，时间约在公元前17—16世纪。夏朝传至孔甲曾孙帝履癸（即夏桀）亡于商，商朝历三十一帝约五百年，亡于公元前1106年[1]。周朝从武王算起，到周厉王也已是第十代君子。

周厉王是周室由盛入衰的关键人物，史称其暴虐好利，弭谤残民，共和元年（前841）被推翻。十四年后，他的儿子周宣王即位，一口气干了四十六年，到周幽王继位，已是前781年。如此算来，这一口腥臊无比的龙漦从公元前16世纪到前9世纪，已经在匣中保存了七八百年。

根据伯阳父的报告，厉王宫中七岁女童遭遇龙漦变成的玄鼋，"既笄而孕"，古时女子十五岁及笄，也即八年之后胎动腹中，就算开匣噪鼋事件发生在厉王在位最后一年，女童怀孕之年也不迟于周召共和八年（前834）。若按常理隔年产子，宣王元年（前827）这孩子该已五六岁，不应是刚被遗弃在野外的新生儿。退一步，就算卖檿弧箕服的夫妇抱走的真是生下不久的弃婴，周宣王在位四十六年，等到周幽王继位，褒姒已年近五十。献一个老妇给王，是何用意？这剧本得改[2]。

怎么改？祖宗的套路，是先打娘肚子的主意。

---

[1] 此从张汝舟先生说。参阅张闻玉：《古代天文历法讲座》，广西师范大学出版社，2017年，第279—282页。

[2] 娶老妇仍能生女育儿的天方夜谭，中国正史偶有记载，不算孤例，金人始祖函普就是。《金史·本纪第一》即如此讲述一个流浪老光棍通过入赘富婆家发家创祖的个人史。金人始祖函普从高丽流浪到仆干水之涯的完颜部时已经六十多岁，完颜部两族长期仇杀械斗，大家来找这个外乡人调停。作为调停成功的报偿，他娶了完颜部的"六十之妇……并得其赀产。后生二男，长曰乌鲁，次曰斡鲁，一女曰注思板，遂为完颜部人"。《封神演义》中，姜子牙在昆仑学道四十年，下山后娶六十八岁黄花闺女马氏，则是野史传奇中非常出名的段子。古人大概不知道女性会绝经且绝经即不育这回事，编起故事不怕穿帮。

在中国古代感生神话或相关的故事传说中，举凡大圣至贵、大妖巨孽，有不少是非常沉得住气的异胎奇种，大月晚产乃家常便饭，最著名的人物有黄帝、尧、孔子、秦始皇等。但是这些人中最晚产的黄帝，也不过晚到二年即二十四个月，要保证褒姒长到周幽王继位前后正好妙龄二八，褒妈至少要怀胎数十载。相似的记录要到印度去找，禅宗第十祖胁尊者本名难生，"处胎六十年"[1]。不过，让厉王时的宫中女童在宣王眼皮下腆着个来路不明的大肚子待产万把天，这戏仍然排不下去。

排不下去归排不下去，不影响周太史发表史料，宣布预言；不妨碍司马迁采信而入《史记》；同样不妨碍历代文人史家据此视褒姒为妖孽，来路不正，所谓"燕啄皇孙，知汉祚之将尽；龙漦帝后，识夏廷之遽衰"（骆宾王《为徐敬业讨武曌檄》）。老百姓更不管，周幽王烽火戏诸侯的段子流传千年，家喻户晓，"褒姒乱周"与"妲己乱纣"一样成为妖孽铁案。

在民间传说和《封神演义》中，九尾狐狸精早已在妖风惨惨的恩州驿之夜杀苏妲己真身而冒替之，冀州侯苏护成为蒙在鼓里的假父，相比之下，褒姒来历比妲己复杂得多，可谓三重养女。

此话怎讲？

褒妹妹最初一点胎息，起于褒国二君所化雌雄双龙的精气交感。《史记·夏本纪》有言："帝孔甲立，好方鬼神，事淫乱。夏后氏德衰，诸侯畔之。天降龙二，有雌雄……其后有刘累，学扰龙于豢龙氏，以事孔甲。"可知龙乃雌雄一对。这褒君双龙，自是褒姒第一重父母。

周厉王好奇害死猫，当日这八百年龙漦一朝出匣，浓黏满

---

〔1〕 冯国栋点校：《景德传灯录》，中州古籍出版社，2019，第15页。

人中吕布：中国养子文化史

地，腥臊冲天。厉王若稍存敬畏，像当年夏帝孔甲一样布币作策祷请一通，说不定可以消灾化难。偏他不敬不祷，还让一群妇女裸身而厌之，硬是厌出怪物玄鼋。根据《史记索隐》和《国语·郑语》的注解，玄鼋就是蜥蜴，形状像龙。龙还威武，蜥蜴就恶心了。女童遇玄鼋而受孕，这老蜥女童，自是褒姒"二手"父母。

因童谣遭无妄追捕而在逃亡途中收养宫中弃婴的那对夫妇，是褒姒世俗意义上的养父养母。

褒姒大概是个患有严重抑郁症的绝美孤女。宠爱有加痴狂过头，那是周幽王的事，得宠并没让她真正高兴起来，不然何以终日不笑？其实西周灭亡的直接原因，是幽王废了申后，其父申侯联合缯国与西夷、犬戎攻杀幽王于骊山之下，而褒姒则成为征服者的战利品，被掳而去，一点儿不见那千年龙漦在她身上发生什么魅影神迹。周朝至幽王之世，外戚势盛，诸侯坐大，犬夷窥伺，王室已衰，一废皇后太子，就引来蛮族（也即后父之族）入侵，亡国灭身。西夷、犬戎即后来的匈奴族，一直对以姬姓封国为核心的周王朝存在威胁，时服时战。春秋时期，仍发生周王室在内部斗争或对抗强势诸侯国时借重戎狄外援而与之联姻结盟之事，如周襄王之娶狄后隗氏。尽管如此，中国古史硬是让神龙与凡人协作，传说与信史联手，跨代隔世给褒姒套上三重养女的复杂身份，并让她出任夏、商、西周（西、东周实为中国历史上一大分界，后者已属春秋）三代的终结者，吊诡之中，天机在焉。

从伏羲到后稷：天子的养成

都说关公战秦琼，褒姒碰上李世民，也要急眼打官司。

《旧唐书·太宗本纪》赫然写道：

> 太宗文武大圣大广孝皇帝讳世民，高祖第二子也。母曰太穆顺圣皇后窦氏。隋开皇十八年十二月戊午，生于武功之别馆。时有二龙戏于馆门之外，三日而去。

褒姒有理由跟李世民急：你二龙，我龙二！我乃龙之精气千年而孕，你那两条龙不过门外杂耍几天。凭什么你成了大帝，我沦为妖姬，还落得国破被掳不知所终？上天不公！

褒姒虽吁天恨地，却早得黄帝嫡传。《史记》开篇第一场恶战，是黄帝大战蚩尤，张守节《史记正义》引《龙鱼河图》的记述说：

> 黄帝摄政，有蚩尤兄弟八十一人，并兽身人语，铜头铁额，食沙石子，造立兵仗刀戟大弩，威振天下，诛杀无道，不慈仁。万民欲令黄帝行天子事，黄帝以仁义不能禁止蚩尤，乃仰天而叹。天遣玄女下授黄帝兵信神符，制伏蚩尤。

传说那时蚩尤部族已能制造金属兵器，而黄帝的部下操的还是石斧玉钺。考古发掘也证明中国南方文明早于北方部族掌握金属冶炼技术。一场装备不对等的战争本来没法打，但黄帝仰天一叹，直接天降玄女代他摆平。为什么？因为黄帝乃上天所生，他那凡间老母，当初不过把肚子借天一用。《史记正义》援引古史传说云：

> （黄帝）母曰附宝，之祁野，见大电绕北斗枢星，感而怀孕，二十四月而生黄帝。

人中吕布：中国养子文化史

不仅黄帝如此，五帝的第二位、黄帝之孙高阳即帝颛顼，也是"天生的"。《史记正义》引《河图》云："瑶光如蜺贯月，正白，感女枢（蜀山氏女，颛顼之母）于幽房之宫，生颛顼，首戴干戈，有德文也。"传说颛顼为黑帝，白生黑，好搭配。

司马迁说："百家言黄帝，其文不雅驯。"他撰《史记》，不提三皇，首叙五帝，而且借鉴了孔子的态度和标准[1]，尽量摒除古史传说中百家荒忽之说，只说古圣明王们"生而神灵"，点到为止，不去惹日月星辰。《晋书·四夷传·吐谷浑》："（吐谷浑之孙）叶延……好问天地造化、帝王年历。司马薄洛邻曰：'臣等不学，实未审三皇何父之子，五帝谁母所生。'"司马迁是不肯乱说，薄洛邻大概属于蛮族中稍有文化的人，孤陋寡闻，说不了。但对这类问题好奇如叶延者实在太多，相关传说也从没止息，代代相传。这不，南朝沈约本为文士，其撰《宋书》，特立《符瑞志》，古圣明王的降生史当然是头等祥瑞，最炫题材，于是上自伏羲，下至姬昌，汉代纬书大加渲染的那些感生神话、圣王前传，通通被他搬上正史。

对《宋书·符瑞志》中关于上古三代帝王的降生记进行整理，大约分为三类。

第一是日月星辰云霓雷电感应类，或称"意感派"。除上举黄帝、颛顼外，尚有帝挚、帝舜等。

帝挚少昊氏的母亲名叫女节，有一夜看见天上的星星像虹一样向下流到一片水中洲渚，接着"梦接意感"，把他生了下来。

帝舜有虞氏的母亲名握登，她"见大虹意感，而生舜于姚墟"。

---

[1] 见《大戴礼记·五帝德》。

第二是践迹吞物类，有伏羲氏、商之始祖契、周之始祖后稷等。第一位，谓"燧人之世，有大迹出雷泽，华胥履之，而生伏牺于成纪"，后二位，大概因为时代较近，且事迹已见之《诗经》[1]，《史记》遂亦书之不讳。《殷本纪》："殷契，母曰简狄，有娀氏之女，为帝喾次妃。三人行浴，见玄鸟堕其卵，简狄取吞之，因孕生契。"《周本纪》："周后稷，名弃。其母有邰氏女，曰姜原。……姜原出野，见巨人迹，心忻然说，欲践之，践之而身动如孕者。"秦的始祖传说，也搬用吞卵版本："秦之先，帝颛顼之苗裔孙曰女脩。女脩织，玄鸟陨卵，女脩吞之，生子大业。"（《史记·秦本纪》）总而言之，足迹很重要，扯淡真不少。

大禹之母脩己则把这两大类型综合起来，并付出难产的代价："帝禹有夏氏，母曰脩己，出行，见流星贯昴，梦接意感，既而吞神珠。脩己背剖，而生禹于石纽。"后来大禹的媳妇涂山氏送饭时看到丈夫化熊开山，吓成石人，裂石生启，听起来，似乎难产可以婆媳相传。前文中印度禅宗第十祖胁尊者处胎六十年，又名难生，胁，大概亦有剖背裂胁而生之遗意。

第三类，按太史公标准大概最不雅驯，属于龙蛇交感人神野合，但更形象、有力。

炎帝神农氏，其母名女登："神龙首感女登于常羊山，生炎帝。"

帝尧仿佛是按图纸定制的大月晚产圣人，而且神迹从他母亲诞生时就已经出现：

　　　　帝尧之母曰庆都，生于斗维之野，常有黄云覆护其

〔1〕《诗经·商颂·玄鸟》："天命玄鸟，降而生商。"《诗经·大雅·生民》："履帝武敏歆"。

人中吕布：中国养子文化史

上。及长，观于三河，常有龙随之。一旦龙负《图》而至，其文要曰："亦受天祐。"眉八彩，鬓发长七尺二寸，面锐上丰下，足履翼宿。既而阴风四合，赤龙感之。孕十四月而生尧于丹陵，其状如图。

周文王也有故事。他的母亲太任，"梦长人感己，溲于豕牢而生昌，是为周文王"。龙虽未直接进入太任梦境，但一大群一大群地飞临"殷之牧野"，沈约说，那是圣人将起之兆。

分析上述案例，不管哪个类型，故事背后通约的原型，都是上天借腹生圣贤。换句话说，三皇五帝古圣先王们几无例外均为上天之子，这一概念及其内涵经反复浸润，固化为"天子"，成为中国古代皇帝的专称。

三个类型中，帝挚、黄帝、颛顼、帝尧、大禹直接受气于日月星辰，纯洁性、神圣性无疑最高，其次是践迹吞卵，取资于地。至于"阴风四合，赤龙感之""长人感己"等，实已隐喻发生在野外或梦境中的人神交配，更直接说就是野合，或者母系氏族制时代知母不知父的杂处群交。尽管如此，神龙每现必有祥云，来与帝尧之母庆都交感的赤龙更事先开读上天"圣旨"，须眉如画，按图定制，以明"天祐"。到后来"天"不仅被直接拟人，而且学会偷懒，梦中打个招呼亦可搞掂，《史记·晋世家》叙晋国始封之祖叔虞来历："梦天谓武王曰：'余命女生子，名虞，余与之唐。'"即是。

天、地、人三位一体，是华夏先民对人与自然关系朴素的认知，如天皇、地皇、人皇合为三皇，天、地、人合称三才。人为天地之灵，天人感应、天人之际、天地和合、天意、天道等，都是汉语古老的基本词语。天虽高高在上，但天意不是凌驾于芸芸众生之上独断、暴横的存在，而是万物之道的神性体现，是人间福祉的一元化表达。庄子《天运》开篇推究天行不息的原因："孰主张是？孰维纲是？孰居无事推而行是？意者其有机缄而不得已邪？意者其运转而不能自止邪？"把天猜度、揶揄成精密的永动机。屈原《天问》则直接从"遂古之初""上下未形"的时空起始处发难，"圜则九重，孰营度之？""日月安属？列星安陈？"已带有探索自然的意味。在这种基本认识和语境中，其诞自天的古圣先王，遂成为中国上古第一批"天子"，身负为人世创造福祉的神秘力量和神圣使命。黄帝得天助的前提，是"万民钦命黄帝行天子事"，而铜头铁额的敌人则执意站在"仁义"的反面；颛顼"首戴干戈，有德文也"；等等。这样一个体系，将"天之养子"，即"天子"，纳入以"仁政"为说辞的世俗社会治理，而非无条件的宗教崇拜，与希腊神话动辄由天神宙斯、海神波塞冬等直接诱奸、强奸女性，或由圣灵直接让圣母怀孕生下耶稣，有本质的区别。这样一个体系，也决定了在"天子"之母承天受孕诸种方式中，以受日月星辰云气天光所感最为雅驯，而事近野合的践迹乃至现身与凡女交感的蛟龙，主其事的巨人神兽，究其实质，也不过"替天授胎"。

刘太公捉奸记

中国第一个平民天子刘邦是不是也像大禹和他的儿子启一样从石头缝里蹦出来？《史记·高祖本纪》一反雅驯惯例，直接香艳上图：

> 高祖，沛丰邑中阳里人，姓刘氏，字季。父曰太公，母曰刘媪。其先刘媪尝息大泽之陂，梦与神遇。是时雷电晦冥，太公往视，则见蛟龙于其上。已而有身，遂产高祖。

人中吕布：中国养子文化史

沛郡农民刘太公下田劳作，肚子饿了，老婆的饭还没送到。天突然变脸，雷电交加，风雨晦暝。刘太公一则肚饿，二则担心老婆，冒雨寻去，捉奸当场，在河边陂地看到蛟龙和自己老婆刘媪不可描述。事后，刘媪怀孕，生下老细，伯仲叔季，季者，老四或排行最末之幼子也。

这简直是中国版的"丽达与天鹅"。在希腊神话中，宙斯化为天鹅，在河滩上诱奸以美貌出名的斯巴达国王廷达瑞俄斯的王后丽达，成为西方艺术史上著名的题材，被包括达·芬奇在内的众多画家反复表现，留下大量香艳逼真的人兽交合画面。但这种题材在中国无疑属于"怪、力、乱、神"，一般情况下，不会被允许在经史中直接表达甚至大加渲染，《史记》出现这样的文字，可算例外。

上节说了，在代天养子的诸种方式中，巨人龙蛇之属直接与凡间女子交合致孕，属不雅驯的低级做法，是大儒良史要重点过滤的内容。过滤的办法，除干脆改写或不采纳外，就是尽量改用践迹身动、梦接意感一类模糊说法，而摒除直接交合的描写。后世正史介绍帝王的诞生，但凡述及神迹，基本遵循这个原则和手法。

魏文帝曹丕生时，据说有车盖一样的青色云气笼罩其上。

北魏太武帝之母游于云泽，梦到房间里出现太阳，惊醒过来，看见光芒从窗户射出，上达于天，"欻然有感"（《魏书·太祖纪》），因而怀孕。孝文帝拓跋宏生时，也有"神光照于室内，天地氛氲，和气充塞"（《魏书·高祖纪》）。

《旧五代史·周书·太祖本纪》：周太祖郭威降生那天晚上，"赤光照室，有声如炉炭之裂，星火四迸"，好像他爸正打铁。

上举数例，均属天光地气直抵灵胎，此一类型的最简版，即"赤光照室"（宋哲宗、宋高宗）、"神光照室"（北周武帝宇文邕）之类。晋高祖石敬瑭受到更潦草的对待，仅谓"白气充庭"（《旧五代史·晋书·高祖本纪》）。

践迹吞卵一类，因为浴川、野合这类场景太洪荒古朴，而后世贵妇后妃之属一般不能如此不雅，故而最常见的变体，是感日或梦日而生。

北齐后主高纬虽是亡国昏君，其母胡皇后怀上他时，史书所载也阵仗颇大："梦于海上坐玉盆，日入裙下，遂有娠。"（《北齐书·补帝纪·后主高纬》）

宋朝有数任皇帝承日而生：太宗之母"梦神人捧日以授，已而有娠"（《宋史·太宗本纪》）；真宗之母"梦以裙承日，有娠"（《宋史·真宗本纪》）；英宗之父濮安懿王"梦两龙与日并堕，以衣承之"（《宋史·英宗本纪》）。

理论上讲，封建王朝除皇后和太子外，嫔妃宫女，皇帝的众多庶出子孙乃至宗室旁枝，多少都有生皇帝、登大宝的概率，这种潜在的可能与强烈的心理暗示，肯定导致上述人等十有八九做过捧日乘龙之类的异梦，只不过能做不能说，说了要杀头。有朝一日真个天子得做，美梦成真，当然要添油加醋大讲特讲。甚至本来不曾做梦，也得说有，不然神意如何显现？何以证明"身为天子"？

如此说来，还是明太祖朱元璋之母的吞药香梦来得朴实。

朱元璋之母陈氏"方娠，梦神授药一丸，置掌中有光，吞之，寤，口余香气"（《明史·太祖本纪》）。朱元璋出身乞丐，父母都是底层贫民，做八辈子梦也不会、不敢梦到儿子当皇帝。另一方面，贫民生病，有粒丸药吃吃就算大造化。这样的梦，寓神奇于本分，可爱，可信。

神人、神龙直接与人交合类型的天子之梦也很常见，尤其在沛县乡下农妇刘媪大泽陂前风雨野合之后，龙几乎成为天子——皇帝的对应物，所谓"真龙天子"。但是，除了刘媪的

　　　　　　　　　　　　人中吕布：中国养子文化史

艳遇，大白天真龙活人直接交合的事，却没再现。擦边球的例子倒是不少，如铁木真的十世祖孛端叉儿之母阿兰寡居时，"夜寝帐中，梦白光自天窗中入，化为金色神人，来趋卧榻。阿兰惊觉，遂有娠"（《元史·太祖本纪》）。北魏宣武帝元恪之母高夫人"梦为日所逐，避于床下。日化为龙，绕己数匝，寤而惊悸，既而有娠"（《魏书·世宗纪》）。不过上述两例都发生在梦中。南朝齐武帝萧赜诞生之夜，祖母与母亲"同梦龙据屋上"（《南齐书·武帝本纪》）。到唐太宗诞生之时，龙似乎更亲民，从屋顶下来，戏于馆外。清朝顺治帝的母亲孝庄文皇后怀孕时"红光绕身，盘旋如龙形"（《清史稿·世祖本纪》），简直就是文艺表达。

那么，回到我们刚刚提出的问题，谨慎持重的太史公为什么要"自毁三观"，且不怕招惹麻烦，大书当朝开国皇帝之母的人兽野合史？

此事易解。

刘邦是中国第一个平民天子。早有史家指出，"太公""媪"之名，其实就是那时民间俗呼成年男女，根本算不得名字。不仅刘邦父母无名，这对"公媪"，当初也不曾给家中排行老细的幼子正式起名，平时就叫"老细"——季者，兄弟之中排行第四，多为老细（若细推究，刘季名邦是什么时候的事，他本人知不知道都成疑，因《史记》《汉书》《后汉书》一律"漏忽"高祖名谁这一要件，且上述三史包括《全汉文》[清人严可均辑]均不讳"邦"，此事我另有小文专门考证，此不赘）。正是因为先世毫无来历，刘邦若不一路自造神迹，编故事，制造"由天所生""为天所养"的神圣履历，沛县那帮屠狗吹箫的同乡先就信不过他，还如何一路收编豪杰，让韩、彭、英、张那批倒提脑袋闯江湖的枭雄收起帝自我做的野心跟他混，把泗水刘亭长从一个"乡镇干部"扶上大汉皇帝的宝座？即使当上皇帝，汉家天下要巩固，也需继续敷衍神迹，不断强化君权神授的观念，加持大汉政权的神圣性，使权臣豪杰不敢轻生觊觎，造神不能停，故事须继续。

当时天下有两人绝顶聪明，一个是刘邦，另一个是陈涉，都白徒出身，不像六国旧贵族、旧官僚，或多或少有所假托，也正因此倒逼出他们装神弄鬼"自创品牌"的神级行动和出色文案。陈涉起于大泽，第一步就是让人半夜烧野火假狐嗥，大呼"大楚兴，陈胜王"，但他毕竟是本色庄稼汉，之前累瘫在田垄上时，曾发出"王侯将相宁有种乎？"的浩叹，等于自揭无种底牌，起事后也没继续往这方面用心思，改履历，补神迹。刘邦则不同，他从一开始就是流氓打天下，年轻时曾百里裹粮，跑到张耳那里当门客学习了一阵子，坑蒙拐骗不拘一格，完全解放思想，放开手脚。既然从上天取得"养子证"是那时白徒逐鹿解决出身问题的唯一出路，刘邦一不做，二不休，直接让母亲与蛟龙上演一场野合大戏，还让老父当目击证人，如此一来，谁能不信？谁敢不服？何况刘邦之母死得早。

刘邦的大招还很多，他全家都是段子手，天文地理通通为我所用。东汉初，大儒班彪为劝企图割据陇西的隗嚣归顺刘秀，特著《王命论》，罗列当年关于高祖刘邦的一系列"灵应符瑞"：

> 初刘媪任（妊娠，怀孕）高祖而梦与神遇（遇合，交配），震电晦冥，有龙蛇之怪。及长而多灵，有异于众，是以王、武感物而折契，吕公睹形而进女；秦皇东游以厌其气，吕后望云而知所处；始受命则白蛇分，西入关则五星聚。故淮阴、留侯谓之天授，非人力也。

刘邦早年欺乡霸邻喝酒赖债，被附会成醉后龙见，酒家免单。秦皇东巡，关一个乡下人屁事？但他硬是抓住这个题材躲

　　　　　　　　　　　人中吕布：中国养子文化史

猫猫自嗨，并让老婆吕雉剧透，宣扬丈夫藏身之处，其上常有云气。说起来，他的岳父吕公本来就是个豪强大猾，身负命案，避仇沛县，反成县令贵宾。他看上刘邦，倒是真的慧眼识珠，同气相求，惺惺相惜，有其父必有其女。白帝子斩赤帝子，更是家喻户晓。五星聚东井这个天象，倒真可能是他刚好撞了大运，天在帮他。班彪这份清单还漏了龙痣一项，传说刘邦"左股有七十二黑子"，图案如龙。这一系列特征和故事，一路衬托着他由泗水亭走向未央宫，发挥了千军万马无法代替的宣传作用。雷雨中的人兽野合蛟龙奸母，是刘邦乐于传播乃至不排除亲为言说的故事，因而亦必成为汉朝官方钦定的版本，司马迁身为大汉子民和史官，口径务必一致，即使他心里不相信，或者认为很不雅驯，也必须照写不误，还得详细、逼真，写出气势。

其实，司马迁还是相当克制，有所取舍的。在《宋书·符瑞志》中，刘邦父母分别被命名为执嘉和含始，而且人禽交合在执嘉之母——刘邦祖母身上就已发生，到他已是"鸟二代""龙再世"："执嘉之母，梦赤鸟若龙戏己，而生执嘉。"赤鸟若龙，龙凤均沾。

回头再说褒姒的郁闷。

自从汉高祖为当上"天之养子"钦定蛟龙为父之后，龙的地位日益提高，并逐渐固定为天子——皇帝的前世或真身。真命天子在睡梦中不慎"原形毕露"，为龙为蛇，或为帝王者长得龙口隆准，头有肉角，身体具有龙的某些形象或特征的记述，常见诸正史野志。如北周开国皇帝宇文泰把刘邦满腿的黑痣移到背上："背有黑子，宛转若龙盘之形。"（《北史·周本纪》）南朝宋明帝只不过肩胛上长个红痣，篡位之前即自神其迹，谓为"日月相"，故意将其显露给大臣看（《南史·江祐传》）。北齐开国皇帝高欢微时寝卧，别人偷窥，"唯见赤蛇蟠床上"（《北齐书·帝纪一》)。隋文帝杨坚"为人龙颔，额上有五柱入顶，目光外射"，这还不算，《隋书·高祖本纪》甚至说杨坚为婴儿时，有一天头上突然长角，浑身浮起鳞片，他妈吓得失手，差点把这天龙之体摔坏，导致他"晚得天下"。假如褒姒生在后世，纯正的双龙血统肯定不会让她如此吃亏。但上古三代之时，凤凰比龙神性高得多，龙往往不过神仙坐骑，甚至会死，肉为美食，而这样倒门楣的事又恰好发生在疑为褒之二君的双龙身上。在《史记·夏本纪》中，帝孔甲时从天而降的雌雄双龙并没走，而由从豢龙氏那儿学到驯龙之术的刘累负责饲养，其后"龙一雌死"，刘累把雌龙烹了给孔甲吃，龙肉的鲜美让孔甲着迷，还想吃，刘累无法弄到第二条死龙，只好逃跑。想想看，老母都被吃掉，褒姒这位憋了近千年才生出来的孤女，命能好到哪儿去？

第二章　创造秦始皇

⊙ 难产儿·当璧者

⊙ 庶孽千万重

⊙ 制造『天授者』

⊙ 创造秦始皇

⊙ 挨廷杖，找飞燕

难产儿·当璧者

且不论三皇五帝三代圣王的故事有多少传说成分，他们的种种神迹灵异，多为后人附会，以果证因，锦上添花，无本万利，出身白徒的刘邦却是实实在在靠自编、自导、自演，千辛万苦终成真龙天子。不过，刘邦的演出成功，还要拜秦汉之际天下大变局所赐。若在先秦，庶人平民很难通过造神与个人奋斗成为帝王诸侯级别的"天之养子"；想通过给人当假子认养父来跨越社会阶层，跻身贵族，基本没门。事实上，春秋以前也未见成例。

鲁隐公八年（前715），鲁国司空无骇去世，鲁隐公征询通晓礼仪的执政大夫众仲如何给无骇赐谥，众仲说："天子建德，因生以赐姓，胙之土而命之氏。诸侯以字为谥，因以为族。官有世功，则有官族，邑亦如之。"（《左传·隐公八年》）这是说那时诸侯、职官均为世袭并有封邑，以此为基础形成一姓公族。先秦以前，天下封建，诸侯世袭，贵族传家，连士与大夫之间都有严格的阶层区隔和尊卑之别，庶人乃至徒隶奴仆更不用说。鲁襄公十年（前563）年底，郑国尉止、司臣、堵女父等人发动叛乱，攻杀不得人心的执政大夫子驷、子国等，《春秋》记为"盗杀"，《左传》如此作解："书曰'盗'，言无大夫焉。"

这是说这场叛乱没有大夫以上的贵族参加，所以称之为盗寇。即使在策士游侠横行的战国，这种区隔实质上仍然存在，《商君书·境内》及云梦秦简《法律答问》等史料虽已出现涉及养子的条文，规范的对象主要是平民阶级，草根庶民[1]。与诸侯公族世卿大夫完全没有血缘关系的异姓养子继嗣上位这种后世不算少见的事，那时很难出现。

就统治阶层内部关系的调整而言，周革殷命，一个本质的改变是王位继承由兄终弟及向父子相传衍变，父宗体系取得主导地位，嫡子在宗法社会继承序列中的优先权随之基本确定且日益巩固。从王位到公、侯、伯、子、男爵位，均以父死子继为主，而嫡子（嫡妻所生的长子）在继嗣资格上排序第一。至春秋初年，嫡庶之分已很严格，一般不得逾越，否则往往导致动乱。

鲁隐公元年（前722）发生的"郑伯克段于鄢"，就是典型的嫡庶之争。嫡长子郑寤生虽因难产为母所恶，但因父亲的坚持保住嗣子地位，并在继位后轻松击败有母亲支持的胞弟共叔段的叛乱。

鲁隐公恰好相反。他本已因年长摄政为君，后来竟由于太自觉太本分而不得好死。鲁隐公之母非鲁成公正妻，因此隐公虽年长，也是庶子。成公死时，正妻仲子所生之子公子翚年少，由隐公摄政，这位大哥一直真心实意想等弟弟长大，把君位还给他。十一年后，大夫羽父为当上执政，讨好隐公，劝他

---

[1] 《商君书·境内》载："其有爵者乞无爵者以为庶子，级乞一人。其无役事也，其庶子役其大夫月六日。其役事也，随而养之军。"大意谓有爵者可以养无爵者为庶子，每一级爵可得一人；有爵者没有特殊役事时，庶子每月给大夫服役六天；有爵者有特殊役事时，要供给服役的庶子粮食等生活用品。另云梦秦简《法律答问》有"假父盗假子"条。

杀掉公子翚。隐公不从，羽父反过来弑君，扶立公子翚，是为鲁桓公。

这两件事都发生在春秋初年，可见那时嫡子继位已成规矩。

在前有嫡子的情况下，庶子要取而代之，不外三途：一曰君父有命，废嫡立庶，或弃长立贤；二曰非法篡夺；三曰因乱捡漏，即其他庶子干掉嫡子后又被清算，后面的排排坐，分果果。

周之初兴，尚在立嫡立庶或曰立长立贤之间徘徊过渡。古公亶父以为太姜所生少子季历贤，并钟爱季历之子姬昌，长子太伯、次子虞仲因此"亡如荆蛮，文身断发，以让季历"（《史记·周本纪》）。古历传说及历史小说虽谓周文王姬昌多子高寿，但据《史记·管蔡世家》所记文王诸子，仅有正妃太姒所生十兄弟。周武王姬发也并非老大，而是老二，大哥是伯邑考。十兄弟中"唯发、旦（周公）贤，左右辅文王，故文王舍伯邑考而以发为太子……是为武王"，后面又补了一句："伯邑考既已前卒矣。"季历上位是三级跳，完全凭古公之意；姬发不仅贤，且排行第二，为周公同母兄。伯邑考早卒，后代完全无闻，很有可能属于夭折，则周文王之弃长立次为势在必然。此或可说明至周政代殷之时，立嫡立长的原则已基本确定。春秋时期，违背这条原则，一般被目为干犯伦常，将致祸乱。周襄王二年（前650）齐桓公在葵丘与诸侯盟会，甚至把"无易树子，无以妾为妻"与"诛不孝"一起列入诅盟条文（《孟子·告子下》）。事实上，国君若宠爱嬖妾，信谗受蔽，色令智昏，"易树子"与"妾为妻"每每并发，晋国骊姬之乱，即是。

春秋战国时期，诸侯国之间主要通过联婚建立同盟关系，若庶子的母舅之邦或妇翁之国势力太大，可以威胁嫡子地位，加大政变篡夺的危险。春秋初年，郑庄公的嫡长子姬忽（郑昭

　　　　　　　　　　　人中吕布：中国养子文化史

公）与次子姬突（郑厉公）争位就是一例。姬忽正直孔武，曾在帮助齐国抗击北戎的战争中建立战功，齐侯打算把女儿嫁给他，但他辞谢了。大臣祭仲劝他说："公子这门亲是必须结的。国君宠爱的姬妾很多，你如果没有有力的外援，将不能继承君位。其他三个公子都是有可能当国君的。"姬突之母族为宋国强宗，后来他果然依靠宋国撑腰，迫使姬忽让位流亡。

标准的嫡子，必须是正妻所生的长男。后世一般是正妻无子则庶子中年长者为嗣，但长幼这个年龄指标在春秋战国尚没有后世重要，主要原因也是诸侯国之间的联婚是那时重要的政治筹码，国强则母尊，母尊则子重。楚共王无嫡子，他就不把年龄作为优先条件，而把决定权交给天意。他埋璧于大室之庭，让五个儿子入拜，约定入拜时正好对着所埋玉璧者就是神所欲立的人，结果年幼的公子弃疾当璧。后来弃疾果然弑楚灵王而立，是为楚平王，"当璧"也成为一个有名的典故，为后世常用。"命五宠子"，说明共王不止五子，此五子受宠，或因其母所倚国族势重力强。当然，以楚国为例也许欠妥，因为楚国一向自称"我蛮夷也"，诸多习惯、礼仪不同于中原诸夏之国，早中期立储更是反其道而行之，经常是少子得立，用楚成王时（前671—前626）令尹子上的话说："楚国之举常在少者。"（《史记·楚世家》）四夷与中国不同俗，以幼为贵的做法，至中唐仍间见记述。史思明属突厥种，《新唐书·逆臣传》："初，思明诸子无嫡庶分，以少者为尊。"而史朝义的标签是"孽长子"。

庶孽千万重

即使请天做主，由神决定，撒手掌柜也并不总像楚共王那么好当。

晋定公十二年（前500）某天，晋国世卿赵鞅即赵简子就在一排儿子面前犯了愁。

那天，姑布子卿来见赵简子，赵简子"遍召诸子"出来见客。干吗？原来这位子卿先生善于相人，赵简子请他给一群儿子逐个鉴形品貌，看看谁有大贵之相，以帮助他确定继承人。

不料，相完，赵简子叫出来的一众儿子，姑布子卿却摇摇头肯定地说："根据相貌，各位公子没有哪个以后能够成为将军！"

赵简子一听心凉半截："难道说赵氏的功业传到我这代要结束？"

姑布子卿想了想，问："我想起来曾在路上碰见一个年轻人，似乎也是你儿子。"

赵简子听他这么说，就让人把另一个儿子赵毋恤叫来。

看到赵毋恤，姑布子卿站起来，说，"这位真是将军了！"

赵简子不以为然："这孩子的母亲是低贱的翟婢，贵从何来？"

姑布子卿哈哈一笑："话可不是这样说，你这个儿子得天授，即使现在身份低贱，以后也一定是大富大贵之人。"

这段对话出自《史记·赵世家》。

大家可能还没听完就纳闷：前面不是已经"遍召诸子"吗？怎么又出来个赵毋恤？难道那时儿子可以有"编外"？

还真说对了。

按照宗法制的规定，非正妻所生之子通称庶子，"庶子"算好听，更难听的叫"孽子"。正常情况下，孽与庶基本同义，可以连用或替换，如《史记·商君列传》："商君者，卫之诸庶孽公子也。"《晋书·桓玄传》介绍桓玄为"大司马温之孽子也"。但若明确表示贬斥，必直称"孽子"，如《旧唐书》之《高宗中宗诸子传》："史臣曰：前代以嬖妇孽子破国亡家者多矣……"《肃宗代宗诸子传》："史臣曰：艳妻破国，孽子败宗。"

可能因为其母出身过于低贱或本人与父爱太无缘，或是社会风尚的影响，有的孽子可以被完全无视，西汉淮南王刘安的孽子刘不害就是典型。他的遭遇告诉我们，王侯之家的孽子若被"不当人子"，可以给兑挤到什么份儿上。《汉书·淮南王传》说：

> 王有孽子不害，最长，王不爱，后、太子皆不以为子兄数。不害子建，材高有气，常怨望太子不省其父。时诸侯皆得分子弟为侯，淮南王有两子，一子为太子，而建父不得为侯。

因为亲父不爱，庶出的长子刘不害直接被无视。身居刘安嫡妻之位的王后不把他当家庭成员，异母弟以嫡子身份位居太子，也不把他当兄长。不害可能从小受忽视习惯了，但这样一来殃及子孙，使他的儿子、本为长孙的刘建无法像别的诸侯王子弟一样分封小侯。偏这个刘建又"材高有气"，咽不下这口气，想搞垮太子，让父亲取而代之，上书告淮南王太子谋反，结果大家都被汉武帝一锅端。

其实刘不害还不算最贱，好歹列于孽子之位。如果母亲是奴隶仆从，生下儿子来，其身份往往也等同于奴仆，西汉大将军卫青原来就属这种情形。卫青之父郑季是个小官吏，昔年在平阳侯家当差，与姓卫的仆妾即卫媪者（这使我想起刘邦之母刘媪）私通，生下卫青。卫媪有没有正式丈夫我们不知道，但卫青还有同母异父的哥哥卫长子、姐姐卫子夫。因为母亲卫媪是仆妾，以出身性质而论，他们也属平阳侯家奴。卫青小时被送回生父家，在父亲身边，他同样被异母兄弟视同奴仆，而卫青也不敢有非分之想。《史记·卫将军骠骑列传》云：

青为侯家人，少时归其父，其父使牧羊。先母之子皆奴畜之，不以为兄弟数。青尝从入至甘泉居室，有一钳徒相青曰："贵人也，官至封侯。"青笑曰："人奴之生，得毋答骂即足矣，安得封侯事乎！"

嫡子与庶孽差别山大的事，后世仍时有发生。南北朝时，北朝士人中被推为"文士之冠"者，前谓温、邢，后称邢、魏。温是温子升，魏是魏收，邢始终没变，就是邢邵。如此士林领袖生有三个儿子："子大宝，有文情。孽子大德、大道，略不识字焉。"（《北齐书·邢邵传》）听起来完全不像一父所育。可惜这一句只是全传结尾一个例行公事的交代，连有文情的大宝也没有足以附传于后的建树，我们无法知道造成这种悬殊差距的原因，但这种事放在北朝并不奇怪，因为北朝较之南朝，庶孽之别特别厉害，侧出子女根本不被齿序而完全等同于奴仆，颇为常见，颜之推《颜氏家训》就有专论。

回到公元前500年赵简子相儿选嗣的现场，"奴畜之，不以为兄弟数"，卫青传记中这句话，恰恰可以回答为何当日赵简子"遍召诸子"而不及赵毋恤，因为赵毋恤的母亲是戎翟所献之婢，子以母贱，他最多算个候补孽子。侯家庶孽千万重，有子更在庶孽外。当然，那时的礼制也有一定的灵活性，子因母贱，而母可因子贵，《晋书·礼志》："当春秋时，庶子承国，其母得为夫人。"

后世嫡庶、贵贱区隔虽渐弛，但若其母原为奴婢，仍然是一个随时可以被敌人拿出来攻击的污点，袁绍就是一例。《三国志·魏书·董二袁刘传》注引华峤《汉书》说，袁绍为袁逢庶子，其母身份与赵襄子、卫青之母类似，属奴婢，后来公孙瓒与袁绍相攻，上表指摘袁绍罪状，就把这个老底揭出来："……绍母亲为婢使，绍实微贱，不可以为人后，以义不宜，

　　　　　　　　　人中吕布：中国养子文化史

乃据丰隆之重任，忝污王爵，损辱袁宗，绍罪九也。"（《三国志·魏书·二公孙陶四张传》注引《典略》）曹操二十五子，楚王曹彪比赵王曹幹年长二十岁，但因幹母王昭仪位在彪母孙姬前，在《三国志·魏书·武文世王公传》中，曹幹的排名反而靠前。裴松之作注，特别解释道："此传以母贵贱为次，不计兄弟之年，故楚王彪年虽大，传在幹后。寻《朱建平传》，知彪大幹二十岁。"也可证母之贵贱至三国之时仍直接决定子之排位。晋朝士人多人格分裂严重，不少人一面标榜旷达、摈落名教，一面更重门第之别、嫡庶之分，名列"竹林七贤"的王戎，其嫡子王万，虽有美名，却得了肥胖症，即使食糠仍然拼命长膘，十九岁就死了。"有庶子兴，戎所不齿。以从弟阳平太守愔子为嗣。"（《晋书·王戎传》）西晋骠骑将军王沈只有一个儿子王浚，但他死前是不认这个儿子的，因为王浚是他与一个并未明媒正娶的女人鬼混生出来的私生子。王沈去世后，才由亲族主持，把他留在这个世界上唯一的血脉立为继嗣。

制造"天授者"

"天所授，虽贱必贵。"赵简子的"编外"孽子赵毋恤第一次以天授贵子的身份站在父亲面前，标志着晋国大卿赵氏家族更换接班人的选嗣行动浮到明处，正式启动。

嫡子是在宗法制社会的血缘序列上拥有首席继嗣资格的人，但父宗系统同时又把最终决定权交到父亲或相当于父亲的家族尊长手中。在平民家庭，嫡庶差别不大，民间的大家庭在拆分为核心家庭时，嫡子不过在家产分割中占些优势，但也相应承担如祭拜祖先等的更多义务，所谓承重，有爵位世禄可以袭封承爵的官宦尤其是帝王将相之家，嫡庶之别可就大了去了。尽管如此，废嫡立庶，或者从众多庶孽之子中选定继嗣者，说难很难，说易也易，就是父亲一个决定。姑举两个以孽子为嗣的例子：

> 曹志，字允恭，谯国谯人，魏陈思王植之孽子也。少好学，以才行称，夷简有大度，兼善骑射。植曰："此保家主也。"立以为嗣。后改封济北王。
>
> ——《晋书·曹志传》

> 桓玄，字敬道，一名灵宝，大司马温之孽子也。其母马氏尝与同辈夜坐，于月下见流星坠铜盆水中，忽如二寸火珠，冏然明净，竞以瓢接取，马氏得而吞之，若有感，遂有娠。及生玄，有光照室，占者奇之，故小名灵宝。奶媪每抱诣温，辄易人而后至，云其重兼常儿，温甚爱异之。临终，命以为嗣，袭爵南郡公。
>
> ——《晋书·桓玄传》

曹植立孽子曹志为嗣，没装神弄鬼，考虑的是选贤保家；桓玄则俨然又一"天授贵子"，吞珠身动、妊有光华、占者称奇、重兼常儿等，仿佛王者降世，天子将出。其父桓温位至大司马，权倾朝野，对晋室已有不臣之举，难怪敢有生个"灵宝"的想望。后来桓玄还真走得比他爸更远，篡晋自立，但大宝没坐稳，一转身输给刘裕，后世也没人记得史上曾有个叫桓楚的朝代，承认他真当过皇帝。这两个案例共同的特点，则是改立嗣子没多少难度和阻力，就父亲一个指令。我们注意到桓温遗命嗣立桓玄，主要理由和赵毋恤一样，是这个儿子与众不同，乃"天授之人""天养之子"，且诸种征兆异象早已出现，颇有水到渠成的味道。

　　　　　　　人中吕布：中国养子文化史

比起曹志、桓玄们，赵毋恤从孽庶到嗣子的蝶变之路则相当曲折困难，也成就一段传奇。以现代人的眼光来祛魅这段扑朔迷离神迹迭出的公案，别具兴味。

公元前500年，赵简子嗣立并担任晋国正卿已有二十多年，正当壮岁。作为赵氏孤儿赵武的再传嫡孙，宗族屠灭的下宫之乱还血色依稀。时属春秋末期，晋国国内情况急剧变化，"政归六卿"已成大势，世卿大族进入互相攻夺并吞的阶段，斗争日趋白热化。赵简子虽年富力强，却深感危机四伏，压力与责任重大。要确保赵氏宗族在愈演愈烈的国族之争中不重蹈覆辙，光大先祖功业，选好接班人至为关键。赵简子肯定早已判定嫡长子伯鲁平庸无能，并非理想的"保家子"，才决定重新考察选拔。

站在赵简子的角度，立贤废嫡，纯粹为着赵氏卿族的命运，不受宠姬嬖妾影响，非常严肃、认真！

动机纯正，事情就好办吗？否！立贤废嫡，首先碰上的第一个问题，是"贤"的标准，或者说怎么证明，何以服人？兄弟百十，最贤者谁？是骡子是马拉出来遛遛！

这话听来耳熟，放到秦汉之际群雄逐鹿的风口上，就是汉高祖在责问蒯通当初为何教唆韩信反汉时后者理直气壮的答语："异姓并起，英俊乌集。秦失其鹿，天下共逐之，于是高材疾足者先得焉。"（《史记·淮阴侯列传》）大家都在竞走的路上，谁能保证他就是上天选定的人，能第一个到达终点呢？观众尽可各自观望喝彩。如前所述，刘邦自力更生，紧紧团结一帮老家兄弟、社会精英，一面自造天子神话，一面血拼消灭对手，自我作帝。如果是立贤废嫡，这事可就主要靠想改变立嗣规则和评价标准的老爸操心了。

赵简子何时开始酝酿换嗣大计，不得而知，度之情理，应是暗中物色已久。赵毋恤早已进入其父视线，并非等到相士上门才被"挖掘"出来。孟子说过:"孤臣孽子,其操心也危,其虑患也深,故达。"(《孟子·尽心上》)像赵毋恤这种原与少年卫青一样被父兄"编外"的低等孽子,身份甚至比养子、拖油瓶还不如。一般来说,幼年的苦难困挫虽能摧折、毁灭大多数弱者,但也是磨炼、造就少数英才甚至盖世雄杰的不二法门。多少养子、孽子翻盘成功,其斗志、毅力、韧性、经验,都来自早年的"挫折教育"。"置书怀袖中,三岁字不灭。"[1]赵毋恤正是孟子眼中危心深虑的典型。

更大的难题也随之而来:把一个贱婢所生的准奴仆"候补儿子"一下子立为接班人,弄不好会引起各方面强烈反对,惹出变故,或埋下祸根。

怎么办?

天办!

和刘邦一样,赵简子把赵毋恤交给"天"。经过深思熟虑的周密设计,把赵毋恤从编外孽子变成"天之养子""天命将军"的"梦天行动"大戏上演。

根据《史记·赵世家》的记述,相学大师姑布子卿上门之前,包括大病长睡、神秘者拦路传语等惊悚异事与神迹,已经在赵简子身上发生。

某日,赵简子突然生病,什么病?睡病,一睡五日。醒来后,赵简子告诉大家,他在梦中登天听乐,与天帝一起出猎,上帝给他一只翟犬,他射死了一头熊和一头罴,有个儿子一直跟在身边,上帝还告诉他包括晋国将衰在内的一些预言。

不久,赵简子外出,遇人当道,赵简子一看,说,你不就

---

[1] 昭明太子《文选》所录《古诗十九首》之十七《孟冬寒气至》有此二句,李善注:"《韩诗外传》曰:'赵简子少子名无恤,简子自为书牍使诵之,居三年,简子坐青台之上,问书所在,无恤出其书于左袂,令诵习焉。'"

　　　　　　　　　　　人中吕布:中国养子文化史

是我梦中天帝身边那位侍臣吗，老熟人，快有请。野人与赵简子秘密会谈，验证了梦中的情景，并解释了相关征兆的含义，而后就神秘地消失了。

赵简子自叙其梦与野人传语的内容，都被郑重记录下来，"藏之府"。在这些记录中，翟犬、身边一儿、代地等一系列指向接班人的隐喻符号已渐次出现。等到姑布子卿上门相子，原来未列入考察对象的赵毋恤终于现身，赵简子一句"其母翟婢"，看似无意，实如扳机扣发，借助梦中事象，把天意与赵毋恤对接起来。赵氏之先与秦同祖，赵氏自叔带去周入晋，而真正成为世卿大族，则始自赵衰跟随晋公子重耳逃亡并辅佐其成功复国。赵衰与重耳在逃亡期间同娶翟女姐妹，复国之后，以其与翟女所生之子赵盾为嗣，翟族的血液，一直在赵氏子孙身上流涌，翟婢虽贱，其来至大，祖宗遥远的召唤呼啸而来，一下子把本来身份几近奴仆的最贱孽子，托举到闪亮前台。

姑氏相诸子之后，赵简子开始第二轮考察，找儿子一个个谈话，进一步确定"毋恤最贤"。

在类似"藏宝游戏"的第三轮考察中，赵毋恤说出父亲心中对北方代国潜藏已久的窥伺之意，最终胜出：

> 简子于是知毋恤果贤，乃废太子伯鲁，而以毋恤为太子。

若干年后，忍辱负重的赵毋恤终于在晋阳之战中反败为胜攻灭智伯。历史证明赵简子废嫡立庶选中赵毋恤之举非常正确，拯救赵氏，改写历史，开创赵国，也拉开了战国的帷幕。再后来，当赵襄子——也就是赵毋恤——坚持将被废太子伯鲁的儿子确定为继承人以报答早年伯鲁让位之恩时，我们既可以从中感受到赵襄子厚道的一面，也进一步印证了当日更换继承人是多么不寻常的事！

而如果《史记》所记不虚，我们最该羡慕的人还不是孽子赵毋恤，而是扁神医。

话说当初赵简子第一场"妆神"大戏——五日大睡开演时，有个专业人士在第三天应邀客串，这人就是当时公认的"国际神医"扁鹊。扁鹊一把脉，就断言赵简子的深眠之病，与早前秦缪公的症状一样，必于梦中见到天帝，得闻天机，不出三天自会醒来，醒后有重要言论发布。扁鹊的诊断果然应验，赵简子醒来后，赐给扁鹊"田四万亩"。扁大夫连药都不用开就得到四万亩良田，毫无疑问，这是中国历史上最贵的一笔无本诊金，已空前，当绝后。

创造秦始皇

都说殊途同归，然终点虽同，径有优劣。上节所列先秦时期庶孽之子成为继嗣的 N 种途径，同样存在高下之分，风险、成本、预后等，大不相同。

位非正妻的姬妾利用主君宠爱，干政乱法，废嫡立庶，一向被认为事属荒淫，迹近篡夺，往往带来动荡，即使成功也难以久享其位。晋献公因为宠嬖骊姬而废杀太子申生，驱逐另两个儿子重耳、夷吾，改立骊姬之子奚齐。晋献公死后奚齐虽嗣位，但丧礼未终即为大夫里克所杀，骊姬更惨，据说被鞭杀于市。《汉书·五行志》说，"杀太子，以妾为妻"可致"火不炎上"，《旧唐书》所谓"艳妻破国，孽子败宗"，哲者不取。

第二种即废嫡立贤或废少立长。这话听来漂亮，但从理论上讲，"贤"与"长"恰恰与血缘排序即嫡庶之别直接冲突，威胁宗法社会秩序，"贤"颇难证明，年长成熟，则可随嫡子长成而发生变化。因此，聪明的办法是造神迹、讲故事，先把足以保家光宗的贤良庶子交给上天当"养子"，以"天之所授"来给贤良和好运背书，赵简子换嗣成功就是范例。即使如此，这少数以贤以长得以代嗣继立的庶孽之子往往心中不安，赵襄子主动在身后把继承人位子还给伯鲁之子，鲁隐公摄政十一年仍不愿或者说不想、不敢采取阴谋手段杀掉位居嫡子的异母弟，都说明这种正统力量的强大。更本分或者说明智的"长且仁"者，则往往对越位继嗣避之唯恐不及。周襄王元年（前652），宋桓公病危，大子（即太子）兹父固请让位于庶兄子鱼："目夷（子鱼之名）长且仁，君其立之。"宋桓公接受兹父建议，但子鱼不肯接受，小跑着退出去，他拒绝的一个主要理由，就是"不顺"（《左传·僖公元年》）。宋虽为小国，但其始封之祖为商纣庶兄微子开，为殷人之后，殷人本来的传统是兄终弟及，入周之后，这个传统显然早已被父死子继所取代。

后世立嫡立长一直是通规。西汉初年有个韦丞相，之前有相工预言他能当丞相，他就请相工给四个儿子看相，相工说，第二子韦玄成大贵，当封。西汉的惯例，为相当封侯，爵位可传子。老韦不信，说："我即使真当上丞相，袭侯的也应该是长子，怎么轮得到老二？"后来相工的话果然应验，原因是"长子有罪论，不得嗣，而立玄成"（《史记·张丞相列传》），这也算特例的一种吧。韦丞相四个儿子，理当同为正妻所生，长幼便成为继嗣的唯一标准。

前秦苻坚发动兵变推翻苻生，成功后做出姿态，要让位于异母兄苻法，苻法说："汝嫡嗣，且贤，宜立。"因为苻坚生母苟氏是其父苻雄的元妃即正妻。苻坚则说："兄年长，宜立。"（《资治通鉴》卷一百）苻坚之母苟氏泣请群臣表态，大家都认为苻坚更合适，由此可见，即使在东晋十六国时期北方的少数民族政权那里，在长与嫡之间，后者所占权重仍然更大。当然，苻坚主导了推翻苻生的行动，本来就是实力派，在嫡嗣上又增添了"贤"这个砝码。

那么，有没有一种更好的途径，可以既维护嫡子嗣位的法则，又使有能力有野心或者年长成熟的庶孽之子顺利上位呢？

有，叫给嫡母当养子，前提之一，是这位嫡母本人无子。当然亦有例外，如南朝名臣褚彦回，凭着超常的柔顺侧媚与隐忍之功，能在嫡母为帝女且有亲儿的情况下，由庶长子而得为嫡子袭爵，那是后话。

《北史·外国列传》说：真腊（中南半岛古国）的法律风俗是"非王正妻子，不得为嗣"。不仅如此，新王一旦继位，他的"所有兄弟，并刑残之，或去一指，或劓其鼻，别处供给，不得仕进"。我们老祖宗既没那么严格也不至如此残酷，正妻无子，并不一定非得预先认养或指定一个"适嗣"。春秋时，鲁庄公夫人哀姜无子，庄公与孟任育有庶子姬般，另哀姜之妹叔姜有子姬启，侍妾成风亦有子姬申，都是庶子。庄公临死才授意立庶子般为嗣君，但庄公的兄弟庆父觊觎大位，弑君作乱，所谓"庆父不死，鲁难未已"。悲剧的发生，源于庄公当年贪图孟任美色，私下答应立她为夫人，但后来无法实现，而哀姜感情上肯定倾向于其妹叔姜所生之子，在养嗣意愿上又与庄公有分歧，导致此事悬搁，终为乱源。

从平稳嗣位政局稳定的角度看，无疑是无子的嫡妻通过认养一个庶子为适嗣以提前明确继承资格为好，这种特殊认养关系的缔结，可实现父宗体系内部在血缘继嗣顺序上由庶向嫡的侧滑或平移。这方面的例子也不少，如卫庄公的正妻庄姜无子，认养庄公所娶陈女厉妫的陪嫁姐妹戴妫所生庶子姬完为子，卫庄公死，姬完继位，是为卫桓公。姬完虽因被庄姜养为适嗣获得合法继承资格，但卫庄公在世时更宠爱另一个嬖妾之子州吁，州吁"有宠而好兵"，摆明是狠角，庄公既不禁止，又不

人中吕布：中国养子文化史

改立他为大子，留下祸端。卫庄公去世的隔年春天，州吁弑君自立，不久失败。

如此说来，最优养母，是集嫡妻与得宠者于一身者。

战国末期秦国大子安国君正妻华阳夫人，就符合这个标准。

其时，安国君的一个庶子子楚恰好作为人质羁居赵国，郁郁不得志。

> 秦昭王四十年，太子死。其四十二年，以其次子安国君为太子。安国君有子二十余人。安国君有所甚爱姬，立以为正夫人，号曰华阳夫人。华阳夫人无子。安国君中男名子楚，子楚母曰夏姬，毋爱。子楚为秦质子于赵。秦数攻赵，赵不甚礼子楚。

当时正往来于赵国国都邯郸的韩国阳翟大贾吕不韦，一眼看出天大"商机"，马上行动：

> 吕不韦贾邯郸，见而怜之，曰"此奇货可居"。乃往见子楚，说曰："吾能大子之门。"子楚笑曰："且自大君之门，而乃大吾门！"吕不韦曰："子不知也，吾门待子门而大。"子楚心知所谓，乃引与坐，深语。吕不韦曰："秦王老矣，安国君得为太子。窃闻安国君爱幸华阳夫人，华阳夫人无子，能立适嗣者独华阳夫人耳。今子兄弟二十余人，子又居中，不甚见幸，久质诸侯。即大王薨，安国君立为王，则子毋几得与长子及诸子旦暮在前者争为太子矣。"子楚曰："然。为之奈何？"吕不韦曰："子贫，客于此，非有以奉献于亲及结宾客也。不韦虽贫，请以千金为子西游，事安国君及华阳夫人，立子为适嗣。"子楚乃

顿首曰："必如君策，请得分秦国与君共之。"

——《史记·吕不韦列传》

后来的剧情，大家都知道。吕不韦赌下家当豪掷千金，不仅成功运作子楚由无宠的夏姬之子侧滑平移成得宠正妻华阳夫人的养子，他本人的造人能力也不错，顺带送给子楚一个已为他珠胎暗结的邯郸艳姬。作为投资成果和回报，子楚顺利继位，吕不韦成为秦国丞相。若干年后，邯郸艳姬腹中物成为秦王嬴政，后来统一中国，是为秦始皇。吕不韦作为秦王嬴政的"仲父"，受封文信侯，食邑十万户，宾客三千，家僮万人。尽管吕不韦最终被废自杀，但他的养子战略事实上"创造"了秦始皇。秦始皇名义上是他祖母华阳夫人的养孙，庄襄王子楚的儿子，实质上是吕不韦的骨血。他称吕不韦为"仲父"，这和"尚父"一样，是一个拟父的称呼。若论这位统一中国的头号大帝的身世，怎一个养字了得！

"创造秦始皇"是个经典的政治投资与资源整合案例，基点是供需双方都有迫切需求。当日华阳夫人吃定安国君，由宠姬升格为正妻，而吕不韦"带资入股"，担任秦异人（子楚）的谋士、金主，一场都是明白人参与的双赢游戏，谁也不吃亏。更幸运的人是子楚的生母夏姬，她不仅得以保全，子楚继位后，并尊"所母华阳后为华阳太后，真母夏姬尊以为夏太后"。后世类似的事件，多由"华阳夫人"辈主谋，"夏姬"们不是一早被弄死，就是终身不得公开真相。前者如东汉孝和帝、明朝宣宗皇帝：

孝和皇帝讳肇，肃宗第四子也。母梁贵人，为窦皇后所谮，忧卒，窦后养帝以为己子。建初七年，立为皇太子。

——《后汉书·孝和孝殇帝纪》

人中吕布：中国养子文化史

宣宗孝恭皇后孙氏……无子，阴取宫人子为己子，即英宗也，由是眷宠益重。

——《明史·后妃传》

更有甚者，连孩子哪里来、生母是谁都不清楚，永久成谜，魏明帝曹叡的养子曹芳就是一例。《三国志·魏书·三少帝纪》谓："齐王讳芳，字兰卿。明帝无子，养王及秦王询；宫省事秘，莫有知其所由来者。"

后者典型的例子，当推宋仁宗，下节再叙。

挨廷杖，找飞燕

明朝嘉靖三年（1524）夏，因"大礼仪之争"，员外郎马理等一百三十四人伏阙哭谏，被廷杖，十六人死于杖下。十天后，当明世宗朱厚熜得知前内阁首辅杨廷和之子修撰杨慎等七人是哭谏事件组织者时，毫不留情地招呼他们第二顿廷杖，杖而不死者，谪戍边地。

这是明朝历史上第二次大规模廷杖，距嘉靖的前任正德皇帝廷杖大臣一百四十六人仅隔五年，那次有十一人当场被杖死。

何谓"大礼仪之争"？事情还得从嘉靖的前任正德皇帝朱厚照说起。

正德不循规矩玩乐无度，却不能生育，也许作为丧失生育能力的一种弥补，他狂养义子，曾一次"赐义子一百二十七人国姓"（《明史·武宗本纪》），养子钱宁掌管锦衣卫，甚至在名刺上自称"皇庶子"。但这批养子大多出身苍头武夫，没有一个是明朝宗室，明朝属中国君主专制社会后期，礼仪制度已非常成熟，"神不歆非类""异姓不养"早已成为通识和律法成文，这批养子顶多算"假子"，别说"嗣"，就与"庶""孽"也难沾边，在太后与群臣看来，不过是顽主皇帝一宗玩笑事罢了。正德十六年（1521），年仅三十一岁的朱厚照病死，无嗣，首辅内阁大学士杨廷和根据《皇明祖训》中"兄终弟及"的原则，动议由武宗即正德之父明孝宗的异母弟兴献王朱祐杬的长子朱厚熜继位，是为嘉靖皇帝。

早在朱厚熜作为嗣君被从湖北安陆的封国迎到北京郊外时，"大礼仪之争"就开始了。以内阁首辅杨廷和为首的廷臣集团坚持要嘉靖皇帝认正德之父明孝宗为父，即所谓"考孝宗"，但朱厚熜认为自己并没有在明孝宗生前被过继为养子，乃是按皇室血统排序得以继立，继统不继嗣，要求追尊生父为皇帝并在北京立庙，双方僵持不下，演成嘉靖三年的惨烈大廷杖。

"大礼仪之争"的实质是胶固成党的廷臣集团与新皇帝的角力，但杨廷和如此主张并死硬坚持，总得有据可依有例可循。什么例？远法汉哀帝，近循宋英宗。

唐初四杰之一骆宾王在《为徐敬业讨武曌檄》中拿赵飞燕作比，指斥武则天剪残李唐宗室："燕啄皇孙，知汉祚之将尽。"汉成帝宠嬖赵飞燕及其妹赵合德，但二赵均没生育。赵飞燕设计废许皇后而代之，谋杀许美人、中宫史曹宫所生皇子，导致成帝壮年无嗣。定陶王刘欣原为成帝的侄儿，刘欣祖母傅太后和吕不韦一样有眼光，大行贿赂，结交赵飞燕和国舅王根，赵飞燕也和华阳夫人打一样的算盘，加上刘欣本人得到汉成帝赏识，遂于西汉绥和元年（前8）将定陶王立为皇太子，赵飞燕也就成了刘欣名义上的养母。事实证明这件事赵飞燕干得漂亮及时，让自己多活了五六年。绥和二年，46岁的汉成帝在赵合德寝宫突然去世，赵合德被追罪自杀，刘欣即位，是为汉哀帝。

汉哀帝以母礼尊赵飞燕为皇太后，并顶住压力不追究赵飞燕残害皇嗣之罪，直到六年后驾崩，赵才被清算。若不是哀帝年寿不永，而像嘉靖一样在皇位上一待几十年，赵飞燕当可躲过清算，寿归正寝。

宋朝也是个皇帝或皇后生育能力经常出问题的朝代。这不，宋仁宗赵祯就和秦始皇之父子楚的身份一样，原是嫔妃之子，排行也不靠前，因从小被无子的皇后认养，取得皇太子资格。《宋史·真宗本纪》说，仁宗是"真宗第六子，母李宸妃也……章献皇后无子，取为己子养之"。宋朝人真守规矩，保密工作做得好，赵祯当了十一年皇帝，直到明道二年（1033）皇太后崩，他才知道自己的生母是宸妃李氏，可惜李氏已于前一年去世，只能被追尊为皇太后。李氏原来连贵妃都不是，只是顺容（普通嫔妃名号之一），临死前才升为宸妃。

宋仁宗本人生育能力弱，生下一儿半子也都活不长。宋太宗的曾孙赵宗实四岁就被宋仁宗当作嗣君储备人选养于宫内，但一直称皇侄，直到仁宗死前一年（嘉祐七年，1062），才被正式养为皇子。后来南宋高宗皇帝再次面临无嗣困境，为赎早年宋太宗迹近篡夺并逼死宋太祖长子的罪愆，特意从太祖一支的后裔中挑选嗣君，宋孝宗赵昚同样从六岁就被"育于禁中"（《宋史·孝宗本纪》），直至绍兴三十年（1160）才正式养为皇子。

宋仁宗以庶子为皇后养子而登大统，路径与春秋的卫桓公姬完、战国末期秦国庄襄王子楚等人相同，汉哀帝与宋英宗则是皇帝本人绝嗣，在汉以后"异姓不养"与"无子者，听养同宗于昭穆相当者"[1]两大原则逐渐确立过程中发生的案例，其

---

[1] 仁井田陞：《唐令拾遗》233 页，转引自滋贺秀三：《中国家族法原理》，商务印书馆，2013，第 327 页。

共同特点都是继位者早已坐实"养子"身份，由侄而子，当然不能当了皇帝再回去认生父。正是在这一个关键环节上，嘉靖与他们不同，当时支持嘉靖主张的"继统派"主将张璁在上疏中说得很明白："……汉哀帝、宋英宗固定陶、濮王子，然成帝、仁宗皆预立为嗣，养之宫中，其为人后之义甚明。……今武宗无嗣，大臣遵祖训，以陛下伦序当立而迎立之。遗诏直曰'兴献王长子'，未尝著为人后之义。则陛下之兴，实所以承祖宗之统，与预立为嗣养之宫中者较然不同。"（《明史·张璁传》）可能杨廷和一开始低估了这个来自安陆封国的少年的智商和魄力，想让他以养子身份继位以压其锐气，没想朱厚熜天生龙种，少年老成，断然拒绝，弄得杨阁老下不了台。后来几乎满朝文武放着这么明显的差异集体无视，硬是跟杨阁老保持一致，他儿子杨慎还组织哭谏，一二个表达异议的新进文官如张璁、桂萼差点儿被扑杀，明中叶文官集团胶固成党的严重程度由此可知。

这么说来，嘉靖三年明朝众多文官跟定阁老杨廷和，非让皇帝当养子，以致痛挨廷杖，都是自惹的，与千年前的美人赵飞燕没有关系。不过，历史是如此枯燥又残酷，我们不妨突发奇想，如果当初赵飞燕不那么及时有力地撮合，汉成帝来不及在死前将刘欣定为养子，等他死后刘欣才像嘉靖这样"继统非继嗣"，杨廷和们就少了一个现成例子可以援引，也许"考孝宗"方案就不会那么强势出台，以至于骑虎难下，有明一代也就少了一场惨烈的大廷杖。

人中吕布：中国养子文化史

第三章 起底汉高祖

⊙ 汉高与贯高

⊙ 三个公孙有话说

汉高与贯高

婢妾所生庶孽之子通过被父亲的正室（嫡妻）"养为子"而获得"适嗣"资格，属于同一父宗血缘之下位序的调整，易母不易父，严格说算半个养子。"养子"一词，未见于《史记》《汉书》。"天子诸侯则有世守，卿大夫则有世禄"[1]的三代以至春秋战国自不必说，即使到平民天子布衣卿相的西汉，从开国皇帝到功臣，未见有谁以收养义子作为笼络勇将才士以扩充力量的手段；王侯若无后，基本是绝封，亦未见养同姓昭穆为后以继承爵位者。这与三国以后尤其是残唐五代的情形形成鲜明对比。

表面看来，西汉之前，人们尤其是上层社会好像基本无养子，或者说无须养子，异姓恩养更罕见。而事实上，拟亲关系作为社会阶层的破壁剂和特殊的资源整合配置机制，对任何时代或大型社会组织来说均不可或缺，也不会缺位。我以为，宾（食）客、门生、属吏乃至部曲，事实上就是这个历史时期带拟亲性质的庞大社会群体。

---

〔1〕 王夫之：《宋论》卷一《太祖论》之十三，中华书局，1964，第23页。

人中吕布：中国养子文化史

先从汉高祖刘邦昔年一段几乎被遮蔽的经历说起。

刘邦一生喜骂人，有三次差点儿骂掉好运，骂丢江山，骂出人命。

刚起兵时见儒生就骂，险些骂走郦食其，弄丢陈留积粟。

楚汉相争白热化时骂韩信，幸好及时改口，不然把人家骂醒，中国历史就该从大秦一统直接跳到三国演义。

第三次骂身为赵王的女婿，骂出一场行刺，若非临时起意换地驻跸，保不准早四年崩于柏人（今河北隆尧西）驿馆。

汉高祖五年（前202）初，刘邦在垓下之战彻底打败项羽，分封一批异姓王。其后二年，项羽旧部临江王骓、陈公利几及燕王臧荼等接连反叛，刘邦均不辞劳苦，亲征而定。又过二年，韩王信（与淮阴侯韩信同名的另一个韩信）联合匈奴反于太原，刘邦再次亲征，轻敌冒进，被匈奴包围在平城（今山西大同），历七天方侥幸脱围，回程路过赵国国都邯郸。当时赵王张耳已死，其子张敖继承王位，并娶刘邦长女鲁元公主为妻。皇上加岳丈来了，张敖非常恭敬，每天朝夕侍候，亲自奉膳。但刘邦"箕踞詈，甚慢易之"，就是说两脚箕张着谩骂，不把这个女婿当回事。箕踞在那时是极不尊重人的坐姿，严重起来可以出人命、结世仇。荆轲箕踞骂秦王；汉初大侠郭解之客，看见有人对郭箕踞而视，就想动刀子。刘邦的表现也可以理解，接二连三的反叛让他这个平民天子席不暇暖，平城之围更是凶险，侥幸脱出，惊魂未定，心情肯定好不了，女婿虽说有半子之亲，但同样是危险系数很大的异姓王，是个心病，正好骂上一通出气，逼反了，一起收拾。

这不，还真骂出事来。

问题不直接出在被骂的人身上。张敖不反，但他的下属——准确说是他老爸的一群旧客咽不下这口气，他们不顾小主人反对，密谋反叛，并于次年策划了在柏人驿馆墙壁藏伏刺客的行动。《史记·张耳陈余列传》说：

> 赵相贯高、赵午等年六十余，故张耳客也。生平为气，乃怒曰："吾王孱王也！"说王曰："夫天下豪桀并起，能者先立。今王事高祖甚恭，而高祖无礼，请为王杀之！"张敖啮其指出血，曰："君何言之误！且先人亡国，赖高祖得复国，德流子孙，秋豪皆高祖力也。愿君无复出口。"贯高、赵午等十余人皆相谓曰："乃吾等非也。吾王长者，不倍德。且吾等义不辱，今怨高祖辱我王，故欲杀之，何乃汗王为乎？令事成归王，事败独身坐耳。"
>
> 汉八年，上从东垣还，过赵，贯高等乃壁人柏人，要之置厕。上过欲宿，心动，问曰："县名为何？"曰："柏人。""柏人者，迫于人也！"不宿而去。

乍一读来，刘邦这开国大帝的权威真让人怀疑，但若了解汉初情势，就不觉得奇怪了。汉初异姓王权大势重，可自命官吏，拥有军队，迹近独立王国。赵翼《廿二史札记》卷二"汉初诸侯王自置官属"条说：

> 《汉书·齐悼惠王传》赞云："高祖初定天下，大封同姓诸侯，得自置御史大夫以下，汉但为置丞相而已。"此可见当日法制之疏也。今案悼惠初封，得自置二千石。(《悼惠传》)是二千石得自置也。田叔为人廉直，赵相言于赵王，张敖即以为郎中。(《田叔传》)是郎中亦自置也。……

赵翼所言，大体精当，仍有夹缠。贯高、赵午以张耳旧臣而为赵国国相，想非汉廷之意，可能起初连国相都由诸侯王自置，仅向中央政府报备。汉高祖大封同姓王，"封三庶孽，分天下半"（《汉书·荆燕吴传》)，是在铲除大部分西汉立国之时所封异姓王之后的事，那时中央对诸侯国的控制已大大加强，把丞相任命权收归中央，应是一大举措。再者，《史记·田叔列传》云："赵人举之（田叔）赵相赵午，午言之赵王张敖所，赵王以为郎中。数岁，切直廉平，赵王贤之，未及迁。"张敖还来不及进一步重用田叔，就碰上汉高祖七年丈人骂女婿的事情，把他搭进去，而他也因不惧族诛，毅然与贯高一起自投长安牢狱以证赵王未介入谋反而知名于世。案张敖继承王位在汉高祖五年，六年年底高祖始封其微时与情妇曹氏所生庶长子刘肥为齐悼惠王，张敖任用田叔，想亦应在此之前。

在此个案中，有个更关键的字眼："客"——

赵相贯高、赵午等年六十余，故张耳客也。

注意，相国贯高、赵午等人都已六十出头，比刘邦年龄大（刘邦死时才六十一岁）。再读《史记·张耳陈余列传》，我们可以找到一条隐隐对应的信息：

秦之灭大梁也，张耳家外黄。高祖为布衣时，尝数从张耳游，客数月。

张耳也以门客起家，其后因娶富家女获得充裕的政治活动资金，千里致客，名闻天下。秦灭魏之前，他已当上魏国外黄（今商丘市民权县西北）令：

张耳者，大梁人也。其少时，及魏公子毋忌为客。张耳尝亡命游外黄。外黄富人女甚美，嫁庸奴，亡其夫去，抵父客。父客素知张耳，乃谓女曰："必欲求贤夫，从张耳。"女听，乃卒为请决，嫁之张耳。张耳是时脱身游，女家厚奉给张耳，张耳以故致千里客。乃宦魏为外黄令。

可以这么说，张耳曾是青年刘邦的旧主和人生偶像，两人的早年经历也颇相似。

从刘邦家乡丰邑到张耳为宰的外黄，直线距离100多公里，不远也不近，当年刘邦应属"千里致客"投奔张耳的四方后辈之一，而也因此对张耳的故主魏公子无忌有特殊情结。《史记·魏公子列传》说："高祖始微少时，数闻公子贤。及即天子位，每过大梁，常祠公子。高祖十二年，从击黥布还，为公子置守冢五家，世世岁以四时奉祠公子。"刘邦于战国四公子中，独崇信陵君，实有私淑之敬，也说明他对自己青年时短暂的为客经历铭感在心。

再者，刘邦起家，也与张耳一样，走了"半子"路线。他靠不按常理出牌的豪侠之气，获得沛令座上客单父人吕公的青睐，娶其女吕雉，得到岳父资助。刘邦的性格与行事，可谓客之豪而侠之痞者。

再深挖下去，刘邦在张耳门下为客时，可能贯高、赵午等人早就在了。贯、赵年龄大，在张耳门下客的辈分中应比刘邦高，已经贵为天子的刘邦，在贯高、赵午们眼中还有另一重抹不去的身份：旧主门下客中后辈！

正因此，刘邦对张敖的箕踞谩骂才会引起这帮旧客那么大的反感，而他本人在赵国地面也感到杀气"柏人"，留了心眼儿。

根据从先秦延续下来的传统与两汉至南北朝的实际情形，客与其主，下级属官与上级主官如三公、郡守，刺史等，不仅是寄养、辟举关系，还有君臣名分和实质上的人身依附控制。主对客有生杀大权，客对主有忠诚义务，在需要时，客应为主

人中吕布：中国养子文化史

者所驱使甚至献出生命。主官或老师死了，原则上被辟举的僚吏和食客、门生等要像为人子者一样治丧、服孝。如此之"客"，包括食客、门生、属吏等，乃是一个类似后世"养子""义儿"的带有拟亲拟制性质的特殊群体。

谓予不信，请宝贝转身。

三个公孙有话说

"请宝贝转身！"

熟读《封神演义》的人要被我这个玩笑吓到：这是要谁的人头呢？有话好说！

原来，这句听起来很亲热的话乃是杀人切口，姜子牙取人首级的请刀咒语，请的是仙人陆压所赐葫芦中的宝贝。那宝贝"有眉有眼，有翅有足"，咒语一念，飞起在白光中连转几转，凡间刀斧手砍不了的妲己人头就落在尘埃。

我现在要请的不是杀人神器，是历史上三位有名的公孙先生：公孙杵臼、公孙龙、公孙瓒。

公孙杵臼的人头用不着"宝贝转身"，自己献出来。

春秋晋景公初年，晋国司寇屠岸贾攻杀大夫赵朔宗族于下宫，赵朔的夫人是晋成公的姐姐，怀着遗腹子逃匿宫中。"赵朔客曰公孙杵臼，杵臼谓朔友人程婴曰：'胡不死？'"原来两人并非畏死，都惦记尚未出生的赵氏孤儿，于是密谋分工，公孙杵臼用调包计杀身成仁，程婴保护养育赵氏孤儿赵武，十多年后终于报仇雪恨，"程婴乃辞诸大夫，谓赵武曰：'昔下宫之难，皆能死。我非不能死，我思立赵氏之后……'遂自杀"（《史记·赵世家》）。在这个故事中，不仅门客，连"友人"也自认义当赴死。"皆能死"说明大家都很自觉，很壮烈。《韩非子·八奸》说，那时"为人臣者，聚带剑之客，养必死之士"，正是这样一个群体。

那时养客可不是一件容易的事，一般来说客也不是一个随便可以取得的身份，不是一个松散的组织，有着严密的制度和等级。《商君书·境内》："爵五大夫，有税邑六百家者，受客。"意思是战获首级积军功至五大夫爵位，并食邑六百家以上者，才有资格养客。如此说来，养客的资格乃是一堆人头换来，当然有资格要求被养者践"必死"之义。

春秋时，晋人豫让曾先后在世卿范氏及中行氏门下为客，无所知名，"去而事智伯，智伯甚尊宠之"。战国时毛遂为平原君客，自荐立功，遂升上客。冯驩客孟尝君，一开始被安排在下等传舍，弹铗而歌提要求，升幸舍；再歌，升至代舍，而待遇也由蔬食、有鱼到配车、养母，一路相应调整。这些例子，都说明"客"作为一个组织，内部等级分明，待遇有别。

春秋末年，孔子已领衔组团周游列国。降至战国，策士游侠渐多，类似意见领袖或学派代表之类的人物，往往带着一帮门人，游行取资于诸侯之间。这帮人亦徒亦客，跟着老大兼老师挣饭混世界，加入组织要有手续，随便不得的，名家代表人物公孙龙正好提供这样一个例子。《淮南子·道应训》说，公孙龙收弟子的门槛，是其人必有一技之长。一天，有个腰扎绳子穿着粗布衣服的人上门求见，说"臣能呼"，意思是我善于高声呼叫。公孙龙问大弟子：门下弟子中有具备同样特长的人吗？大弟子回答说没有，公孙龙遂收下此人，并交代"与之弟子之籍"。几天后，这位"长啸派"先辈的大嗓门就派上用场：公孙龙前往燕国，路遇大河，而船已去远，此人鼓腹一呼，声音传得特别远，把船唤回来。善呼者自称"臣"，或者说明不了多少问题，因为两汉先秦时人平辈之间偶也如此谦称，"与之弟子之籍"则明确告诉我们，成为弟子门人须注名通籍，有个身份认定的手续。民间帮主公孙龙尚且如此，贵如四公子、相国吕不韦者收客，就更不用说。一旦为客，即与主者形成封闭的人身依附和效忠关系，原则上只听命、先听命于其主。对国君来说，世卿权贵的门下之士并非自己可以直接使唤的，有时甚至成为异己力量，作奸犯科，乱法干政，即韩非子所说的"以恐其群臣百姓而行其私，此之谓'威强'"（《韩非子·八奸》），难怪《淮南子》列举城防管理禁罪防奸之令，一再提到"闭关（门）闾，大搜客"（《天文训》《时则训》）。

在那时的政治斗争和现实生活中，主辱客死，从来义不容辞。春秋晋国赵氏下宫之难自不必说，战国时秦兵围赵，魏公子信陵君求魏王发兵救赵不果，"计不独生而令赵亡，乃请宾客，约车骑百余乘，欲以客往赴秦军，与赵俱死"（《史记·魏公子列传》）。半路折回，问计于侯生，盗虎符，杀晋鄙，夺军击秦。如果没有侯生，这数百个被"约"上路的客，只好跟主君一起肥羊投虎，惨烈血腥的程度或许不比昔年吴越檇李之战中越军那在阵前大呼自刎的"死士三行"（《史记·越王勾践世家》）差；又或许当日跟着信陵君赴死之客中就有张耳，若张耳那时玩儿完，沛县青年刘邦将失去一个人生偶像和投靠学习之所，历史可能又要改写。

张耳门下客也是不好当的。后来天下反秦，张耳、陈余拥立陈胜之将武臣为赵王，北略燕地，赵王又被燕将扣为人质。张、陈派使者前往交涉，前后十余辈，"燕辄杀之以求地。张耳、陈余患之。有厮养卒谢其舍中曰：'吾为公说燕，与赵王载归。'舍中皆笑曰：'使者往十余辈，辄死，若何以能得王？'"（《史记·张耳陈余列传》）。居于"舍中"者，客也。那时舍人基本就是客的同义语，事急使客，办不成事丢了头，是再正常不过的事。如果没有这位神一样的客舍勤务兵即所谓"厮养卒"看不下去，自告奋勇为满舍蠢客解困，说不定接着出使失头的

"舍中"客，就要轮到贯高、赵午们了。

养客蓄士之风，自春秋历战国入两汉长盛不衰。下宫之难中，赵氏孤儿靠孤客之力得以保存并翻盘，魏公子无忌反因门下之客无所不能而为其兄魏安釐王所深忌。流风所及，并与两汉的豪强游侠、魏晋南北朝的门阀士族政治相呼应，后世养客之风未减，客路常畅。《汉书·游侠传》可以当一篇中央政权剿客灭士的斗争史来读。

这种有趣的矛盾和剪不断理还乱的纠结，在西汉诸帝身上表现得相当突出。

先说汉高祖。

汉高祖曾短期为客，敬重张耳，私淑信陵君。他起兵反秦后，一路收聚舍人门客，文如张苍、陆贾，武如樊哙、周苛、傅宽、周绁等，起初都是以"舍人""客"的身份追随他的。铲除九江王英布是他人生最后也是最凶险的一场恶仗，给他有效建议的，仍是投靠在汝阴侯夏侯婴门下为客的"故楚令尹"薛公。太子的地位，也要靠张良帮忙招致商山四皓这样高冷的"稀客"加上保险。从他当上皇帝至吕后擅政、刘氏复辟，客的身影始终活跃在西汉政坛的台前幕后。此外，他本人又警惕贯高、赵午辈如蛇蝎，也还真差点儿栽在他们手里。

陈豨，更像个谜。

《史记·韩信卢绾列传》说，陈豨"不知始所以得从"，即大家都弄不清楚这家伙何时何地跟上刘邦闹革命，仿佛从石头缝中蹦出来的，但在刘邦平定韩王信的反叛后，他一下子就被封为列侯，坐拥赵、代边兵。此人酷好养客，"宾客随之者千余乘"，而且"待宾客布衣交，皆出客下"，仿佛战国四公子的西汉新版，因此引起赵相周昌警惕。刘邦一采取限制措施，陈豨就真个反叛，而且兵势不小，颇有威胁。从《史记》说他是"梁人，其少时，数称慕魏公子；及将军守边，招致宾客而

　　　　　人中吕布：中国养子文化史

下士，名声过实"的剧透看，我猜测他有可能就是刘邦早年在张耳门下为客时结识的铁杆小弟，这可以比较合理地解释他为什么会莫名其妙地得到信任倚重，且熟悉赵、代情况，人生偶像与行径，又与刘邦如此相似。

刘邦之后，从文、景以至武帝，这种矛盾和纠结一直存在。

栾布、季布以义客、大侠获称当世，其后亦官亦侠，养客扬名。季布之弟季心甚至杀人亡命，仍能"弟畜灌夫、籍福之属"（《史记·季布栾布列传》），出任中司马，仿佛秦世杀人避仇的项梁与刘邦岳父吕公们更加风光的再版。

魏其侯窦婴是孝文帝皇后从兄的儿子，武安侯田蚡是孝景帝皇后的同母弟，两人都是养客大户，汉景帝无如之何，武帝也得等到太后死后才能放开手脚收拾这批活宝。像籍福这样的人，更把客的角色与身份发挥得游刃有余，往来游说、交通、构害于魏其侯、武安侯、灌夫诸势要间，简直成为三家通客，多重间谍。

大将军卫青以外戚立军功而贵盛，人劝其养客荐才，他回答说：招贤用士本来是"人主之柄"，自从魏其侯、武安侯罗致宾客紊乱纲常之后，"天子常切齿"，"人臣奉法遵职而已，何与招士"（《史记·卫将军骠骑列传》）。话虽这么说，卫青门下同样少不了宾客，由《史记·田叔列传》可知卫青府中舍人不下百人。汉武帝虽对贵戚大臣养客深恶痛绝，却也不免时时从他们的门客舍人中选拔人才，田仁、任安俱出卫青门下客，而另一位运气更好的少年英雄骠骑将军霍去病同样以外戚立军功而宠过大将军卫青，"举大将军故人门下多去事骠骑，辄得官爵"，也说明客而优则仕，客得其主则仕，"为客"仍是汉武之世士人尤其是出身寒素者打破壁垒进入统治阶层的主要途径。

这种情形发展到东汉，与察举制等结合，便出现了赵翼在

《廿二史札记》中注意到并罗列出来的特殊情形：

　　自战国豫让、聂政、荆轲、侯嬴之徒，以意气相尚，一意孤行，能为人所不敢为，世竞慕之。其后贯高、田叔、朱家、郭解辈，徇人刻己，然诺不欺，以立名节。驯至东汉，其风益盛。盖当时荐举征辟，必采名誉，故凡可以得名者，必全力赴之，好为苟难，遂成风俗。（《汉书·游侠传序》：自信陵、平原、孟尝、春申之徒，竞为游侠，取重于诸侯，显名天下。汉兴，禁网疏阔，布衣游侠，权行州域，力折公卿，众庶荣其名，觊而慕之，虽陷于刑辟不悔也。）其大概有数端：是时郡吏之于太守，本有君臣名分。为掾吏者，往往周旋于死生患难之间。如李固被戮，弟子郭亮负斧锧上书，请收固尸。杜乔被戮，故掾杨匡守护其尸不去。由是皆显名。（《固》《乔》二传）第五种为卫相，善门下掾孙斌，种以劾宦官单超兄子匡，坐徙朔方，朔方太守董援，乃超外孙也，斌知种往必被害，乃追及种于途，格杀送吏，与种俱逃，以脱其祸。（《种传》）太原守刘瓆，以考杀小黄门赵津下狱死，王允为郡吏，送瓆丧还平原，终三年乃归。（《允传》）公孙瓒为郡吏，太守刘君坐事徙日南，瓒身送之，自祭父墓曰："昔为人子，今为人臣，送守日南，恐不得归，便当长辞。"乃再拜而去。（《瓒传》）此尽力于所事，以著其忠义者也。傅奕闻举将没，即弃官行服。（《奕传》）李恂为太守李鸿功曹，而州辟恂为从事，会鸿卒，恂不应州命，而送鸿丧归葬，持丧三年。（《恂传》）乐恢为郡吏，太守坐法诛，恢独行丧服。（《恢传》）桓典以国相王吉诛，独弃官收葬，服丧三年，负土成坟。（《典传》）袁逢举荀爽有道，爽不应，及逢卒，爽制服三年。（《爽传》）此感知遇之恩，而制服从厚者也。

人中吕布：中国养子文化史

然父母丧不过三年，而郡将举主之丧，与父母无别，亦太过矣。

注意，本节列名邀请的第三位公孙先生公孙瓒，至此现身。

东汉有一个比救主服丧之行更为极端的案例，被赵翼遗漏了。《后汉书·独行列传》说：汉宣帝时，汝南安城人周燕任本郡决曹掾，即主管刑狱的官员，太守枉杀人，周进谏，因此被罢职。囚犯家属到长安上诉，王下诏复查，周燕却站出来顶包，请太守伪造文书，全部署上自己名字，并要求其他知情的掾史属吏串供："诸君被问，悉当以罪推燕。如有一言及于府君，燕手剑相刃。"周燕因此被抓，多次遭酷刑，但从不改口。后来按罪当受阉刑，因耻于以刀锯之余下见先人，绝食而死。

不仅僚属掾吏，门生也登台唱戏。东汉一世，是以儒学驯化豪强大族，即以学统渗透、改造而与血统互补的时代，其最直接、明显的结果是后来篡魏建晋的司马懿家族乃儒学世家，本人"博学洽闻，伏膺儒教"（《晋书·宣帝本纪》）。与食客、掾吏类似且往往互相渗透转化的另一个阶层即诸生弟子，也跟着出现不少"尚名节"不顾死的个案。《后汉书·儒林列传》说，传授《伏生尚书》的欧阳歙因贪赃罪下狱，"诸生守阙为歙求哀者千余人，至有自髡剔者。平原礼震，年十七，闻狱当断，驰之京师，行到河内获嘉县，自系，上书求代歙死"。教授《易经》的范升为离弃的前妻所告下狱，他的学生杨政肉袒，以箭穿耳（一种军刑），抱着范升唯一的三岁小儿潜伏路边，拦截光武帝车驾上章求赦。护驾武士举弓射之，不去；"以戟叉政，伤胸"，仍不退，感动光武，救了老师一命。这种风气，历汉末魏晋而不减。夏侯惇"年十四，就师学，人有辱其师者，惇杀之，由是以烈气闻"（《三国志·魏书·诸夏侯曹传》），理由即是辱师如辱父。《晋书·孝友传》说，许孜师事豫章太守会稽孔冲，"学竟，还乡里。冲在郡丧亡，孜闻问尽哀，负担奔赴，送丧还会稽，疏食执役，制服三年"。孔冲以名儒教授生徒，同时又任地方大吏，正是豪门大族儒学化之一例，在这种情况下，业师与官长、受业生与掾属之间身份往往可以转化或兼任。《三国志·魏书·陈群传》注引《魏书》，谓陈群祖父陈寔名重于世，"寔之亡也，司空荀爽、太仆令韩融并制缌麻，执子孙礼。四方至者车数千乘，自太原郭泰等无不造门。傅子曰：寔亡，天下致吊，会其葬者三万人，制缞麻者以百数"。执子孙礼、制缌麻，无疑是自拟子孙的行为，而这数万会葬者成分必然复杂多样，旧交、宾客、属吏、受业门生等都有。《晋书·忠义传》说，嵇绍死，"门人故吏思慕遗爱，行服墓次，毕三年者三十余人"，门人故吏合称，说明这个群体可以互相转化。事实上，由门人宾客而出仕为官，自汉至两晋南朝，一直是通途。以门人而获官爵出身，如《晋书·刘隗传》："丞相行参军宋挺，本扬州刺史刘陶门人。"《晋书·杨方传》："内史诸葛恢见而奇之，待以门人之礼，由是始得周旋贵人间。"皆是。阅读《南史》，你会发现举凡宗室、大宦、名儒皆有门客生徒，而吏部选官用吏，也往往由着他们举荐，宋、齐两朝，且有名额规定，几乎成为一种制度性的安排。宾客门人以此周旋于"贵人用事者"（宋明帝语）之间，对朝政发生不同程度的影响，甚至一度出现"周旋人"这样的特殊称呼。

赵翼把舍命救主或为郡将举主服丧负土的诸多案例归结为"东汉尚名节"，并将源头归到春秋战国诸刺客与西汉一干大侠身上，这是习惯而笼统的说法，没有揭示更深刻的背景和更本质的动因。我们要深入思考的问题是：为什么门客（门生）—舍人—掾属这么一个数量庞大且非常活跃的群体自先

　　　　　　　人中吕布：中国养子文化史

秦至中世长盛不衰，尤其在两汉，皇权总是一面打压一面优容，而大量社会精英又的确不断从这里头涌现出来呢？至于尚名节，用来解释刺客游侠的价值取向和一般行为尚可，却难以解答发展到东汉中后期，"郡将举主之丧，与父母无别"，也即为门客掾属者自拟为座师举主之子成为普遍现象；难以解答决曹掾周燕受冤之后仍主动为"府君"背黑锅替死的极端行为。我以为，只有从社会阶层渗透、能量交换、活力疏导、价值认可的视角，将"客—士—吏"这个阶层定义为先秦至汉晋的实质性拟亲、拟制团体，相当于后世的养子义儿，如此跨朝累世而周旋不衰的历史现象才能从根本上得到把握和理解。其实当时身为牧守举主者，对被辟举的人才，多有"移臣作子"的意思和自觉。《三国志·周瑜传》注引谢承《后汉书》说，周瑜的祖父周景"历位牧守，好善爱士，每岁举孝廉，延请入，上后堂，与家人宴会，如此者数四。及赠送既备，又选用其子弟，常称曰：'移臣作子，于政何有？'"。僚属自拟为举主长官之子，更被视为天下公义，《晋书·陶侃传》说，庐江太守张夔用陶侃为督邮，领枞阳令。后来"夔妻有疾，将迎医于数百里。时正寒雪，诸纲纪皆难之，侃独曰：'资于事父以事君。小君，犹母也，安有父母之疾而不尽心乎！'乃请行。众咸服其义"。南朝宋孝武帝（454—464年在位）即位后，为限制宗室王侯势力，制定二十四条禁令，"郡县内史相及封内长官于其封君，罢官则不复追敬，不称臣"（《南史·宋宗室及诸王传》）为其一。在北方，直至南北朝后期，北周武帝宇文邕仍痛切于此："且近代以来，又有一弊，暂经隶属，便即礼若君臣。此乃乱代之权宜，非经国之治术。"（《周书·齐炀王宪传》）

而早在春秋末期，后世安禄山、杜伏威、李克用们的养子军团的前辈，也已在刀光剑影中现身。《国语·吴语》说，越王起兵灭吴，与吴师隔江而阵，"越王乃中分其师，以为左右军，以其私卒君子六千人为中军"。韦昭注："私卒君子，王所亲近，有志行者。犹吴所谓贤良，齐所谓士也。"《史记·越世家》亦叙此事，《国语集解》援引三国学者虞翻的注释，则直谓"君子，言君养之如子"[1]，如此一来，"君子"可谓"国君的养子"。

---

〔1〕 徐元诰：《国语集解》，中华书局，2002，第560页。

人中吕布：中国养子文化史

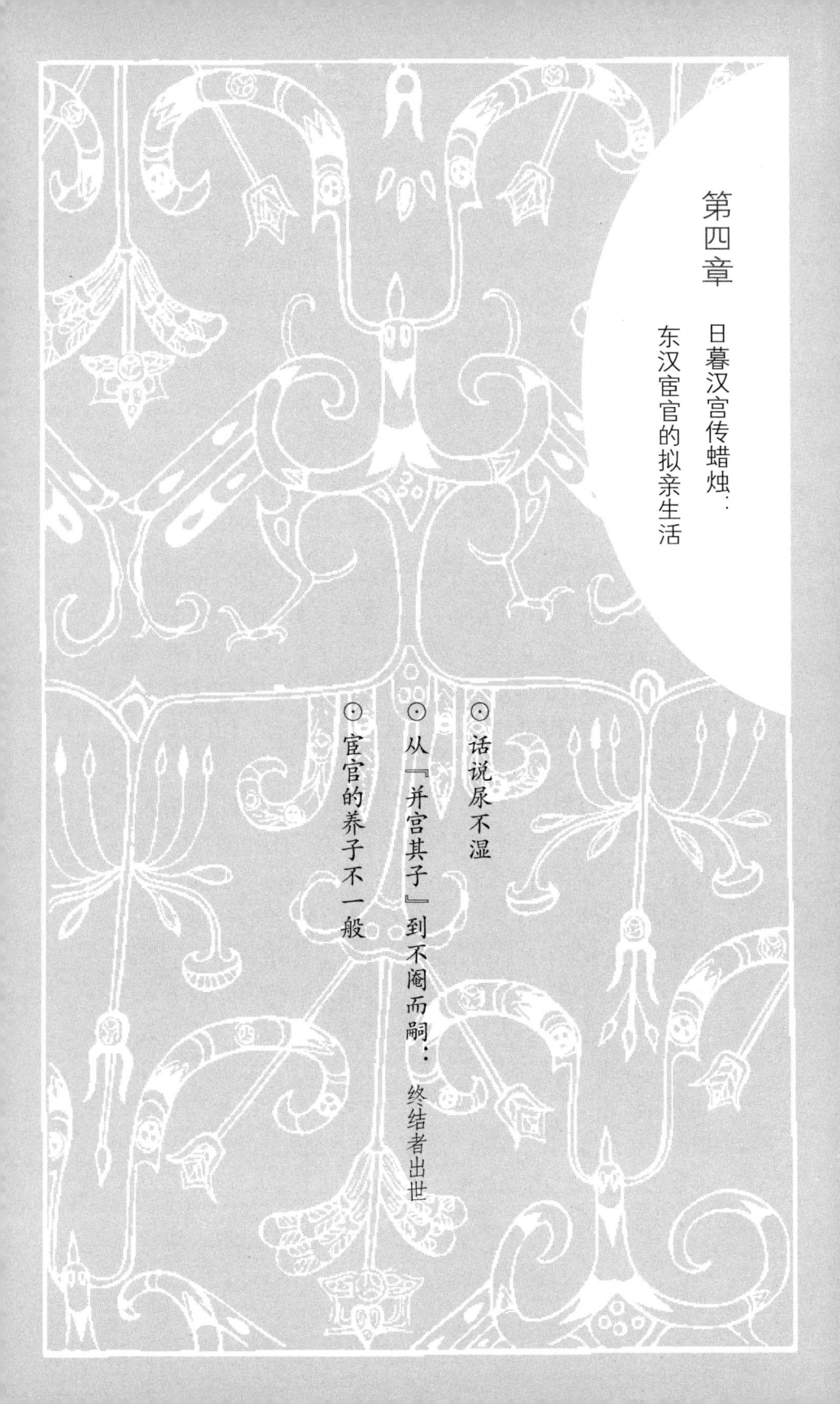

第四章　日暮汉宫传蜡烛：

东汉宦官的拟亲生活

⊙ 话说尿不湿

⊙ 从『并官其子』到不阉而嗣：终结者出世

⊙ 宦官的养子不一般

话说尿不湿

现代人关于宦官也即太监的基本常识，大约是一群被阉割的男人，服务于古代王侯的后宫，负责安排、管理帝王宫嫔们的生活起居。更活色生香的传说或民间想象，如皇帝行幸，翻哪个妃子的牌，上哪儿度春宵，等等，想必都是要由宦官来安排并陪侍，宫闱秘戏的目击者，大约是亲随宦官才有的职务性福利。

凡事皆有例外。汉文帝时，周文以医术晋身，得为太子服务，景帝即位后，他官升郎中令（掌宫殿掖庭门户的主官），深获信任。信任到什么程度？周文并非宦官，却经常随景帝出入后宫卧内，景帝"于后宫秘戏，仁（周文之名）常在旁"。这种看皇帝演春宫的特殊眷遇，直至景帝驾崩保持不衰。汉武帝继位，仍尊周文是父皇老臣，让他以二千石荣休，子孙咸至大官。司马迁批评其人其事，落点不是君淫臣僻，而是"近于佞"，原来周文泌尿系统有毛病，"阴重不泄，常衣敝补衣溺袴，期为不絜清，以是得幸"（《史记·万石张叔列传》）。常备破衣旧服，垫相当于尿不湿的"溺袴"，是小便失禁的症状；"阴重不泄"，应理解为性功能障碍，不泄或同于今人所谓不举，所以像太监一样不碍事。联系到周文出身医者，在房中术妇科病方面应可备顾问，或者也是景帝给他这种特殊待遇的一个原因吧。

郎中令周文这项尴尬兼职，也与西汉官制有关。《后汉书·宦者列传》说，西汉沿袭秦制，中常侍、谒者这类服务殿省出入内廷的专职人员，既有宦者，也杂用士人，如吕后称制时，并非宦官的张卿担任大谒者，出入卧内，受宣诏命。与"杂用士人"之制相联系，不尴不尬的"内宠嬖臣"成为西汉多任皇帝不大不小的污点。汉高祖晚岁曾一度心颓意懒，不见群臣，整日把头枕在一个爱幸的宦官腿上，英布起兵他都不管，赖有樊哙凭着旧时沛县屠狗情谊和吕后妹婿的特殊身份，带一帮大臣冲闱直谏。汉文帝因为一个梦，爱幸上裤子屁股位置破了个洞的邓通。汉武帝竟与旧日同窗韩嫣在宫中共卧起，乃至韩"出入永巷不禁，以奸闻皇太后"（《史记·佞幸列传》），说白了就是"秽乱春宫"，太后看不下去，硬逼刘彻杀韩嫣。汉哀帝更是个无可救药的双性恋，恨不得把帝位让给董贤。有鉴于此，东汉初年光武帝出台新规："宦官悉用阉人，不复杂调他士。"

此制既定，东汉皇帝们当然不好再带个"阴重不泄"的未阉男性出入卧内。但东汉的宦官制度似乎也不够严格，竟然出现宦官恢复性能力这样的奇事。汉顺帝时有个叫栾巴的，"以宦者给事掖庭，补黄门令，非其好也。性质直，学览经典，虽在中官，不与诸常侍交接。后阳气通畅，白上乞退，擢拜郎中，四迁桂杨太守"（《后汉书·杜栾刘李刘谢列传》）。史传说栾巴"好道"，有可能当初因学道走火入魔导致阳痿，后来病好了。他身为中官不与同僚来往，真正的原因，或许是怕暴露真相。他后来宣布"阳气通畅"，得到皇帝认可，顺利回归世俗生活，还出任地方大员，应该说非常幸运。栾巴这个特例，或可说明东汉选拔宦官，先天生理缺陷或后天疾病导致"不能为人"者也可应募。三国时，辽东太守公孙恭"病阴消为阉人，劣弱不能治国"（《三国志·二公孙度传》）。西晋南阳王司马模之子司马保"体质丰伟，尝自称重八百斤"，可惜"痿疾，不能御妇人"（《晋书·宗室诸王传》）。东晋废帝据说患有"痿疾"，桓温以此为理由把他废了。北魏有个仇洛齐，也属于这种情况。

还有一种伪宦官。女主淫后为满足性欲，让健全的男人假冒宦官入宫充当面首的事，时有发生，风头最劲当推战国时秦国的嫪毐，这种事因直接"秽乱春宫"，故事的主角往往下场不好。南宋中期却有两个大宦官真伪成谜，陈源和林亿年因谏官弹劾被贬斥，至宋宁宗初年皇帝恩准两人在外州就便居住，结果他们都过上幸福生活："亿年养娼女以别业，源在贬所与妓滥，俱以淫媟闻，人疑其非宦者云。"（《宋史·宦者传》）陈源昔年提举德寿宫得宠于宋高宗时，"家庭生活"已非常风光招摇了，有"本宫书史徐彦通者"专掌家务，且仆役众多，有个叫甄士昌的仆从因为理发手艺好，伺候得陈公公高兴，得补郎官。宫刑即男性阉割术，在中国有很古老的历史，战国时秦国已有专门负责阉割的官吏，汉代施宫刑的场所是少府所辖若卢狱的蚕室。清代野史笔记对阉割术的施行多有具体记述，一般是连睾丸带阳具全部切去。按理，宋朝的阉割技术与检验标准更成熟，假宦官不大可能混进宫，也没听说陈、林两人在宫中服务时有淫秽行为，这种情况，更可能与宦官在宫中娶妻、和宫女"对食"是一回事。即使是如假包换的宦官，生理能力虽已丧失，心理上对异性仍有依恋，有条件的情况下同样要娶妻拥姬，更甚者霸妇欺女、逛窑子嫖妓，以发泄、满足其变态心理与施虐行为，如明英宗宠信的宦官韦力转"性淫毒，镇守大同，多过恶。衔军妻不与宿，杖死其军。又与养子妻淫戏，射杀养子"，并"强娶所部女为妾"（《明史·宦官传》）。如此罪大恶极，仍能得到皇帝特赦，逍遥法外。

宦官"对食"，即与相好的宫女结对如夫妻，早在汉代就已经存在，唐代称为"下火"，明朝宫人称与之相配的太监为"菜户"。有条件的大宦官娶妻纳妾，更不足怪。唐朝大宦官如高力士、李辅国等都是妻妾成群。唐代宗时得宠的宦官董秀自言"族甚大"（《新唐书·叛臣·陈少游传》）。东汉中后期，大宦官们就已纷纷过起"家庭生活"，通过养子娶妻，重构世俗生活和承嗣关系，乃至"子弟支附，过半于州国"（《后汉书·宦者列传》）。西汉初年"阴重不泄"者周文的"尿不湿"，演变成为东汉宦官们热力四射的仿真"子孙袋"。

从"并宫其子"到不阉而嗣：终结者出世

如前所述，在平民天子布衣卿相的西汉，从开国皇帝到功臣，没见有谁以养假子认义儿作为笼络勇将才士以扩充力量的手段；王侯无后则绝封，亦未见养同姓昭穆为子以继承爵位者。东汉基本延续这种规制，不管是同姓王还是异姓侯，或因本人无子，或传数世之后，终因"无子，国除"。宗室封王者，如汉明帝刘庄之子千乘哀王刘建，"永平三年封。明年薨。年少无子，国除"；"陈敬王羡……立三十七年薨，子思王钧嗣……钧立二十一年薨，子怀王竦嗣。立二年薨，无子，国绝"（《后汉书·孝明八王列传》）。功臣封列侯者，亦未见无血亲嗣子而养子袭爵者。姑举数例：光武帝封卓茂为褒德侯，传五世至卓隆，无子，国除；汉明帝永平元年，赵憙封节乡侯，再传至孙赵淑，无子，国除；杨邑乡侯冯鲂亦再传至孙冯定，无子，国除；易学大师欧阳歙仅一传至其子复，"复卒，无子，国除"（《后汉书·儒林列传》）。更典型的案例是封侯袭爵横跨两汉的张安世家族，张安世在西汉宣帝时为大司马卫将军，封富平侯，子孙袭封至王莽朝不废。东汉初年复国，又传数世，至汉安帝永初三年（109）张吉死后，"无子，国除"。《后汉书·张纯传》谓"自昭帝封安世，至吉，传国八世，经历篡乱，二百年间未尝遣黜，封者莫与为此"，跨朝侯家，荣宠如此，终亦不免因继承人绝嗣即生不出男性后裔而画上句号。

"日暮汉宫传蜡烛，轻烟散入五侯家"，首先从制度上打破血亲继嗣传统与规则的限制，开启养子承爵时代，通过拟亲、拟性途径过上幸福的世俗生活，甚至享受王侯之家的富贵荣华与爵位继承的，是东汉宦官。

先约略梳理宦官的历史和来源。

鉴于王侯贵族之家既要保持血统纯正，又需有男性劳动力提供生活起居方面的服务，以被阉男性为仆从的做法古来有之。周代以前，宫刑就是五刑之一。考索史料，在收入《甲骨文合集》的商代第一期甲骨文中已有一个像人拿刀切割男性生殖器的字，有人怀疑商人就开始割卵阉人。春秋时，被阉者被称为寺人。《周礼·天官》："寺人，掌王之内人。"不仅周天子和诸侯国国君，世卿大夫也可蓄养寺人，《左传》所记，已有多位"寺人"活跃在诸侯国的政治军事生活中。豫让为给智伯报仇，就是通过"变改名为刑（阉割之刑）人"，成为晋国世卿赵襄子宫中的服务人员。

存世史料似乎没有先秦寺人即宦官来源的专门记述，不过，"刑人"二字正好透露重要信息，即其主要来源是战俘与罪犯。西周五刑，宫刑其一；秦朝以暴政出名，相传"秦始皇时，隐宫之徒至七十二万，所割男子之势高积成山"[1]。这个说法固然夸张，但也说明那时仅刑徒一项，宦官（寺人）即不愁

---

〔1〕 赵岐等撰，佚名著，张澍辑：《三辅决录·三辅故事·三辅旧事》三秦出版社，2006，第77页。

人中吕布：中国养子文化史

来源。隐宫，张守节《史记正义》说，受宫刑的人要在阴凉之室休养一百天方能痊愈，故名。不仅刑徒入隐宫受阉，弄不好还附带衍生"宫（宦）二代"，大秦帝国的掘墓者赵高就是这样横空出世的。《史记·蒙恬列传》："赵高昆弟数人，皆生隐宫，其母被刑僇，世世卑贱。"司马贞《史记索隐》引相关注解云："盖其父犯宫刑，妻子没为官奴婢，妻后野合所生子皆承赵姓，并宫之，故云'兄弟生隐宫'。谓'隐宫'者，宦之谓也。"罪徒之妻既已随夫下隐宫，还能连生昆弟数人，当然不免与别人野合，但也不排除有其夫被宫前"遗腹"受孕者。后来"秦王闻高强力，通于狱法，举以为中车府令"，说明当时罪人之妻所生的"宫二代"虽不免自小被阉，却还能茁壮成长，并有机会接受良好教育，这真是个非常有趣且大可深究的话题。赵高得势之后，应该也大"拟"家室，并有养女，《史记·李斯列传》说赵高女婿是咸阳令阎乐，可证。

与赵高相反的典型例子，是东汉末年中常侍曹腾的养子曹嵩。

曹腾主要事迹见《后汉书·宦者列传》，总体算得上一个正面形象。他在东汉第六任皇帝汉安帝时入宫为黄门侍郎，因谨厚得侍皇太子，并"特见亲爱"。汉顺帝即位，他成为宦官中品阶最高的中常侍，后又定策拥立桓帝，以功封费亭侯，史称其"奉事四帝，未尝有过。其所进达，皆海内名人"。他死后，养子曹嵩嗣侯，但曹嵩并未被阉，而且长袖善舞，秉承了养父善于交际的长处，更舍得用钱，硬是用阿堵物把自己堆上"三公"高位："货赂中官及输西园钱一亿万，故位至太尉。"除了非常善于在乱世激浊扬波中和光同尘，曹嵩并无过分的野心和非臣之举，但他与养父曹腾二代人所积累的声誉、人脉、财富等强大的社会资源和政治经验，却直接为其子曹操所取资。东汉真正的终结者，乃为宦三代——宦官的养孙。其实，曹操不是一个人在战斗，后世尤其是唐、明两朝宦官跨界收养假子义儿公行大炽，并成为政治结盟干政胁主的重要手段，溯其源头，已萌于此。

那么，东汉宦官的养子－拟亲生活是如何从唐朝诗人韩翃笔下寒食节"日暮汉宫传蜡烛"的侈靡富贵世俗图景，演变成宋代大文豪苏东坡《赤壁赋》中曹孟德长江战舰上"酾酒临江，横槊赋诗"的天下征战图的呢？带着这个问题审视东汉的宦官养子制度，可以顺势扣唐代宗之痛、搔苏东坡之痒。

宦官的养子不一般

大秦帝国的掘墓人赵高当时有多少同行，现在不得而知。光武中兴开国，宦官悉用阉人，但非常精简，至东汉第二任皇帝汉明帝永平初年，内官也仅中常侍四人，小黄门十人。汉明帝绝对想不到七百来年后的大唐王朝第二个全盛期，这个数字会以近千倍膨胀："开元、天宝中，宫嫔大率至四万，宦官黄衣以上三千员，衣朱紫千余人。"（《新唐书·宦者列传》）

宦官增员扩权，早在东汉就已开始，且呈往而不返之势。汉明帝后期，中常侍增至十人，小黄门二十人。按《后汉书·宦者列传》的说法，汉和帝死后，和熹邓太后以女主临政是个转折，因为性别之隔和礼节大防，宦官成为邓后与朝臣之间必要的中介，"手握王爵，口含天宪"，作用和权力自此越出内廷，规模也迅速扩大。而早在邓后临政之前，汉和帝已凭借中常侍郑众等宦官之力，扳倒专权的外戚窦宪兄弟，郑众因功成为东汉第一个封侯的宦官。汉安帝元初元年（114）郑众过世，他的养子郑闳也首获嗣封殊遇，此时距汉顺帝阳嘉四年（135）正式颁布准许宦官养子袭爵的诏令，尚有二十一年。

人中吕布：中国养子文化史

东汉中后期，宦官在与外戚、朝臣的斗争中屡屡获胜，顺帝、桓帝均由宦官拥立，单超、徐璜、具瑗、左悺、唐衡更因帮助桓帝诛灭外戚梁冀而同日受封，是为"五侯"。宦官权势极盛一时，"举动回山海，呼吸变霜露"。《后汉书·宦者列传》如此形容当日情势：

> 若夫高冠长剑，纡朱怀金者，布满宫闱；苴茅分虎，南面臣人者，盖以十数。府署第馆，棋列于都鄙；子弟支附，过半于州国。南金、和宝、冰纨、雾縠之积，盈仞珍藏；嫱媛、侍儿、歌童、舞女之玩，充备绮室。狗马饰雕文，土木被缇绣。皆剥割萌黎，竞恣奢欲……其有更相援引，希附权强者，皆腐身熏子，以自炫达。同敝相济，故其徒有繁，败国蠹政之事，不可单书。

这段话有两个地方宜重点注意，一谓"子弟支附，过半于州国""希附权强者，皆腐身熏子，以自炫达"，二谓大宦官们嫱媛、侍儿充仞庭室。前者主要指涉宦官通过本生父祖宗族和收罗养子建立起强大的社会网络，包括拟亲网络；后者足证宦官虽在生理上丧失性能力，心理上仍有性欲残存和美色之贪，且可公开娶妻纳妾、蓄妓纳娼，而这种无性的结合同样带来复杂的姻娅关系，与养子一起发挥构建社会关系的作用。《陈球传》谓"（阳）球小妻，程璜之女"，程璜"用事宫中"，是有势力的大监，陈球联结一干大臣谋诛宦官的计划，正是由程璜泄露出去以致失败的；东汉初年名臣侯霸的族父侯渊，在西汉元帝朝曾任大常侍；汉灵帝时长安令杨党，父为中常侍，杨党当为其养子；又太傅胡广，"与中常侍丁肃婚姻"（《后汉书·胡广传》）。上述诸例，反映的就是这种复杂的联结。

宦官一般自小入宫，受阉绝育本是这个群体必须承受之痛，但随着宦官社会地位的上升，他们希望拥有准家庭并将功业流传下去的要求便成为皇帝必须给予、社会必须容忍的权利主张，娶妻拥姬之外，养子继嗣，也便成为宦官整合社会资源实现这个权利的直接途径。如汉桓帝时徐璜、具瑗、左悺、唐衡四侯受封后，即"乞嗣异姓，或买苍头为子，并以传国袭封"；汉灵帝朝当权的宦官曹节、朱瑀等，也均"养子传国"（《后汉书·宦者列传》）。

另一方面，准许甚至鼓励宦官养子，逐渐成为东汉以后历朝保持宦官充裕来源的重要手段。先秦尤其是秦朝实行暴政，刑徒遍天下，宦官规模在后世王朝正常统治时期难以复现，而且宫刑作为绝人之后的刑罚也日渐戢敛慎用，而宦官需求量却不断扩大，仅靠犯罪受阉群体提供来源经常供不应求。鼓励宦官收养义子，尤其是以王朝法令的形式确立宦官可以养子继嗣袭位，能刺激贫民或"附权强者"腐身熏子，自愿受阉以求多福，或直接被宦官收养，或入宫后再为大宦官所养，后者在唐宋以后似乎成为主要模式，不仅是小黄门重要的进身之阶，也是宦官集团内部派系权力斗争的手段。高力士由岭南讨击使李千里进贡入宫，被为武三思所信任的中官高延福养为子，通过武三思路线受宠于武则天，直至成为唐玄宗最信任的天下第一宦官。《续资治通鉴》卷一百三十七谓宋仁宗嘉祐年间，宰臣"韩绛奏内臣员多，请住养子"，也可说明宦官养子是宋朝内臣递补的重要来源。

前面提到，曹腾养子曹嵩并非阉人，这关涉东汉一朝宦官养子继嗣制的另一个特点，即未规定宦官养子必为阉人，继当宦官。唐宋以后宦官养子之法日趋严格，一是宦官养子必为太监基本成为定规（唐代中后期掌握兵权的宦官多遍养武人为假子，自非常例）。据《宋史·宦者传》所记，最典型的世代宦官是石知颙，其曾祖父是五代梁朝内廷的尚食使，其孙因祖荫

　　　　　　　　　　　　人中吕布：中国养子文化史

补为入内小黄门，至少是五世宦官之家。韩绛还曾利用宋仁宗祷祝茅山求嗣的机会，"劝帝……限内臣养子，以重绝人之世"（《宋史·韩绛传》)，间接说明宋代宦官的养子亦必受阉。二是规定宦官取得养子资格的年龄下限、数量，且越来越严格，犯禁者最重可至斩首，如北宋乾德四年（966）诏令：内臣养子须年过三十；熙宁五年（1072）诏："入内供奉官以下，已有养子，更养次子为私身内侍者，当行处斩，不在自首之限。"（《续资治通鉴长编》卷二百三十六）严格规范宦官养子，有利于防止宦官逾越内廷之限建立社会网络，沟通朝臣，把持地方甚至干预朝政。当然，这个制度也非铁板一块，《宋史·宦者传》就特别提到宦官"元震养子五人，不畜阉子"。张继能的养子也不是宦官，后来当上大理寺丞。元朝宦官养子也不一定是阉人，《续资治通鉴》卷二百六记载，元朝至顺二年（1331）"御史台言：'江西行省参政李允中，乃故内侍李邦宁养子，器质庸下，误叨重选，宜黜罢。'从之"。李允中既可出任行省参事，想非阉子。

虽然东汉法制尚疏，且亡国之阶也确由宦官外戚递相为乱，极盛之时宦官"子弟支附，过半于州国"，然细考史实，这批子弟中真有影响的巨奸大蠹或能臣枭雄并不多，朝臣、士人攀附内臣以通显的也还不多见。

在曹操之前，出过一个王吉，是汉灵帝朝中常侍王甫的养子，此人颇类曹操，二十多岁当沛相，"晓达政事，能断察疑狱，发起奸伏，多出众议"，但过于残忍，"视事五年，凡杀万余人"，名登《酷吏传》。他成也养父，败亦养父，在司隶校尉阳球剿诛宦官的第一战中和王甫一起被清算，死于洛阳狱。除王、曹两人外，其他宦官子弟多不过借势横行州郡，鱼肉百姓，也经常成为文官集团抑斥搏击的对象。汉灵帝时，小黄门高望通过太子的关系想让养子举孝廉，京兆尹盖勋就不领情。早前一些比较忠直的宦官也曾与大臣联手打击贪浊宦官，最著名的例子是拥立汉顺帝的孙程、张贤等为支持司隶校尉虞诩查办中常侍张防，不惜冲撞皇帝，以致失宠被逐。

士人依凭宦官通显之例，《后汉书》所载寥寥。桓帝朝有名将度尚"家贫，不修学行，不为乡里所推举。积困穷，乃为宦者同郡侯览视田，得为郡上计吏，拜郎中，除上虞长"（《度尚传》）；又《方术列传》谓"孙陵，灵帝时以谄事宦人为司徒"；《崔骃列传》："灵帝时，开鸿都门榜卖官爵，公卿州郡下至黄绶各有差。其富者则先入钱，贫者到官而后倍输，或因常侍、阿保别自通达。是时，段颍、樊陵、张温等虽有功勤名誉，然皆先输货财而后登公位。"

如此说来，倒是唐宋两朝大宦官的花样多，风头劲，佼佼者更过足养父之瘾。如唐朝太监李辅国权势极盛之日，"宰相李揆，山东甲族，位居台辅，见辅国执子弟之礼，谓之五父"，唐代宗虽"怒其不逊，以方握禁军，不欲遽责。乃尊为尚父，政无巨细，皆委参决"（《旧唐书·李辅国传》），简直到了身兼宰相和皇帝两家的义父的程度。这个风光太过的亚父，后来终于被皇帝派出的刺客暗杀，头被扔到茅坑中。

北宋以严格管理宦官出名，但到宋徽宗任上彻底失守，三个相公一起给他设套，终于葬送北宋河山。这三个相公的名目是民间起的："公相"谓蔡京；"媪相"指宦官童贯，虽然他"颐下生须十数，皮骨劲如铁，不类阉人"；还有一个"隐相"叫梁师成，也是宦官。童贯在前线误国，梁师成在后方挖坑，他利用宋徽宗自居太平天子、喜礼文符瑞的特点，假风雅装文化，尽管本人写不来文章，却"高自标榜，自言苏轼出子"。"出子"者，有孕之妾被休弃后所生之子也，可怜苏轼因此无端背上两口黑锅：一是弃妾，二是弃子，不过这黑锅却让东坡肉的香味漏盖逸出，背得还算值，"是时，天下禁诵轼文，其尺牍在人

　　　　　　　　人中吕布：中国养子文化史

间者皆毁去，师成诉于帝曰：'先臣何罪？'自是，轼之文乃稍出。"若没有"不知何妾"所生的"苏家出子"梁师成替"私淑之父"东坡先生开文禁，弄不好要逸却《赤壁赋》，失掉《寒食帖》。梁隐相虽然还够不上当宋徽宗的亚父，但当日宰臣王黼"父事之，虽蔡京父子亦诇附焉"，而且是"兼职王"，"所领职局至数十百"（《宋史·宦者传》），堪与李辅国一比。

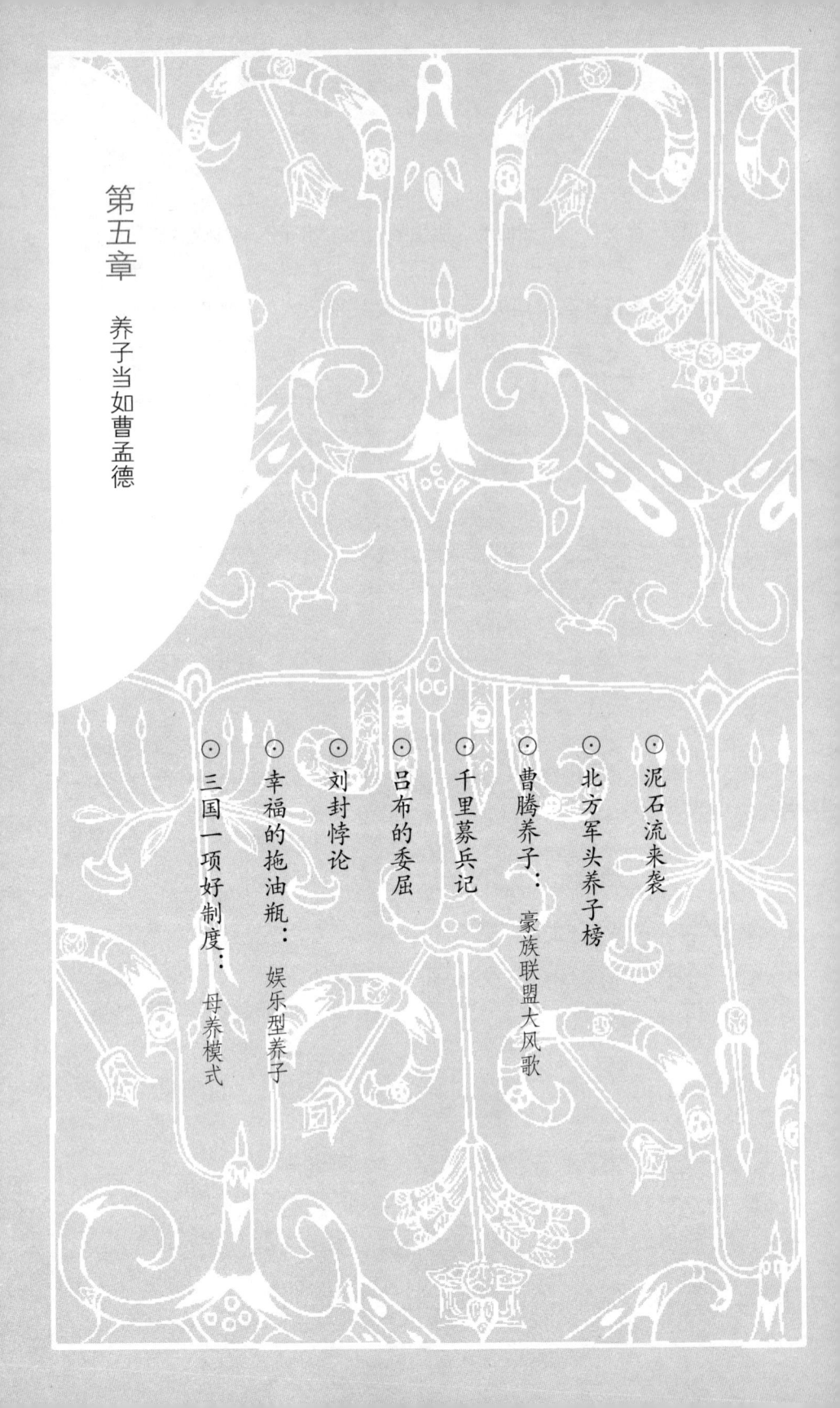

第五章

养子当如曹孟德

泥石流来袭

诗仙李白也是填词老祖,《菩萨蛮·平林漠漠烟如织》《忆秦娥·箫声咽》均为传颂千古的佳作。《忆秦娥》下半阕,由乐游原而咸阳古道,而陵阙残照,一个逝去王朝的残骸击地而来,在无限沧桑、苍凉中显示出时空的坚硬。

若明了大汉王朝是被什么力量彻底摧毁的,再读"西风残照,汉家陵阙",我们耳边响起的该是泥石流的轰鸣。正当东汉豪族的两大集团——清流和浊流的殊死争斗达到白热化时,中平元年(184)春天,巨鹿人张角领导的黄巾起义爆发[1],此后以平乱讨贼为诱因和口实,各地义兵大起,"名豪大侠,富室强族,飘扬云会,万里相赴……大者连郡国,中者婴城邑,小者聚阡陌,以还相吞灭"(曹丕《典论·自序》)。两汉豪族数百年持续积聚的势能与力量如火药库被引爆,纷纷迸破,战

---

[1] 张角采取的组织策略,也有拟亲养子的性质。他自称大贤良师,"畜养弟子……转相诳惑",效果非常明显,十余年间即煽动八州,徒众数十万。张角集团与豪族的差别,一是政治上没有渊源与靠山,二是徒众主要为下层民众。起义前张角已派弟子来往京师,联结上层,并已策动中常侍封谞、徐奉等为内应,这也是张角集团弥补短板的一种方式。

火遍地，如大小不断的泥石流横冲直撞，摧枯拉朽，天下分崩离析。从此直到唐朝定鼎，其间四百来年，仅有西晋、隋朝短暂统一。难怪在盛唐的李白眼中，西风残照就在脚下，咸阳古道宛然如昨，金铜仙人辞渭曲，剩有断阙在高陵。

在泥石流的轰鸣与金铜仙人的清泪中，本书的叙述线索脉络宛然。

如我们在第三章所讨论的情形，两汉养子之风虽未盛，但宾客、门生、僚属、故吏这样一个庞大的群体，实质上是带明显拟亲性质的活跃的社会阶层。东汉中后期，随着土地兼并的加剧与大地主的大量出现，亦农亦兵的佃户、部曲不断汇进这一群体。以儒学世族大官僚为代表的清流豪族与以宦官、外戚为代表的浊流豪族的斗争不断激化，演成党锢之祸。杨联陞先生如此定义东汉豪族："所谓豪族，并不是单纯的同姓同宗的集团；是以一个大家族为中心，而有许多家许多单人以政治或经济的关系依附着它。这样合成一个豪族单位。"[1]即使不是亲属姻娅，这种依附关系也要求效忠如君臣父子，服丧三年，负土成坟，必要时不惜付出生命。这种忠义，首先是对老师、主官、家主（即豪族之宗主），其次才是对国、对君。豪族本质上具有反君权、反邦国的性质，这一点，先秦诸子提及养客游侠时已多有明论。这样一批豪族集团一旦遍布天下而又集中失范失序，肯定是冲决一切的泥石流。

东汉亡于豪族，而豪族集团实质上是拟亲集团，当时力量强大的北方军头，多有豪族背景，少数行伍出身者，则多靠养子、招婿等拟亲关系起家，其中最终代汉的曹魏集团，直接肇基于上一代养子造成的豪族联盟。若说东汉亡于养子，三国乃

---

〔1〕 杨联陞：《东汉的豪族》，商务印书馆，2017，第10页。

养子之三国，斯不为过。

谓予不信，先给当时的北方军头排一份榜单。

北方军头养子榜

汉末北方，最先借宦官外戚之乱爆发的军头，当推董卓。

然而董卓先天不足，注定势不能久——他出身陇西临洮，父亲只是小官吏，本人游侠羌中，凭军功起家，虽在凉州当地声望颇高，但与关中豪族没有一点儿关系。他入长安诛宦官，虽挟持天子，却未能与关东豪族建立利益联盟，还陆续与袁绍、曹操等人翻脸，不久"山东豪杰并起"，天下诸侯兵临虎牢，让他"恐惧不宁"，只好出迁都远避下策。他通过策反，吞并另一支奉诏进京的边陲军事力量——并州刺史丁原所部，并养其将吕布为子，但不久引火烧身，遭遇反噬，成为养子大法的牺牲品。

说养子，绕不开吕布。

吕布的家乡五原郡九原（今内蒙古包头市九原区）汉时与鲜卑接境，他出身边鄙，无家世可言，唯一资本是本身的一表人才与盖世武勇，民间向有"人中吕布，马中赤兔"的说法，他虽然最终失败，老百姓照样认定他是三国第一勇将。《三国志·吕布传》说他"以骁武给并州"，就是凭着过人的骁勇得以供职并州刺史丁原帐下，丁原"以布为主簿，大见亲待"，但他并未成为丁原养子。等到他提着丁原的首级叛投董卓，才有与董卓"誓为父子"的确凿之说；《三国演义》中莽张飞的名骂与白门楼上大耳儿刘备给曹操的一句提醒，直接把他囫囵为反噬成性的"三姓家奴"。话说回来，按那时惯例，长官与僚吏之间本当有父子君臣之义，此骂亦不为过，再说《三国演义》中，貂蝉先被王允收为义女后献给董卓，以此而论，吕布还沾了一层王允养女婿的准半子身份呢。

吕布靠先当养子后杀养父，迅速取得丰厚的军事、政治资本，而在董卓败亡后成为中原一支主要军事力量，强盛时甚至有力与二袁（袁绍、袁术）、曹操等人分庭抗礼，争霸天下。他杀丁原转投董卓，因为武勇超群与养子身份成为当朝太师董卓最倚重信任之人，升官封侯。而杀董卓在当时又符合汉室利益与人心所望，勋不可没，获封"奋威将军，假节，仪比三司"，勇武之名与政治地位又一次暴涨，"进封温侯，共秉朝政"，事实上接管了除董卓原来的嫡亲部队凉州兵以外的大部分军事力量，例如名将张辽原来也是丁原旧部，后隶何进，何进败后隶董卓，"卓败，以兵属吕布，迁骑都尉"（《三国志·张辽传》）。尽管如此，他与董卓一样有着缺乏豪族背景的先天不足和致命弱点，后来争霸中原，可以说吃够了豪族不支持的亏，沛相陈珪与其子陈登是广陵豪族，父子联手给吕布下套，一面阻止他与袁术结盟，一面暗里联结曹操，就是典型的例子。

不妨拿吕布与张杨做个比较。张杨与吕布出身极为相似，均"以武勇给并州"（《三国志·张杨传》），同隶丁原，被征进京时正逢天下大乱，孤军转战，数败复振，幸而在河内站住脚跟，汉献帝回驾洛中时，赖其救护并接济军粮，因此获封大司马，有可能控制皇帝。但他毕竟势单力薄，本人也缺乏野心和手腕，竟主动退出政治中心，不久即为曹操所迫，被部下火并，像流星一闪而逝。

张燕是当时另一支武装力量"黑山贼"的首领，起于常山真定（今河北省正定县），号称百万，扰乱河北诸郡，后支持公孙瓒对抗袁绍，为绍所败，转投曹操，拜将封侯，终保令名。张燕本姓褚，他的改姓，是自承为张牛角养子。张燕初起为盗，奉张牛角为帅，不久牛角战死，临死前命令部下拥戴张燕。张

　　　　　　　　　　　　人中吕布：中国养子文化史

燕感激，而且也为了更好统率牛角旧部，改姓为张。

另几位有些出身，因着乱世风云际会，以一方封建大吏而成诸侯割据之势的军头，也或多或少搭了拟亲的便车。

命最好的人，要属远在辽东的公孙度，《三国志·公孙度传》说：

> 公孙度字升济，本辽东襄平人也。度父延，避吏居玄菟，任度为郡吏。时玄菟太守公孙琙，子豹，年十八岁，早死。度少时名豹，又与琙子同年，琙见而亲爱之，遣就师学，为取妻。后举有道，除尚书郎，稍迁冀州刺史，以谣言免。同郡徐荣为董卓中郎将，荐度为辽东太守……

出身郡吏的公孙度因与玄菟太守公孙琙早夭的儿子同名同岁，成为移情对象，不需认养父而尽得养子之惠，一路顺风顺水，官至辽东太守，后自立为辽东侯、平州牧，拥兵自重，称王一方，至其孙公孙渊为司马懿所灭。

另外两个重要军头，曾经占据幽州的公孙瓒与成为徐州牧的陶谦，则因比养子次一等的拟亲关系即婚姻得益。公孙瓒虽出身贵族，但与赵襄子一样为贱婢所生，只能屈居书吏，幸好他一表人才，声音洪亮，被辽西太守看中，招为女婿，搭上仕进的快车。陶谦之父只当到余姚长，而且早逝，他算个破落子弟，后被当过苍梧太守的同县人甘公看中，招了女婿，察孝廉，拜县令，从此走上康庄大道。

就是堂堂正正出自"四世三公"之门的袁绍，深探其底，也露出养子的硬伤，并影响到后来袁氏家族的团结合作。《三国志·袁绍传》裴松之注引华峤《汉书》所记，袁绍乃袁逢庶子，而且根据公孙瓒的揭发，"绍母亲为婢使，绍实微贱，不可以为人后"，这样做"忝污王爵，损辱袁宗"（《三国志·公孙瓒传》注引《典略》)。袁术本是袁绍异母弟。袁绍伯父袁成任汉朝左中郎将，深得大将军梁冀信任，甚有声望，但早死，袁绍过继为袁成之子，他在宗族中的地位因此得到提升。袁绍与袁术同时起兵，各据一方，袁门政出二头，且兄弟不和，后来更公开翻脸，与袁绍生母的微贱有一定关系。

袁氏豪族虽"四世三公"，一呼天下应，但这一门自袁绍兄弟起已做减法，后来袁绍竟然想让一个儿子各占一州，如田舍翁分家产，更是自弱其势。偏偏遇上一路养子结盟、通婚杂交，由此财丁两旺风生水起的曹氏豪族，军败覆宗，正是天道。

曹腾养子：豪族联盟大风歌

细考曹操家族源流，我们可以替刘邦高兴一把：曹魏代汉，由来有自，基因纯正，怎么说都比一个交代模糊形迹可疑的"中山靖王胜之后"草鞋摊主刘备来得靠谱。

据《后汉书》《三国志》所载，曹操的父亲曹嵩原出夏侯氏，为大宦官曹腾养子，曹、夏侯两家均世居沛国谯县（今安徽亳州），前者乃曹参之后，后者乃夏侯婴之后，两大豪族的始兴之祖，都是汉高祖沛县帮老帮底，西汉开国功臣。不管曹嵩是否原姓夏侯，两家世居沛国，总没造假。

曹腾之父曹节已获誉乡党，育有四子，腾为少子，自小入宫为黄门从官，"永宁元年（120），邓太后诏黄门令选中黄门从官年少温谨者配皇太子书，腾应其选"（《三国志·武帝纪》注引司马彪《续汉书》），从此发迹，历事四帝，官至中常侍大长秋。曹腾之入选，除本人温谨外，家世名族应是重要因素。

如杨联陞先生所言，东汉豪族可分两大类，一类是自己渐渐发展起来的，即一般高官及地方豪族，这类豪族的主体是士大夫，多"不甚富而有知"，财富权势与学识配比相对均衡；一类是凭借中央势力而突然得势的，即宗室、外戚与宦官，多"富而甚无知"。前者往往以"清"自许，视后者为"浊"，慢慢演成清流浊流的对立和斗争，这种斗争在东汉末年以二次党锢之祸为标志，趋于白热化。若《后汉书·宦者列传》关于曹腾行状的记述基本属实，则曹腾无疑是个非常特殊的有着常人所不具备的远见卓识与平衡手腕的人物，以他的身份本近浊流，却毫不嚣张，不仅没有什么明显劣迹或挤迫清流的行为，反而多位清流人物经由他的援引得到重用："其所进达，皆海内名人，陈留虞放、边韶、南阳延固、张温、弘农张奂、颍川堂溪典等。"种暠由益州刺史而为三公，更是曹腾不计私怨所举唯公的明证。正因此，曹腾成为一个清浊两派均认可推戴的人物。曹嵩为宦官养子而不阉，可算比较特别的优待，而他本人显然也继承了养父丰厚的政治遗产与行事风格，八面玲珑，长袖善舞。汉灵帝时，他"货赂中官及输西园钱一亿万，故位至太尉"（《后汉书·宦者列传》），这反过来让我们怀疑：如果曹腾当柄时真清廉不贪浊，曹嵩也不事聚敛，何来如此巨额财富？《后汉书》为南朝范晔撰定，其主要依据是东汉官修史书《东观汉记》等。魏承汉后，可以推想涉及曹操父祖的历史会被修饰美化，但也不至于太过走样，曹腾显然为曹操积了大大的阴功。另外，曹腾身处浊流而与清流声气相通，想必也与他出身沛国谯县渊源纯正的豪族世家有直接关系。曹腾身后，沛国曹氏家族显然更加昌盛繁大，《三国志·曹仁传》注引《魏书》谓曹操的从弟曹仁之父为汉侍中、长水校尉，曹仁本人少年时即于江淮间结客千余人，成为曹操起事的有生力量；另一从弟曹洪，王嘉《拾遗记》谓其"家盈产业，骏马成群"，但生性吝啬，竟因当初没满足从侄曹丕的索求，在曹丕即位后招致杀身之祸；又《曹纯传》裴注引《英雄记》所述，谓曹仁之弟曹纯与兄别居，亦"富于财，僮仆人客以百数"。

夏侯氏同样家世强豪。夏侯惇为曹操从兄弟，"年十四，就师学，人有辱其师者，惇杀之，由是以烈气闻"（《三国志·夏侯惇传》）。为师杀人，正是两汉以师为父不惜死的典型，夏侯惇杀人不用偿命，明显是势要豪族。夏侯惇族弟夏侯渊，昔年即与曹操关系非常亲密，曾代曹操承罪。夏侯氏一门人丁似不如曹氏兴旺，但二位夏侯也是曹操起兵的基本班底，《三国志》将二位夏侯放在诸曹前面介绍，自有缘由。

如上所述，曹、夏侯两家都是豪族，先祖均可溯至西汉开国元勋，人丁兴旺，人才杰出。以此而论，曹嵩出于夏侯氏而为曹腾异姓养子，乃是两大豪族的联盟或者说结合，这是奠基性的大加法。曹操勃兴之前，《大风歌》新谱已成。

千里募兵记

曹操起兵之初，即已全面动员曹、夏侯两大豪族力量，一是同辈昭穆诸从兄弟基本参与并成为骨干，二是宗族积累的社会资源，为他提供了初始的物资支持与兵源补给。

曹、夏侯两家及曹操本人原来主要的势力范围与影响所及，是以家乡沛国谯县即现在的安徽北部为中心，辐射豫、兖、徐、青刺史部，北达冀州刺史部，南及扬州刺史部，即今山东、河南、安徽、江苏北部至河北一带。曹操举事的优势并不明显，因为之前他并未正式得到朝廷任命，坐拥一郡一州，但家世背景使他得到一批豪族的支持，《三国志·武帝纪》注引《世语》："陈留孝廉卫兹以家财资太祖，使起兵，众有五千人。"卫兹后面还有人，是时任陈留太守的东平寿张（今山东东平附近）豪族张邈，寿张时属东平国，与陈留郡（郡治在今开封）同属兖州刺史部，张邈并与曹操一道起兵。

当时以讨伐董卓为名起兵的各路人马，除独具政治眼光的曹操和孙坚外，都旨在保存实力，没想真打。在老百姓眼中，这些兵马像一群一群的乌腊虫[1]。曹操出师不利，首战在荥阳汴水被董卓部将徐荣打败，差点丧命，变回光杆司令，怎么办？在别人地头是没戏的，他只好带上夏侯惇等离开各路诸侯按兵不动、置酒高会的酸枣（今河南延津县北），"诣扬州募兵，刺史陈温、丹杨（郡治在今安徽宣城）太守周昕与兵四千余人"。这是什么概念？今天的导航地图告诉我们，河南延津到安徽宣城路程七百多公里，自驾八个多小时，东汉末年两地之间路途不知还要几多曲折难行。如此说来，关云长之前，千里走单骑早已由曹操自家辛酸上演。如此折腾，正说明曹、夏侯豪族的关系和资源集中在这一带。曹休祖父尝为吴郡太守，曹仁起兵前结客行侠的活动范围也在淮、泗之间，曹洪曾任蕲春长。周昕是会稽人，据《孙坚传》注引《吴录》所言，当日其弟周喁率二千人跟随曹操北上，后为袁术所部豫州刺史，其兄周昂曾为九江太守，周家显然也是南方一大豪族。陈温、周昕无疑与曹、夏侯两大豪族关系密切，或即原为宾客故吏，才肯真金白银出血本。要命的是这批南方兵根本不听曹操的，不乐意北上卖命，回程刚走到龙亢（今安徽怀远），便半夜叛乱，曹操拼死杀出，四千兵已散去三千五，到头来还是靠在自己老家附近的铚县、建平招到千把子弟兵，重返勤王联军的前沿，才不至于太难看。古人打天下，军队好比资本，首单生意就打

---

〔1〕 应劭《风俗通义》说，当时"京师谣歌曰：'乌腊，乌腊。'案：逆臣董卓，滔天虐民，穷凶极恶，关东举兵，欲共诛之，转顾望，莫肯先进，处处停兵数十万，若乌腊虫相随，横取之矣"。应劭撰，王利器校注：《风俗通义校注》，中华书局，2010，第569页。

水漂，马上得再借贷，那个难呵！此事可见当日中原江淮间豪族的势力范围都已切分清楚，汉家天下这头肥鹿虽已倒下，哪容北鄙西陲的董卓吕布们及仅由下层流民组成的黄巾黑山草贼们染指分脔？

曹操统一北方，基础工作和当务之急就是不断吸纳或吞并各地大小豪族，收编黄巾、黑山等农民起义军残部，以重新整合政治经济资源，并借此消灭吕布、袁绍、马超、韩遂等割据势力。我们不难注意到，初期投奔曹操的豪强堡主，也多分布在青、徐、兖、豫一带，最得力的许褚，是曹操乡亲，"汉末，聚少年及宗族数千家，共坚壁以御寇"（《三国志·许褚传》）。在与沛国紧邻的山阳郡，巨野人李典合宾客数千家以从曹操，并在官渡之战时"率宗族及部曲输谷帛供军"（《三国志·李典传》），部曲家兵亦农亦兵的模式初显。山阳东面的任城国，拥有"家兵"的吕虔被曹操辟为从事。沛国西边，在隶属豫州刺史部的汝南郡，江夏人李通起兵朗陵（今河南确山南），聚众数千家结坞自保，也在建安初年举众归附曹操。

那么，曹操这个乱世之奸雄，在征战中原的路上，用什么办法继续凝聚曹、夏侯两族核心骨干，并招徕绥抚依附投诚的各方豪杰强族呢？除了种种机谋权变、文韬武略，照例还有两大抓手：杂交养子，联婚和亲。

吕布的委屈

"大耳儿，大耳儿，你忘了辕门射戟时？！"

这是民间流传的吕布骂刘备之语。话说曹操围吕布于下邳，吕布部将侯成、宋宪、魏续等谋叛内应，城破，吕布被缚。曹操惜其骁勇，想赦而用之，刘备时为曹操座上宾，冷冷一

　　　　　　　　人中吕布：中国养子文化史

句："明公忘了吕布是怎么对待丁建阳和董太师的了吗？"吕布原本指望刘备说句好话，听他此言气急大骂："是儿最叵信者（这小子是最不讲信用的）！"这是正史的版本。民间说书人都是食古高手，可不喜欢这样文绉绉，于是借刘备的及肩长耳起话头，重新给吕布设计台词。

英雄临殒，骂人妙绝如唱戏。

据《三国志·吕布传》裴松之注引《英雄记》所言，一段更为重要却多被史家忽略的对话，发生在曹操与吕布之间：

> 布谓太祖（曹操）曰："布待诸将厚也，诸将临急皆叛布耳。"太祖曰："卿背妻，爱诸将妇，何以为厚？"布默然。

我读这段话，更替吕布叫屈：曹阿瞒，你还不是和我一个德性？吕布该套用他骂刘备的句式大声回敬："曹老弟，曹老弟，你忘了淯水丧二儿？"

《三国志·张绣传》云：

> 太祖南征，军淯水，绣等举众降。太祖纳济妻，绣恨之。太祖闻其不悦，密有杀绣之计。计漏，绣掩袭太祖。太祖军败，二子没。绣还保穰（今河南邓州市），太祖比年攻之，不克。

张绣是骠骑将军张济的侄子。张济之妻绝色，本人在进攻穰城时战死。张绣一降，曹操当仁不让，中军帐里睡鸳鸯，把人家长辈占了。曹操好色一向很直接，入城问妓女，高筑铜雀台，坦率到可爱的境界，也经常为此买单，淯水之败，断送了两个儿子，自己差点儿丧命，是他一生交的最大风流单。

关羽降曹操而复归刘备，过五关斩六将，护嫂读《春秋》，千里走单骑，历来被形塑为忠义典型，殊不知关羽出逃的主要原因应是争色吃醋，心不自安，《三国志·明帝纪》注引《献帝传》云：

> 朗父名宜禄，为吕布使诣袁术，术妻以汉宗室女。其前妻杜氏留下邳。布之被围，关羽屡请于太祖，求以杜氏为妻，太祖疑其有色，及城陷，太祖见之，乃自纳之。宜禄归降，以为铚长。及刘备走小沛，张飞随之，过谓宜禄曰："人取汝妻，而为之长，乃蚩蚩若是邪！随我去乎？"宜禄从之数里，悔欲还，飞杀之。

《三国志·关羽传》注文并引《蜀记》相印证：

> 《蜀记》曰："曹公与刘备围吕布于下邳，关羽启公，布使秦宜禄行求救，乞娶其妻，公许之。临破，又屡启于公。公疑其有异色，先遣迎看，因自留之，羽心不自安。"

两书均记述此事，足见真实不虚。秦宜禄之妻归曹后，其幼子秦朗跟着拖油瓶，更成为曹操爱心泛滥的大养子。曹操得关羽，本已断刘备一臂，因贪色截留作为战利品的大美人，让人家既无限失落又心有疑惧，只好逃亡，算来又是一笔风流账。曹操一面将秦宜禄妻儿"畜于公宫"，一面仍让秦为将守城，说明曹操纳人妻妾，不限敌人，不限未亡人。

猎色枭雄曹操乃至虚名受祸，"东风不与周郎便，铜雀春深锁二乔"。诸葛亮正是借铜雀台之事激怒东吴君臣的。

如果以为曹操猎色仅因激素爆表，纯为满足个人性欲，这种想法也未免太过头脑简单了，把乱世奸雄与淫棍恶少混为一谈，把打天下这种极其复杂艰难的系统工程仅仅理解为杀伐掳掠。以曹操的身份，当"种马"大"杂交"，其实遵循着冷兵器时代的惯例，既"不孚众望"，又可考验归降者的忠诚，整合资源，保留优秀基因，有使命与宿命的因素，有政治的考虑和进化的利好。如此行径，古代争雄天下为君为将者，鲜有例外，当日情形更是如此。例如袁术战败，女儿归了孙权；刘备连骗带抢占了同为汉家宗室的刘璋的益州，把刘璋举族迁至南郡公安（今湖北公安），但刘璋兄弟刘瑁寡居的妻子吴氏被留下来，因为以前曾有相士说吴氏当大贵，刘备不避同族之嫌，以此为由笑纳吴氏。

那时不仅大魔头们如此，一般将领乃至长官对待下属，也多有美色之求，甚至视为惯例常俗，《三国志·卫臻传》有这么一条材料：

夏侯惇为陈留太守，举臻计吏，命妇出宴，臻以为"末世之俗，非礼之正"。惇怒，执臻，既而赦之。

这里的"妇"，当指卫臻之妇。要求被举荐的下属的老婆出陪侍宴，或者意味着进一步的侍寝，所以卫臻才以"末世之俗"正拒，夏侯惇恼羞成怒，失态抓人，这与前述周瑜祖父周景的"移臣作子"，动机似乎有所不同。卫臻之父卫兹，汉末举陈留孝廉，第一个倾家财支持曹操起兵并战死在荥阳城下，卫臻是牌子最硬的烈士遗孤，夏侯惇若杀了卫臻，曹操面前如何交代得过？估计卫臻也因此有底气拒绝上司的不合理要求，若是无名之辈如此不识抬举，估计连铺盖、脑袋和老婆一起被端。当然，这个猜测也许冤枉了夏侯惇，据史传所言，其人性清俭，好读书，不像酷暴好色之徒。

人中吕布，马中赤兔。吕布壮健勇猛，雄性激素肯定比曹操旺盛，跟孙、刘、夏侯惇们就更不是一个等级，吕布不把部将的妻女睡一遍才是怪事！不过吕布失败的根本原因，不是睡诸将老婆，他本人原非山东豪族，缺乏根基，韬略文才又不如曹操，这才是。在乱世，女色赤裸裸地显示为丛林规则之下一种资源或者说身份、权力标志，这种事大家都干，但真有政治头脑的人会明白这不仅是纵欲或忍辱，更是工作或命运，是手段，要讲究策略，区分对象，不要太当真，不能太过分。曹操比较过分，差点儿搭上性命。唐朝有个董秦，出身行伍，在平定安史之乱中以战功成为军头，唐肃宗赐姓名为李忠臣，官至汴州刺史，拜相封王。李忠臣在这方面也很过分，"婪沓嗜色，将士妇女逼与乱，所至人苦之"，即使如此，下属还一直忍着，一直到大历十四年（779），才为帐下大将李希烈等所逐，而且最终激化矛盾的导火线还是他任人唯亲，"以女弟妻张惠光"及其子"恃势残克"（《新唐书·叛臣·李忠臣传》）。历史上另一个极其过分的人，是五代的梁太祖朱温，他不仅睡遍部属臣下的女眷[1]，更公开扒灰，最后死在媳妇刀下。另一类常见的杂交或者说联姻，是攻城灭国之后胜利者对敌酋妻女的占有，客观上说，它经常成为失败的王侯将相在灭国覆家后保存种族胤嗣的一个路径，透过野蛮好色诸种表象，更本质的动机或者说实际效果，仍然是对社会资源的有效利用与重新整合。十六国时，后赵石季龙攻灭前赵，杀前赵皇帝刘曜而纳其女为后，

---

〔1〕《旧五代史·张全义传》引《五代史阙文》云："世传梁祖（朱温）乱全义之家，妇女悉皆进御，其子继祚不胜愤耻，欲割刃于梁祖。全义止之曰：'吾顷在河南，遭李罕之之难，引太原军围闭经年，啖木屑以度朝夕，死在顷刻，得他救援，以至今日，此恩不可负也。'其子乃止。"张全义原为黄巢部将，后依朱温，为河南尹，封魏王。

　　　　　　　　　　　　　人中吕布：中国养子文化史

生一子。石季龙老来得子，觉得这个幼子有帝王血统，遂弃长立幼，即是一例。历史上国族败亡或因罪灭门，女眷入宫为奴，后来逆袭成为皇后甚至临朝听政并非孤例，最为成功者，当推北魏文明太后。

再说了，乱世争雄大不易，必须储备可以对外对内和亲通婚的丰富资源。老大们除了自己儿女成群，最好家族庞大，有一大帮同宗的兄弟姐妹生儿育女，以满足不同层次、代际和亲联婚的需求，不言而喻，和亲联婚的实质，乃是通过姻亲关系建立联盟，巩固关系，安抚收恤。一般来说，对待次要的下属或降将，以夺其妻来摧垮对方意志，考验其忠诚驯服程度为主；对待敌国、盟友、重臣，或者虽已归顺仍能发挥重要影响的大佬级别的前对手，则以联姻为宜，两者表面相反，动机、作用却基本相同。乱世结盟释仇，收降恤敌，求援解危，联姻总是最直接有效的手段。就说吕布，下邳围急，他为求袁术救援，不得不把女儿扎紧在胸前亲自突围，想作为媳妇给袁术的儿子送过去，硬是没送成；曹操就更不用说，打落牙齿往肚里吞，他不是因为睡张济老婆遭袭，死了两个儿子吗？后来张绣在曹操与袁绍对峙正急时重新投降，曹操明白张绣此降关系重大，家仇旧恨马上放一边，"与欢宴，为子均取绣女，拜扬武将军"（《三国志·二公孙陶四张传》），张绣也因此放心，终曹操之世，尽心打拼，安享富贵。老子吞声，小子可不想忍气，后来曹丕一上台就翻脸算账，硬逼张绣自杀，曹丕气量狭窄，宜魏祚不长。

且看曹操在南征北战的同时，如何忙忙碌碌四处结亲：

曹操初起兵时，中牟人任峻举郡以归曹操，还带上宗族及宾客家兵数百人，曹操很高兴，把从妹嫁给他。

谋士荀彧的长子荀恽娶了曹操的女儿安阳公主。

贾诩的长子贾穆在曹丕即位后被封为驸马都尉，想必也是曹操的女婿。

汉中张鲁封府库以降，曹操让儿子彭祖娶张鲁女儿为妻。

孙策起江东，曹操当时正须专力对付袁绍，欲抚之和之，便把侄女嫁给孙策之弟孙匡，又把孙策另一个弟弟孙贲的女儿娶来给儿子曹章当媳妇。

……

结亲联姻，儿女婚嫁，不仅是外交大法，亦是睦族抚内的重器，它能使宗族亲戚亲上加亲，向心力更强，在这方面，曹操同样忙得不亦乐乎。曹操的女儿清河公主嫁给夏侯惇之子夏侯楙；夏侯渊的妻子是曹操内妹，长子夏侯衡，娶了曹操弟弟的女儿。更奇葩的是大养子何晏，他妈尹夫人被曹操收了，他成为养子，后来曹操又把女儿嫁给他，养子加半子，不知当谓何子。

据《三国志·魏书》之《后妃传》与《武文世王公传》所记，自魏文帝曹丕之母卞皇后至东陵王曹茂之母赵姬，十三个女人共为曹操生下二十五个儿子，尚不包括无子者如原配丁夫人与只生女儿的其他姬妾，曹操的生殖能力明显比孙权、刘备强得多。但若放到中华帝国历史长河中，曹操这张成绩单也只算差强人意，且不说周文王九十九子是真是假，十六国后燕皇帝慕容垂、南朝陈宣帝等都是仅儿子就生了四五十个的大种马。再稍为留意，我们不难发现一个有趣的现象，乱世枭雄开国之君大都性欲旺盛，而且很能生，一边欺男霸女，一边到处留种，无子绝嗣这种事，大概率发生在太平时代的皇帝身上。就说曹魏，太祖曹操这样厉害，到了孙子魏明帝那儿，一下子就不行了，"明帝无子，养王及秦王询；宫省事秘，莫有知其所由来者"（《三国志·魏三少纪帝》），此可谓天助司马氏。但报应不爽，司马家也一样，纵使司马懿能生又能教，父子三人个顶个儿地上，硬把魏朝江山给夺了，但仅传至曾孙晋惠帝。"智障"

　　　　　　　　　　　　人中吕布：中国养子文化史

当皇帝，八王之乱如何不起？

刘封悖论

建安二十四年（219），应该是春末或初夏吧，三国——更准确地说是汉末，因为建安还算东汉年号——最酷的养父与最衰的养子，在汉中阳平关前相遇：

> 太祖（曹操）在汉中，而刘备栖于山头，使刘封下挑战。太祖骂曰："卖履舍儿，长使假子拒汝公乎！待呼我黄须来，令击之。"乃召彰。彰晨夜进道，西到长安而太祖已还，从汉中而归。彰须黄，故以呼之。
>
> 《三国志·武帝纪》注引《魏略》

刘封何许人？《三国志·刘封传》说：

> 刘封者，本罗侯寇氏之子，长沙刘氏之甥也。先主至荆州，以未有继嗣，养封为子。及先主入蜀，自葭萌还攻刘璋，时封年二十余，有武艺，气力过人，将兵俱与诸葛亮、张飞等溯流西上，所在战克。

罗子国乃春秋古国，灭于楚，秦统一六国后置罗县，治所在今湖南汨罗市西北，隶于长沙郡。刘封本姓寇，应属罗子国封君罗侯之后裔，于刘备为异姓。

建安六年（201）袁绍败后，刘备南奔刘表。建安十二年（207）曹操南征，遂有赤壁之战。《三国志·蜀二主妃子传》说，后主刘禅出生于刘备奔荆州后，当阳长坂之败，后主在襁褓中，赖赵云保护，免为曹军所掳——刘备可谓"刘跑跑"，是一碰上危急就第一时间丢下妻儿跑路保命的人，他的妻小竟然两次为吕布所掳，一次为曹操所得。

刘封被养，当为建安六年至十年间事。刘封为长沙刘氏外甥，可能少养于舅家。此种情形为乱世常见，《三国志》所记即有数例，如广陵陈矫出嗣舅氏；蜀将马忠、王平少养外家；吴将朱然本为朱治外甥，后过继为子。刘封以长沙刘氏之甥的身份被刘备养为子，虽曰异姓，却勉强多了一层拟外亲的关系。更重要的是其时刘备初遭大难，寄人篱下，前途未卜，未有子嗣，而刘封已成年，且力大孔武，据此可以推定，刘备看中的是小伙子武勇可用，又对自己的生殖能力不太自信，有就此养之为嗣子的明确态度，刘封被养即改姓，也是一个旁证。不妨套改诸葛亮《出师表》的句式，刘封是"被养于败军之际，拟嗣于危难之间"。刘封也没白吃养父家的饭，收蜀之战所在克敌，屡立功勋。就说阳平关前这场战事，刘备拒险扼守，总的战略是不战以疲敌，却让刘封下山挑战。曹操一面大骂刘鞋匠自当缩头乌龟让假子送死，一面认真配合，远调自己亲生的黄须儿曹彰来"打假"，曹彰于曹操诸子中最勇猛，力能格兽，且有将才。这个动作，间接说明刘封武艺超群，这出"打假"大战若发生，激烈精彩程度，或不亚于张飞战马超。

血亲黄须儿与罗侯刘假子没在阳平关前大战三百回合，此后也再没机会对面过招，因为刘封已活不到第二年。阳平关之役后，刘备稳占汉中之地，旋师成都，自封汉中王，立阿斗为太子，听关羽之计，出刘封会同孟达攻打上庸（今湖北竹山县西南）。其后荆州战场形势发生逆转，关羽水淹七军后为孙吴所袭，兵败被围，刘封、孟达不救。关羽败没不久，刘封又与孟达发生争执，孟达叛归曹操，写信招降刘封。在信中，孟达先分析这对蜀中第一假父子的关系和刘封的危险处境："今足

人中吕布：中国养子文化史

下与汉中王，道路之人耳，亲非骨血而据势权，义非君臣而处上位……自立阿斗为太子已来，有识之人相为寒心。"孟达接着指出刘封犯了"三非"："弃父母而为人后，非礼也；知祸将至而留之，非智也；见正不从而疑之，非义也。"并替他设计易帜归宗、复姓封侯的人生新程途：

> 以足下之才，弃身来东，继嗣罗侯，不为背亲也；北面事君，以正纲纪，不为弃旧也；怒不致乱，以免危亡，不为徒行也。加陛下（魏文帝曹丕）新受禅命，虚心侧席，以德怀远，若足下翻然内向，非但与仆为伦，受三百户封，继统罗国而已，当更剖符大邦，为始封之君。[1]

刘封无法准确判断形势，做出决断，败回成都后，果然被赐自尽，临死发出叹息：吾恨不听孟子度之言！

孟达的信，让我们想起王允策反吕布时两人的对话：

> 布曰："奈如父子何！"允曰："君自姓吕，本非骨肉。今忧死不暇，何谓父子？"布遂许之，手刃刺卓。
>
> 《三国志·吕布传》

耳边响起两条同出《左传》的华夏民族古老训诫：

"神不歆非类，民不祀非族。"

"非我族类，其心必异。"

清人黄景仁《咏史二章》第一首打头一句，就是"何事不可为？必欲为人子"。

---

[1] 严可均辑：《全三国文》，商务印书馆，1999，第615页。

一对坚挺而疼痛的铁蛋！回头看吕布、刘封，我想到这样一个比喻。

吕布与刘封，均借武勇、军功成为当世枭雄的养子。如果我没记错，这一类型的养子，在此前的中国历史中还没有谁真正浮出水面，成为代表性人物（宦官养子除外），这对难兄难弟，恰好代表了一个即将大批出现、大行其道的养子"新品种"，暂且给这一类型的养子贴个标签，叫功利型养子。

古人在什么情况下需要养子，或者可能养子？要之有三：

一、本人无子，须要养子继嗣，以负担起养老、祭祀责任，并继承财产、爵位，此可谓继嗣型养子。

二、收恤孤儿，使孤有所育，多见乱世，尤其是由乱入治，社会秩序开始恢复、重建之时。一方面战乱或饥荒导致孤儿遍地，亟待有人收恤抚养；一方面社会经济与生活渐趋安定，亟待胜残去杀，春育海涵，以回元气。这一类型，可谓救恤型养子。

三、个体双方有可以互补的资源，也急需相互利用，缘此结为父子，此即功利型养子。赖以互补的资源，一方多为武勇、财富，一方则是权势、名位。与此类似，约为兄弟、联婚、结盟也是互补的常见形式。

当然还有第四种：娱乐型养子。但此非常人俗人所能为，后文将论及。

一个悖论显露出来：这三种类型的养子，主要是继嗣型养子与功利型养子，虽同为养子，但条件、目的、标准、可能导致的结果等非常不同，甚至存在本质冲突与彼此排斥！不妨将这种冲突和排斥命名为"刘封悖论"，因为刘封的身份、定位、处境一直在继嗣型与功利型养子间摇摆变化，最终脑袋掉落。

以父系血亲为唯一继承依据的宗法系统严格排斥异姓外宗继嗣，即"异姓不得为后"。无子绝嗣而养子，得先从同姓

　　　　　　　　　　　人中吕布：中国养子文化史

昭穆相当的人（通俗地讲就是同宗兄弟的儿子）中选择嗣子。滋贺秀三在《中国家族法原理》中有个说明："……换言之，可以说不存在儿子这样的作为第一顺序的必然继承人的时候，作为第二顺序的同宗昭穆相当的人拥有潜在性的某种程度的继承期待权。这样一来，当然就成了设立可以阻止财产由于个人的一时高兴传承给同族之外的人的机制。"作为日本学者，滋贺氏还特别提醒读者注意"养子"词义在中文中可能发生的含混："……用日语可以称为养子的，在中国的社会性的现实之中，除了上述的'嗣子'之外，还存在称之为'义子'的不一定以继承为目的的恩养性质的养子。"[1]

这一比较与提醒，直指内在的悖论。

所谓恩养性质的"义子"，通常属于功利型养子，恩在功利中，恩在彼此需要和相互利用中，"甘心谓人父"的原因，是"乃知腥膻所，万物任驱指"（黄景仁《咏史二章》）。春秋以降宗主养客收门生，宾客门生要有所长，能为主者所用，如孟尝君之客，上至冯谖谋窟，下至鸡鸣狗盗，关键时刻总得有脱颖而出的能耐。三国血火乱世，金鼓杀伐是硬道理，血亲兄弟儿孙不争气，原有部曲、门客人才不济，或者手续太啰唆，好不容易碰上个力能扛鼎的万人敌，恩养结拜更直接、快捷。而显然，《三国志》乃至这一时期其他主要史乘的撰者，还没把注意力放在对这方面信息的收集上，魏将韩浩、文聘均因无子或亲子去世绝嗣，由养子继嗣，我们才由此知道这两人有养子，类似情形可能还有不少。在战场上、在征战天下互相利用中，需要双方各具对方稀缺的资源，有真本钱、硬通货。会捉老鼠就是好猫，白猫黑猫，谁生的猫不重要，通常情况下，正

---

[1] 滋贺秀三：《中国家族法原理》，第 326 页。

是在家族以内无法找到有力人选、顶真靠山,才需要恩养结拜。正因此,功利型养子基本属异姓养子,"异地附瓜葛,他山托乔梓"(黄景仁诗,《咏史二章》),直接冲击"异姓不养"的原则。虽然这种性质的养子多等同于"义子""假子",但既存父子名分,就不排除特殊情况下被指定为继承人或篡夺上位的可能,那么结果便是"莒人后郯,灭也"。

我想请大家特别注意的是,不管极端的情形有没有出现,就拟亲系统作为宗法社会的破壁剂与能量交换补充机制的特殊作用而言,功利型养子对血亲系统的冲击力最强,也最能发挥拟亲机制的积极作用,律令礼教中关于继嗣养子的诸多规范,恰恰表现了宗法体系对这种作用的恐惧与抵制。在天下相对太平、治理有序的时期,这种狙击相当在效,但一遇战乱,即崩坏溃决。刘封本姓寇,于刘备为异姓,但幼依刘姓外家,由此产生一重似是而非的模糊色彩,这种模糊在刘备未有亲子之时,与武勇结合,恍惚已足够支持他成为继嗣型养子的合适人选,但刘禅的出生,一下子把原来潜藏在底层的功利型养子的实质标揭出来,而他自己却未能清醒意识到这种转变已导致他的身份、作用向反面转化,被视为血亲储君的正面威胁。刘封既已悖理违情而浑然不觉,必当为悖论所杀。

"莒人灭郯"的典故,在中国古代屡被提起,几乎尽人皆知。莒、郯是春秋时两个小国,莒人灭郯,事在鲁襄公六年(前567),一个说法即郯人将有莒人血统的外孙嗣立为国君,等于莒人后郯,异姓入主,按"神不歆非类"的原则,宗庙已不血食,实为灭国。

王夫之《读通鉴论》卷三十"郭氏立异姓为后"[1]条即援

---

〔1〕 王夫之:《读通鉴论》,岳麓书社,2011,第1156页。

　　　　　　　　　　　　　人中吕布:中国养子文化史

引此例：

> 无子而立族子，因昭穆之序，为子以奉宗祀，自天
> 子达于士，一也；而天子因授以天下为尤重。异姓者不得
> 为后，大法存焉。《春秋》莒人后郯，而书之曰灭，至严矣。

与刘封相反，五代后周的皇帝郭威，则以养父身份被"刘封悖论"悖中。郭威无子，正常情形下，无子则立支庶，郭威干脆连支庶也找不出来："为天子而旁无可立之支庶，古今仅一郭氏"，只好养异姓姻亲柴荣为子，并由其继承大统。"荣之得国，实以养子而受世适之命。"（王夫之语）不可否认，柴荣既以异姓入养而得据嗣子之位，同时也是个够格的功利型养子，早年已显示出过人的军事和治理才能，继位后更是南征北战，威震宇内，为赵宋四百年江山打下基础，但悲剧还是不可避免地发生：柴荣为郭威养子时改姓郭，继位后改回原姓，据说是不改姓不知道如何安置他的亲爹柴守礼，莒人灭郯的结果明明白白摆在那儿。王夫之不满柴荣这样做，遂有上述一段议论。

现在回头看，这么形容似乎不算过分：东汉末三国初的吕布和刘封如一对铁打睾丸，头回挺起一把型号够大的拟真阳具，要绕开血亲这个真实的生殖器，通过异姓养子的方式"体外受精"，另辟蹊径，争天下，登大宝。这对难兄难弟虽最终均未成功，但引领了方向，不久，当更大的乱世与南北大分裂到来时，在北方十六国的更迭争雄中，刘聪、石季龙、闽冉等养子皇帝就不客气地一个个闪亮登场了。

另一方面，"异姓者不得为后"虽早自西周春秋以来即被确认，但存世明文可考的完备法条始见于《唐律》，三国之世连同姓通婚都略过不论，而曹操的养子何晏疑娶其同母妹即

曹操女儿金乡公主为妻，这方面的禁忌和相关规范更无从维护[1]。《唐律·户令》规定："无子者，听养同宗昭穆相当者。"并对违反者做出严厉处罚："养异姓男者，徒一年；与者，笞五十。"同时对收恤孤儿规定了年龄："其遗弃小儿年三岁以下，虽异姓，听收养，即从其姓。"（长孙无忌《唐律疏议》卷十二《户婚律》）而反讽恰恰在安史之乱后的中晚唐至五代大爆发，中晚唐当权宦官与禁卫军将领乃至相关藩镇的关系基本以养父子的形式呈现与维系，五代武人狡客乃至富商大贾通过养子获得出身终成镇将王侯者比比可数，不少武人以宦官养子起家，本身又成大养父，即黄景仁所谓"更有呼父人，相步后尘起。父人复人父，谁非竟谁是"，"刘封悖论"冲破诅咒，大放异彩，好戏连台。

幸福的拖油瓶：娱乐型养子

天下三分，各生变相。刘备动不动就眼里饱含泪水，但最终翻脸杀养子；曹操则相反，他以铁血、雄猜饱受诟病，当起养父来却能包容而有分别，当得很棒很快乐，有趣有始终。

造成如此区别的根本原因，正在养子的动机、目的与相应的模式、定位上。

曹操本人生殖能力强，从不存在身后绝嗣的担忧；他自

---

[1] 《三国志·陈矫传》注："《魏氏春秋》曰：矫本刘氏子，出嗣舅氏而婚于本族。徐宣每非之，庭议其阙。太祖惜矫才量，欲拥全之，乃下令曰：'丧乱已来，风教凋薄，谤议之言，难用褒贬。自建安五年已前，一切勿论。其以断前诽议者，以其罪罪之。'"又《三国志·诸夏侯曹传》引《魏末传》："晏妇金乡公主，即晏同母妹。"但裴松之对此表示怀疑，并引述相关资料考驳。

　　　　　　　　　　　　　　　　人中吕布：中国养子文化史

成为汉相，即建立起巩固稳定的大后方，征战虽艰苦，后宫自旖旎；其次，与孙、刘相比，他最有政治远见与规擘之力，也独具诗人气质与浪漫豪情。曹操养子，动因纯粹，定位清楚，区别对待，各得其所，从一开始就创新模式，跳出悖论，可为佳话。

曹操的养子，见于史料的有三个：秦朗、何晏、曹真。

三个养子，两种类型。

前两位，我将他们划入一个新的类型：娱乐型养子，或也可称"假型养子"。

秦朗与何晏，都是从小跟着母亲一起被曹操所纳，"蓄于公宫"，俗所谓"拖油瓶"者。

前述《三国志·明帝纪》注，在讲完秦宜禄的悲剧结局后，继续交代他那聪明乖觉的儿子秦朗的明朗人生和幸福生活：

> 朗随母氏畜于公宫，太祖（曹操）甚爱之，每坐席，谓宾客曰："世有人爱假子如孤者乎？"《魏略》曰：朗游遨诸侯间，历武、文之世而无尤也。及明帝即位，授以内官，为骁骑将军、给事中，每车驾出入，朗常随从。时明帝喜发举，数有以轻微而致大辟者，朗终不能有所谏止，又未尝进一善人，帝亦以是亲爱；每顾问之，多呼其小字阿苏，数加赏赐，为起大第于京城中。四方虽知朗无能为益，犹以附近至尊，多赂遗之，富均公侯。

何晏之母尹夫人为汉末外戚、权臣大将军何进的儿媳，何晏本身已具名门血统，兼龆龄早慧，曹操喜欢得不得了，先养为子，后升东床。《三国志·曹爽传》注引《魏略》，曾拿两大拖油瓶进行比较：

太祖为司空时，纳晏母并收养晏，其时秦宜禄儿阿苏亦随母在公家，并见宠如公子。苏即朗也。苏性谨慎，而晏无所顾惮，服饰拟于太子，故文帝特憎之，每不呼其姓字，尝谓之为"假子"。晏尚主，又好色，故黄初时无所事任。及明帝立，颇为冗官。

世上拖油瓶，十有七八不被后父待见，易受歧视甚至虐待。而身为后父的曹操则不然，既纳其母，即爱其子，抚之教之，不避形迹，不异己出。曹操爱养二儿的动因，不妨借用一首电影插曲的名字，叫《因为爱情》，可以说颇为纯粹。

曹操与何晏，更多了一层学问与癖好方面的交流互动，《太平御览》卷三百八十五引《何晏别传》说：

晏时小养魏宫，七八岁便慧心大悟，众无愚知莫不贵异之。魏武帝读兵书有所未解，试以问宴（晏），晏分散所疑，无不冰释。

这对假父子真翁婿还有一个同好，就是嗑药试毒。《太平御览》卷九百九十引西晋张华《博物志》说："魏武习啖冶葛，至一尺，亦多饮鸩，近世事相传云。"另卷九十三介绍更详细，说曹操"好养性法，亦解方药，招引方术之士。庐江左慈、谯郡华佗、甘陵甘始、阳城郗俭无不毕至。又习啖野葛，至一尺，亦能少少饮鸩酒"。西晋另一个博物家嵇含所著《南方草木状》不仅同样记录此事，而且讲出一番相生相克的道理[1]。

曹操嗑药试毒，不外一为防人下毒，二为享乐养生，他的

---

〔1〕 嵇含：《南方草木状》，广东科技出版社，2009，第22页。

人中吕布：中国养子文化史

探索精神和试验方法，显然影响、带动何晏继续试验，并促成一种风靡数百年的新型丹药——五石散的定型和流行。五石散药方虽托始于汉人，实则由何晏试验定型并开始大量服用，是一种兼具长生、美容与春药三大功能的"新型毒品"。史称何晏唇红齿白，行步顾影，傅粉谈玄，虽尚公主却好色放纵，五石散就是他带头服食起来的。何晏嗑药，嗑出新成果，亦把曹操的娱乐精神带到新高度。

但曹操的清醒高明之处，是爱而不溺，养而有度，不让娱乐精神逾越庙堂宗法，干扰政治秩序，始终把秦、何明确界定在假子位置上，不使任官干世。

曹操破吕布在建安三年（198），秦宜禄之妻作为战利品为曹操所纳，秦朗的拖油瓶生活也应自此开始。其时秦朗幼稚，可能尚在襁褓，曹操之爱秦朗，抚之于座席。至建安二十五年（220）曹操去世，秦朗至少已经二十二岁，其后魏文帝曹丕在位七年，太和元年（227），魏明帝曹叡即位。秦朗至明帝朝始授内官，则其出仕不早于二十九岁。须知帝制时代尤其是乱世，皇亲国戚封侯为官的年龄基本没下限，后燕慕容盛之时，外甥丁信十五岁即被任命为七兵尚书。曹操既如此喜欢假子秦朗，理该在他十来岁时即授予一官，老曹不办，曹丕该办了，何以耽搁到曹叡手上才给这位"拖油瓶叔父"官做呢？更何况秦朗从小与物无忤，与人无尤，不像何晏张扬轻薄，为曹丕所憎。

答案当在"假子"中，秦、何两人被养后均未改姓，也是一个注脚。

据《魏氏春秋》的描述，曹操不讳公称秦朗为"假子"。至于何晏，说法就复杂了些，《魏略》说曹丕数称何晏为"假子"，是为表示个人憎恶鄙薄，《世说新语》则另出新解，保持原姓氏的"假子"身份，成了何晏抗争的结果：

> 何晏七岁，明惠若神，魏武奇爱之。因晏在宫内，欲
> 以为子。晏乃画地令方，自处其中。人问其故，答曰："何
> 氏之庐也。"魏武知之，即遣还。
>
> 《世说新语·夙惠》

母未遣，子何还？遣还之说无据，且不见它书。何晏殊非谦退之人、气节之士，他冶容好色，"服饰拟于太子"，而正因此为真太子所嫌。

事实上，秦、何两人在曹操、曹丕父子在位期间的一直赋闲未仕，已可说明问题实质。

何晏早慧好学，七八岁便能助曹操解兵书之疑，绝非一般意义的神童，及长，"好老庄言，作《道德论》及诸文赋著述凡数十篇"（《三国志·曹爽传》），成为魏晋玄学的代表人物。他后来在曹爽摄政期间得到重用，抵制司马氏，虽以失败告终，也表现出相当的政治才能。

秦朗好歹算将门之后，魏明帝青龙元年（233）曾带兵征讨鲜卑轲比能，取得胜利，也说明才有可造，未至草包。魏明帝临终，他甚至被确定为顾命大臣之一。

按照常理和曹操汲汲求贤的风格，二人早应出仕，如此，何晏犹有望大用。若说何晏让曹丕讨厌，可秦朗一向谨慎乖巧，讨人喜欢，他也同样直到魏明帝时代才出仕。如此反常处置，且父规子随，只能说明这是曹操的明确意图，甚至可以说是一种制度设计或安排。

相反的例子，是曹真——曹操的另一个养子或称族子。

《三国志·诸夏侯曹传》说：曹真是曹操族子，也是遗孤。曹真之父曹邵在曹操起事时因募兵为敌所杀，"太祖哀真少孤，收养与诸子同，使与文帝共止"。但《魏略》另有说法："真本姓秦，养曹氏。或云其父伯南夙与太祖善。兴平末，袁术部党

　　　　　　　　　人中吕布：中国养子文化史

与太祖攻劫，太祖出，为寇所追，走入秦氏，伯南开门受之。寇问太祖所在，答曰：'我是也。'遂害之。由此太祖思其功，故变其姓。"族子，严格说来就是族人之子，关系较群从兄弟之子即从子之类要疏得多，因是遗孤，被收养同于诸子，即是养子。若从《魏略》之说，则曹真本与秦朗、何晏一样为异姓养子，但曹操因其父代死之功与遗孤身份，给了他另两个养子享受不到的政治待遇：变姓为曹，视同亲子。收养遗孤的情况，也出现在东吴。《三国志·凌统传》说，凌统病死后："二子烈、封，年各数岁，权内养于宫，爱待与诸子同，宾客进见，呼示之曰：'此吾虎子也。'"凌统虽累立战功，但与秦伯南不惜替死显然不可同日而语，孙权也并没有让凌烈、凌封改姓。

曹操对曹真的培养与任用，更与对待"拖油瓶"截然不同。他从小常带曹真一起打猎，使之娴习武事，曹真也不负期望，鸷勇果决，力能射虎，一早就被委以重任，使之"将虎豹骑"。要知道虎豹骑可是曹军中最精锐的部队，"皆天下骁锐，或从百人将补之"（《三国志·曹真传》注引《魏书》）。从此曹真南征北战，封侯拜将，成为曹魏后期的主要军事领导人。若其不死，司马氏之篡夺未易成功。

曹真之改姓（假设《魏略》史料为确）与培养任用，即其地位、待遇及人生路径与秦、何两人的不同，可以说明曹操在养子这件事上心中有数，外无涯岸，内有门户，区别对待，并不昏头。尽管爱女人，爱童真，甚至非常欣赏何晏的天才，拖油瓶的养子却基本固定在"假子"位置上，仅限于声色犬马优游卒岁，未加任用，遑论得权干政。秦朗、何晏均历魏武、文两世而不仕，可以理解为一种无言的界限与疏离，《魏略》甚至将秦朗与孔桂同列佞幸篇，贱之近于俳优。

秦、何为养子而不改姓，或许还有一个标本意义，显示了异姓养子从宾客、门生、部曲之类分离独立出来的初期一种比较涣散随意的过渡状态。

三国一项好制度：母养模式

说起掖庭禁中，深宫内庭，人们往往会想起三种人：后妃宫女、宦官、外戚，其实皇帝身边可能龙蛇起陆、为妖作孽的还有一种人：乳母，亦称保母。

以东汉而论，汉安帝的乳母王圣在邓太后死后专权，并与大长秋江京、中常侍樊丰一起谮杀时为太子的汉顺帝的乳母王男等。"太子数为叹息。王圣等惧有后祸，遂与丰、京共构陷太子，太子坐废为济阴王。"（《后汉书·孝顺帝纪》）乳母杀乳母，说明都厉害。

十六国时，后赵石季龙之子石邃的乳母刘芝初，"以巫术进，既养邃，遂有深宠，通贿赂，豫言论，权倾朝廷，亲贵多出其门，遂封芝为宜城君"（《晋书·石季龙载记》）。

北魏一朝，出了两个最风光的乳母，太武帝拓跋焘、文成帝拓跋濬都将其乳母视同亲母，封为皇后。拓跋焘的乳母窦氏甚至曾参与朝政，所幸这两人都还本分，名声不错。

在本书第二章，我们还原了"创造秦始皇"的过程与机理：同一父亲所生的庶子以转为无子嫡母之养子之方式，在继承序列上平移到嫡子位置，从而取得符合礼法的继嗣袭爵资格。秦国公子异人在吕不韦的策划支持下，主动与嫡母华阳夫人沟通上敬，两者由于共同利益达成合作，异人的生母夏夫人也在儿子继位后与华阳夫人并尊太后，皆大欢喜。这桩成功的政治交易可谓你情我愿，公开透明。后世类似的运作不少，但多由无子而得位的后妃密谋主使，有时甚至得到同样急于确定继承人的皇帝的默许支持，直接掠夺无宠嫔妃或普通宫人所生之男，名为己出，生身母亲必须缄默，或者干脆被灭口。

上述两种情形，都是在皇子养育的环节上出了问题，前属乳母之祸，后可谓养母或假母作祟。三国虽是乱世，魏、蜀、吴却不约而同采用同样的方式，有效避免上述两种情况的发生。这个方式，《三国志》中有个表达，就是把养母倒过来，变成"母养"。

曹魏当然还是带头老大，甚至可以说是曹操创造或引领了这种模式。当然，共同的社会背景是这种模式出现的基础。

曹操背景硬，出道早，三分天下先踞中原，精力旺盛，生殖力强，命也不算短。刘备在这方面和曹操根本无法比，曹操纳降即纳色，入城先狎妓，其姬妾多出身娼妓，曹丕、曹植之母即是。曹操那上了正史的十几个后妃，大约只是当上了孩子他妈的幸运的少数，禁锢在铜雀台中位同奴仆的侍妾不知有多少。冯梦龙《古今谭概·鸷忍部》一则《一瓜杀三妾》的故事说，曹操曾盛夏宴客，因献瓜姿势和答对不谐，连杀三个侍妾。当然这是野史传闻，未可遽信，可以肯定的是当曹操已经有条件在许昌的丞相府中、铜雀台上抱姬拥妾纵情欢乐时，刘备大致还如丧家之狗，东投西靠，打一次败仗扔一回家眷，《三国志·蜀二主妃子传》囫囵一句"先主数丧嫡室"，怎么丧？大半就是丧在战场，死于乱兵。不知是早期艰难摧伤，还是刘备性功能与生育能力本来欠佳，得荆州后娶的孙夫人与据西蜀后收的同宗刘焉的儿媳，都珠胎不结，让据说智商有点儿问题的刘禅平白捡了大便宜，成为开国之君的独生子，兹事细想，亦颇奇葩。

孙权相对比较正常，虽也好色杂交，后妃成群，毕竟个性比曹操收敛，行事风格本非豪放一派。孙权的儿子，加上早夭的，也就九个。

但即使独子他爹刘备，也有"母养"之举。甘夫人产下阿斗并历长坂坡之难后不久病逝，抚养阿斗的责任就落到尚未生育的孙夫人身上，后来刘备入蜀，孙夫人还吴，想把阿斗带走，才有赵云截江留人一幕发生。

东吴这边，同样因为有的妃妾生子后早逝或出身微贱、失宠遭斥等情况，需要另找人哺育抚养，也采取"母养"的方式解决，甚至出现"母养专业户"，袁术的女儿袁夫人即是。

袁术败后，家眷被吴军所掳，孙权纳其女为夫人。本来不管怎么说，袁夫人都算是堂堂正正出身名门，孙权也因此另眼相待，甚至想立袁氏为后，若袁氏能生育，生儿子，很可能儿为太子，己为太后，四世三公的袁氏一门就又可以通过外孙统治东吴。但袁夫人命硬福薄，不仅本人不育，交给她"母养"的，也都养死了。《三国志·吴妃嫔传》注引《吴录》："袁夫人者，袁术女也，有节行而无子。权数以诸姬子与养之，辄不育。及步夫人薨，权欲立之。夫人自以无子，固辞不受。"

孙权甚至为了"母养"的目的或者说以"母养"为理由娶妇，《三国志·吴妃嫔传》云：

> 吴主权徐夫人，吴郡富春人也。祖父真，与权父坚相亲，坚以妹妻真，生琨。……琨生夫人，初适同郡陆尚。尚卒，权为讨虏将军在吴，聘以为妃，使母养子登。后权迁移，以夫人妒忌，废处吴。

徐真娶孙权姑母，其子徐琨与孙权为中表，孙权为徐琨之女徐夫人的父辈外亲，这明摆着是一宗乱伦配，且徐夫人此前已嫁人并成为寡妇，孙权在"接盘"方面，与曹操实有同好。曾为人妇的徐夫人可能有哺育抚养的经验，这或许是她被孙权所纳的一个原因。

那么，孙权的长子孙登的生身母亲上哪儿去了呢？《三国

人中吕布：中国养子文化史

志·吴主五子传》有个交代：

> 初，登所生庶贱，徐夫人少有母养之恩，后徐氏以妒废处吴，而步夫人最宠。步氏有赐，登不敢辞，拜受而已。徐氏使至，所赐衣服，必沐浴服之。登将拜太子，辞曰："本立而道生，欲立太子，宜先立后。"权曰："卿母安在？"对曰："在吴。"权默然。

孙登的生母究竟"庶贱"到什么程度，竟然被剥夺哺育亲儿的权利呢？这是个谜。一般来说，母以子贵，即使身是婢仆倡女，既生子则当听其哺育，何况孙登生于建安十四年（209），其时孙权已继其兄任讨虏将军九年，不该是随便轻狂打野食的贵介公子，何以孙登仍会因母贱而不得亲养呢？话说回来，类似之事并不少见，《晋书·元帝六男传》：琅琊孝王司马裒"母荀氏，以微贱入宫，元帝命虞妃养之"，后来晋元帝曾想将司马裒立为太子，被王导劝止。子因母贱而影响继位的情况同样不是个案，《新唐书·穆宗本纪》说，元和七年（812），惠昭太子薨，"左神策军中尉吐突承璀欲立澧王恽，而恽母贱不当立"，改立遂王。孙权的原配谢夫人出自山阴仕宦门第，势不至贱，不会是孙登生母。可以肯定的一条是孙登很小就由徐夫人负责"母养"，并被视同己出，产生了深厚的母子亲情，所以才在策立太子时有这么一段让孙权无语的对话。当然，并不是每个被"母养"的皇子都像孙登那么淳谨，南朝宋文帝第二子刘浚生母早卒，文帝命所宠潘淑妃"养以为子"，"淑妃爱浚，浚心不附"。后来刘浚多为不法，又附会太子刘劭，密行巫蛊，藏匿奸人，文帝将赐其死，潘淑妃泄漏消息，导致文帝被弑，潘淑妃也被乱兵所杀，刘浚并"剖其心观其邪正"（《南史·宋宗室及诸王传》）。

再回头补叙由"乱世大种马"曹操统筹之下的"母养大户"曹魏王室的情况。

《三国志·魏后妃传》云：

> 武宣卞皇后，琅邪开阳人，文帝母也。本倡家，年二十，太祖于谯纳后为妾……建安初，丁夫人废，遂以后为继室。诸子无母者，太祖皆令后养之。

读这条材料，我们须注意一个关键的交代，卞后原以倡家女被纳为妾，她是在升格为继室之后受命"母养"无母诸子的，说明这是曹操的安排，也是她身为嫡妻的一种资格、权利。那么，被她顶替下岗的丁夫人是什么情况呢？这便又牵连到前述曹操一生最痛的风流账，引起又一宗充满悲情的"母养"史。《魏后妃传》注引《魏略》云：

> 太祖始有丁夫人，又刘夫人生子脩及清河长公主。刘早终，丁养子脩。子脩亡于穰，丁常言："将我儿杀之，都不复念！"遂哭泣无节。太祖忿之，遣归家，欲其意折。后太祖就见之，夫人方织，外人传云"公至"，夫人踞机如故。太祖到，抚其背曰："顾我共载归乎！"夫人不顾，又不应。太祖却行，立于户外，复云："得无尚可邪！"遂不应，太祖曰："真诀矣。"遂与绝，欲其家嫁之，其家不敢。初，丁夫人既为嫡，加有子脩，丁视后母子不足。后为继室，不念旧恶，因太祖出行，常四时使人馈遗，又私迎之，延以正坐而己下之，迎来送去，有如昔日。丁谢曰："废放之人，夫人何能常尔邪！"其后丁亡，后请太祖殡葬，许之，乃葬许城南。后太祖病困，自虑不起，叹曰："我前后行意，于心未曾有所负也。假令死而有灵，

子脩若问'我母所在'，我将何辞以答！"

曹昂字子脩，在张绣掩袭曹操的穰城恶战中丧命。丁夫人之母养子脩，显然比孙权徐夫人之母养孙登投入了更多感情，完全当成亲生儿子来养来疼，以至子脩死后她深怨曹操，终日以泪洗面，夫妻感情彻底破裂，自求斥逐而不悔。而曹操也不轻松，此事成为他感情与良心上至死无法交代的一笔欠账。

心思细腻的读者可能会想到一点，曹操生了那么多孩子，因故无法由亲母抚育的想必不止一个，"大总母"卞夫人忙得过来吗？《三国志·武文世王公传》在介绍赵王幹时所引注文，回应了这个悬测：

> 《魏略》曰：幹一名良。良本陈妾子，良生而陈氏死，太祖令王夫人养之。良年五岁而太祖疾困，遗令语太子曰："此儿三岁亡母，五岁失父，以累汝也。"太子由是亲待，隆于诸弟。良年小，常呼文帝为阿翁，帝谓良曰："我，汝兄耳。"文帝又愍其如是，每为流涕。

《武文世王公传》直谓"王昭仪生赵王幹"，如果没有这段补注，后人肯定不知道王昭仪——王夫人其实只是承命负责"母养"。大概王夫人年寿也不永，所以曹操临终放不下这个幼子，有了另类"托孤"。裴松之考证出曹幹比其异母庶兄楚王曹彪（195—251）小二十岁，而曹丕比曹幹年长二十八岁，难怪曹幹会把大哥当爹。

曹丕是个促狭偏心的主儿，袁绍的媳妇也即传说中曹植的梦中情人、《洛神赋》的原型甄氏先被曹丕纳为妻，而后色衰爱弛，又因善妒，被赐死。他称帝后，继续沿用"母养"方式，让顶岗上位的郭后母养甄后所生嫡长子曹叡。《三国志·明帝纪》注云：

> 《魏略》云：文帝以郭后无子，诏使子养帝。帝以母不以道终，意甚不平。后不获已，乃敬事郭后，旦夕因长御问起居，郭后亦自以无子，遂加慈爱。文帝始以帝不悦，有意欲以他姬子京兆王为嗣，故久不拜太子。《魏末传》曰：帝常从文帝猎，见子母鹿。文帝射杀鹿母，使帝射鹿子，帝不从，曰："陛下已杀其母，臣不忍复杀其子。"因涕泣。文帝即放弓箭，以此深奇之，而树立之意定。

说是"意定"，其实不定，一直到曹丕病笃临终，才将曹叡立为太子。

综观三国"母养"诸例，可以总结出几个特点。

第一，三国时期尤其是初中期，魏、蜀、吴政权都存在不少不稳定因素，草创与过渡的特征明显。曹操并未称帝，孙吴与西蜀也然，可以推想后宫的制度、规模会因此受到限制，必须有所收敛，在配置与制度上不如统一稳定王朝的皇家宫廷。诸母诸子居住、相处的等级、区隔等，也应不太严格，像明朝的明孝宗那样出生后藏育于宫中若干年而竟然可以瞒过万贵妃耳目的事，那时大概没有发生的空间和条件。同时由于时处乱世，征讨掳掠频仍，姬妾来源复杂，"诸子无母"的情形也高发。由本身无子或有余裕时间和精力的后妃负责抚养无母之子，就成了便利有效的选择。

第二，三国时魏、吴、蜀三家的"母养"，基本是由男姓家长指定或特意安排；被养之子，多为原来无母或丧母者；养母的选定，也遵循本身无子者或正妻嫡母乃至排序在前的姬妾优先的原则。以曹魏情形论，丁夫人本身无子，且为曹操原配；卞夫人是在升为正妻后得到"母养诸子"的优先授权的；

曹丕之郭皇后亦属本身无子。孙吴方面，孙权之徐夫人未见有亲子的记录，而且孙权纳徐夫人后，曾要求原配谢夫人尊徐为长，谢不答应，因此忧死，足见徐地位之优。刘备的孙夫人母养阿斗时，自己也没生育。

从这里头，我们可以隐隐看到一个先例的影响。

西汉宣帝继位之初，霍光的夫人为让女儿当皇后，指使女医毒杀刚产育的许皇后。汉宣帝在粉碎霍氏集团后废霍后，原想立得宠的张婕妤为后，但考虑到张本身生有皇子，"惩艾霍氏欲害皇太子，乃更选后宫无子而谨慎者，乃立长陵王婕妤为后，令母养太子"（《汉书·宣元六王传》）。

由男姓家长安排负责"母养"的后妃，以及"母养"资格先贵后贱的基本原则，有利于防止"母养"皇子的安排变质成谋母夺子的宫廷阴谋，并确保不会出现乳母拦入包揽以致取代生母，坐大成孽。三国期间因后妃争宠夺嫡导致宫闱之变或继承人变化的情况很少见（孙权晚年废长立幼，主要是其姐居中作俑），即使是亲母被赐死的曹叡，也未因"母养"的变化丢掉继承人资格。这一不约而同的模式或者说准制度安排，应该发挥了积极作用。

第三，被母养者在同父诸子中的排序，似乎随其养母地位而变化。曹操之丁夫人因身为原配且母养曹脩，当初很有底气，不怎么待见卞氏母子。曹幹为王昭仪所母养，楚王彪生母是孙姬，排序在王昭仪之后，所以楚王虽年长二十岁，在《三国志·武文世王公传》中的排名，仍在曹幹后面，裴松之因此加了个按语："如传以母贵贱为次，不计兄弟之年，故楚王彪年虽大，传在幹后。"

曹操养子，一路说来话题不少，但主要反映了当时北方中原地区的情形。由于汉末三国时期南北政治经济和开发程度的差异，南北情况同中有异。南方的孙吴，自孙坚至孙权三代，继武豪雄，早在曹操感叹"生子当如孙仲谋"之前，袁术已发出"生子当如孙策"的由衷叹恨。要了解那时中国南方养子－拟亲机制的生态和特点，也可以先从孙坚说起。

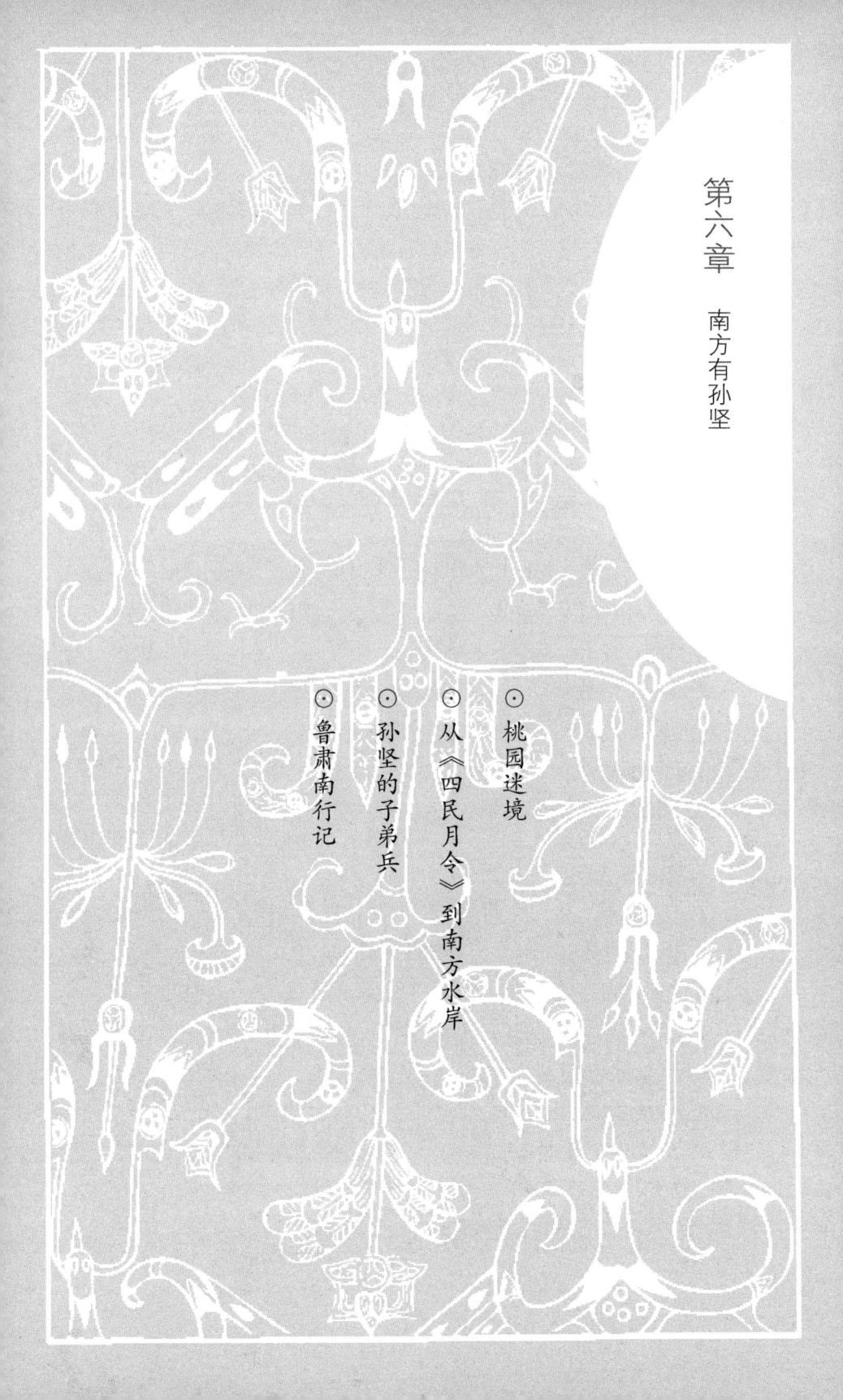

第六章　南方有孙坚

⊙ 桃园迷境

⊙ 从《四民月令》到南方水岸

⊙ 孙坚的子弟兵

⊙ 鲁肃南行记

桃园迷境

中国古典小说的代表作即所谓"四大名著"在明清时期集中出现，并向中华文化"交付使用"了三园一山：繁华演尽的大观园，长生不老的天上蟠桃园，英雄结义的人间桃园，好汉聚义的水泊梁山。

不管山中岁月，单说人间桃园。

读过陈寿《三国志》的人都知道，刘、关、张在正史中并未正式结拜为兄弟，桃园乃一太虚幻境。而比较正史与小说的本质差异，可以这么说，《三国演义》乃是以后世的标准与价值观，对"三国"这个历史阶段进行赋义与重塑，表征之一，就是如此掀天揭地改朝换代的大戏，以"桃园结义"——一场想象与杜撰的异姓兄弟结拜开锣启幕。

罗贯中选择，或者说"制造"了"桃园结义"这件正史本无之事，并用它开启的三国叙事——当然已有三国主题的民间传说与讲史话本等通俗文学，如元代中叶刊刻本《至治新刊全相平话三国志》、明代成化刊本《新编全相足本关花索出身传》等为基础——包含了这样一个信息，即作者相信这一事件及其所呈现的场景，足以马上吸引读者强烈兴趣，确立"义"之基调，贯通全书气脉。显然，罗氏取得了成功。何以如此？根本魅力来自"结（约）为兄弟"——更准确地说，是异姓结拜的前世今生和悠久渊源。

宗法制以血缘为纽带，由家及国，父子如君臣，父子、兄弟、夫妇关系是核心的宗族血缘关系，并映射着专制集权国家的权力政治关系，与之相应，假父养子、约为兄弟、联婚和亲，也是基本的拟亲关系。西周分封诸侯，周王朝为宗主，与各诸侯国自是父子之邦，而核心的圈子，即周武王兄弟叔侄初封的姬姓诸国，又成为有别于殷、商之后尤其夷狄的君长的兄弟之国，基本分布于其时所谓"中国"的核心地带，兄弟同宗之义不言而喻。迨至战国，周王朝名存实亡，诸侯国成为独立主体，开展激烈博弈，军事攻并与外交活动空前频繁且重要，"约为兄弟""兄弟之国"等表述开始活跃。然而如此亲密的拟亲要约，从一开始就几乎无一例外地被用来装饰、缓和、协调敌对双方的关系，如秦昭襄王给楚怀王写信说："始寡人与王约为兄弟，盟于黄棘，太子入质，至欢也。"尽管两国已于黄棘之盟"约为兄弟"并互为婚姻，但事实上刚发生的事却是"秦人伐楚，取八城"（《资治通鉴》卷三）。

"约为兄弟"另一著名段子，发生在乱世枭雄之间。《史记·项羽本纪》的一段对话，至今读来仍然令人惊心动魄：

当此时，彭越数反梁地，绝楚粮食，项王患之。为高俎，置太公其上，告汉王曰："今不急下，吾烹太公。"汉王曰："吾与项羽俱北面受命怀王，曰'约为兄弟'，吾翁即若翁，必欲烹而翁，则幸分我一杯羹。"项王怒，欲杀之。项伯曰："天下事未可知，且为天下者不顾家，虽杀之无益，只益祸耳。"项王从之。

刘季（即刘邦）通过对"约为兄弟"的巧妙归谬，坐实虚设的拟亲关系，使项羽莫名其妙心虚成烹父共犯，事实上已置亲父刘太公于鼎耳汤镬之上的刘季险胜一着，反而成为机智权变的范例。

"约为兄弟"甚至被用于处理民族关系，不断对当时与后世历史产生重大影响。

西汉初年，汉与匈奴和亲："初，汉高祖以宗女为公主，以妻冒顿，约为兄弟……"（《晋书·刘元海载记》）

这一关系，被后世不断重提并利用。

新莽之乱，安定三水人卢芳冒充刘汉宗室，投靠匈奴，匈奴单于即因之前与汉约为兄弟而"立芳为汉帝"（《后汉书·卢芳传》）。

五胡乱华的祸首、西晋内附匈奴五部首领刘元海，其宗族先前就因这重关系冒姓刘氏。他一面起兵叛晋屠灭汉人，一面宣称"兄终弟及"，再续汉祚，以汉名国。

五代后晋石敬瑭投靠契丹，自承为子，把"约为兄弟"矫饰成"父子之国"。

到了近世，对"兄弟之国""结拜之义"最有效最巧妙的运用，竟发生在两个外族间。《清稗类钞·丧祭类》有"以祀关羽愚蒙"条，狠狠嘲笑了一把蒙古：

> 本朝羁縻蒙古，实利用《三国志》一书。当世祖之未入关也，先征服内蒙古诸部，因与蒙古诸汗约为兄弟，引《三国志》桃园结义事为例，满洲自认为刘备，而以蒙古为关羽。其后入帝中夏，恐蒙古之携贰也，于是累封忠义神武灵佑仁勇威显护国保民精诚绥靖翊赞宣德关圣大帝，以示尊崇蒙古之意。是以蒙人于信仰喇嘛外，所最尊奉者厥惟关羽。二百余年，备北藩而为不侵不叛之臣者，端在于此，其意亦如关羽之于刘备，服事惟谨也。

　　　　　　　　　　人中吕布：中国养子文化史

清朝是否真靠一个桃园结义的段子与累封关帝的办法，就成功愚弄、羁縻蒙古二百多年，不属本书探究范围，《清稗类钞》的表述有意无意镶嵌着一个几乎不为人所察觉的误置，却暗含天机。如前所述，桃园结义其实与《三国志》无关，乃是后出历史小说《三国演义》所虚构的一个迷境，当日情势与刘、关、张之间真实的关系，远没那么美好纯粹，也并非特别与众不同。我们知道，《魏氏春秋》《蜀记》都说关羽屡求吕布部将秦宜禄之妻而为曹操所占，因此疑惧不自安，此事有两种史书相互印证，且张飞杀宜禄、曹操养阿苏（秦朗）均为史实，应无可疑。又《三国志·魏书·夏侯渊传》注引《魏略》云："初，建安五年，时霸（夏侯霸）从妹年十三四，在本郡，出行樵采，为张飞所得。飞知其良家女，遂以为妻，产息女，为刘禅皇后。"则关、张二人之好色聚掠、争风霸女，初与一干草莽武夫乱世武人无异，尊为楷模，实有凉德。又《三国志·蜀书·费诗传》说，刘备为汉中王，遣费诗拜关羽为前将军，关羽耻与黄忠同列，初不受拜。这种不顾大体居功自傲的行为，往严重说，是拒诏抗命，其后更逼诸葛亮将自己与马超进行比较，屡次羞辱东吴，违背、伤害联吴抗曹根本方略，终至取败失地。换个角度，或碰上猜忍之主，将谓其心叵测，人臣而将，其罪可诛。此数事即使无亏大节，也可说明关羽对刘备的忠诚有限，或者挟私废公，未允纯臣。刘封之拒援关羽，或者受有刘备、孔明密诏，也未可知，其后刘封被杀，不排除灭口之嫌。

　　刘备家世及初起时的情形向来含糊矛盾，而且这种不难拆解的含混，似乎一直被有意保留、固化，若加细察，匪夷所思。

　　一般的印象，是刘备为没落的宗室旁支，家境孤贫，曾织履卖鞋，但事实并非如此。

　　毫无疑问，刘备所属的社会阶层和赖以发迹的基础仍是豪门强宗。尽管门庭中落，本人早孤，他仍然是涿郡刘氏宗室这个地方中小豪强家族的一员，不论经济还是求学，都得到同宗的支持资助。不能想象一个真需靠织履卖屦讨生活的贫寒子弟能够"喜狗马、音乐、美衣服"，且能少年"行学"，异地师事当世名儒显宦卢植，并和日后成为辽东霸主的公孙瓒同窗。《先主传》说他因缘中山大商张世平、苏双的资助，"于乡里合徒众"，但关羽非其乡人，乃亡命投靠。刘备既有能力近聚徒众，远庇亡命，足见行迹与曹仁、许褚之流无异，侠名早播，实为一方豪侠。

刘备祖父仅官至县令，本人早年丧父，以豪族而言，与袁、曹诸人乃至南方的孙坚，肯定不是一个档次，但他另具优势，刘氏宗室这个身份可有无限想象空间，发挥巨大作用。这样的先例，在两汉之交的新莽末世已经批量出现，如吕思勉所列："平林诸将立更始，赤眉立刘盆子，无论矣。弓林之诈称得孺子婴，王郎之诈称得成帝子子舆，卢芳之自诡为武帝曾孙，皆托汉后以动天下也。刘永无尺寸之柄，而董宪、张步甘为尽力；隗嚣始臣更始，后听命光武；即公孙初起时，亦托汉使者，假以益州牧，始克起兵；而窦融更无论也。"吕氏由此总结说："……人心之戴汉也久矣。新室衰乱，崛起草野者，无一不托名汉后。而卒戡大难，复旧物者，实为光武。汉家之厄在三七之间，而隆准（指汉高祖）之子孙必能戡定群雄，救民水火，殆成为是时一种历史上之信仰矣。……惟此种历史上之信仰，有以养成其自负心也，而其群下之推戴之也，则亦以此。"〔1〕这种信仰，到东汉末年仍然强劲。董卓擅行废立，袁绍等人就曾以少帝不知所出为由，欲立另一个宗室幽州牧刘虞为帝，刘虞在当时的声望非同一般，也离不开他的宗室身份。他为公孙瓒

---

〔1〕 吕思勉：《关岳合传》，见《吕著史地通俗读物四种》，上海古籍出版社，2010，第68页。

人中吕布：中国养子文化史

所枉杀，"故常山相孙瑾、掾张逸、张瓒等忠义愤发，相与就虞，骂瓒极口，然后同死"（《三国志·公孙瓒传》注引《英雄记》）。如前所述，两汉主官与僚属有君臣之分，但多为服丧、收葬之举，几个僚属激于忠义以至一同赴死，殊属罕见，公孙瓒也以此大失物望。刘表、刘焉等以庸才而雄踞一州，均籍宗室身份。曹操终身不敢代汉称帝，主要顾虑也是民心未厌汉室。刘备虽为宗室旁支，但他天赋异禀，全力以赴，虽欲为光武而未至，亦得功成一隅，传国二世。中山大商之资助刘备，关、张、赵云等人投奔刘备并信之不疑、忠勤不懈，以及后来其他各路人物的投奔、支持，宗室身份所带来的预期，均是主要原因。原其初衷与情势，大可不必过分拔高关、张的忠义与三人之间的私人情谊。

但如此昭然之迹，千百年来几乎被集体无视，或有意遮蔽。

《三国演义》的作者处元、明鼎革之际，社会动荡，人民流离。其将刘、关、张塑造成以忠义为依归的组织榜样，为异姓结拜张本，实与其时流民与帮会发展的需要相契合，由此也可以理解罗贯中对题材的选择与加工处理。但后来甚至现当代不少学者在探讨此一公案时，对相关的负面材料或者说史实的另一面，仍普遍选择性无视，习惯以"圣三位一体"定调刘、关、张关系，就未免显得奇怪。赵翼《廿二史札记》号称拾漏补缺，抉微辨伪，而于刘备一力推崇，并关、张、赵云诸人无一微词。近人史学大家吕思勉著《关岳合传》，谓君臣相与之义不明于世也久，旷三代之后而能行之者，"其惟三国时代之刘先主与关壮缪（关羽谥壮缪侯）"，他们"非徒历史上过去之英雄，实乃共和时代民国之好模范也"[1]。评价关羽本人，除赞

〔1〕 吕思勉：《吕著史地通俗读物四种》，第 66、68 页。

其为古今猛将第一，并谓"其为人亦深足为后世模范"〔1〕，绝不及其好色、争风诸事。吕氏作史，向以考据入微著称，如此激情溢美，似违常态，《关岳合传》初版于1916年，或者吕氏有痛于近代中国积贫积弱，思借古代英雄振作时代精神，以御外侮图自强？而近年有关讨论"桃园结义"故事源流与文化意义的若干论文〔2〕，亦均同一声口做正面积极的叙述，不及负面史料，遑论进行分析。这种情况，不是作者读史不精，便是为意识形态的先定观念所遮蔽、束缚。

下列几个疑问应该是相互联系的：第一，什么时候，什么原因，"约为兄弟"从自战国至秦汉敌国、对头之间的权宜之计与虚饰之词，坐实成三国时期刘、关、张那样从平民到君臣始终倾心相待生死不背的正面关系，乃至衍演出"桃园结义"？第二，刘备家世、起事前的基本情况为何呈现为一种被有意固化的含糊和矛盾？第三，关、张等人关键的负面信息为何被长期无视？

上述这一组疑问，也可以归约为一个更本质的问题：异姓兄弟作为一种拟亲关系，为什么在三国之时突然变得实在，变得重要，并对历史发生正面的实际影响——桃园迷景缘何产生并定格？

概而言之，我的答案是：东汉末年的社会动荡有力地冲击了由豪强垂直统治、以家庭为单位的农业生产大庄园，引发中国历史上前所未有的流民－移民浪潮，进一步激发平民社会

---

〔1〕　吕思勉：《吕著史地通俗读物四种》，第90页。

〔2〕　笔者查阅了近年相关题材的论文，有鲁小俊《论"桃园结义"》[《江汉大学学报》（人文科学版），2004年第6期]、罗勇《刘关张桃园结义故事流变考》(《语文建设》，2015年第21期)、张丽《论桃园结义故事成型过程中的文化心态》(《荆门职业技术学院学报》，2007年第2期) 等数篇。

的活力。与此相适应，以平等友爱和互相救济为特点的"约为兄弟""恩同手足"的拟亲关系得到坐实、发育，并显示出特殊的重要性和普适性，进入历史视境。

从《四民月令》到南方水岸

东汉大儒应劭《风俗通义·穷通篇》说，韩信封楚王后，赠漂母千金，又侮辱性地送给当初不让他爽快蹭饭的南昌亭长百钱，对他说："公，小人也，为德不终。"西汉另一大臣韩安国曾入狱，咸鱼翻身重获重任后，传唤折辱他的狱卒田甲，也以"公"相称。王利器注云："战国以来，诸侯相王。秦、汉之际，人与人间之称谓，遂打破从前等级之束缚，争以公、卿相称，即对卑贱者亦然。"[1]

王注所指出的称谓变化看似无关宏旨，实则直接传达了战国至秦、汉社会关系不断调整的趋势。西周春秋，官有世功，公族世袭，身份区隔绝难逾越。而自春秋至战国，诸侯称王逾制之事不断发生，礼崩乐坏，向上僭越其实也是向下解构的过程。秦灭六国，一大批世卿贵族瓦解崩溃，加上废分封，行郡县，经此涤荡，才可能出现秦汉之际平民天子、布衣卿相之新局。血统与社会阶层的界限减弱，平民地位逐步上升，社会活动和人际交往不断突破垂直的分层禁制与地域限制，向扁平、对等、自由让渡。

另一方面，秦朝苛政主要是征发强壮劳力以服役戍守，楚汉战争历时仅数年，亦未造成全国范围的流民迁徙，且其时大

---

〔1〕 王利器校注：《风俗通义校注》，中华书局，1981，第333页。

庄园式强宗豪族尚少，缺乏组织集体迁移的机制和力量。西汉立国后，土地私有制进一步确立，耕地可以买卖，农业技术的发展也达到新的高峰，犁与牛的使用大为普遍，分工进一步发展，大面积耕地协同生产的优势日益显现。六国余烈与刘氏政权的白徒新贵凭借原有基础或政治权力，纷纷向豪宗游侠转型，土地兼并愈演愈烈，许多自由民在丧失耕地后转化为豪强地主的附庸。除宾客门生外，介于农业奴隶与自由民之间、以核心家庭为单位的"部曲"或"佃客"之属开始大量增加，出现了生产生活一体化的农业大庄园，即汉末崔寔《四民月令》中所描述的汉代家族生产和宗族聚落生活图景。"汉代农业的生产，是由家长领导着子妇同奴隶来举行。"[1]《四民月令》不仅介绍一年各个阶段的农事，更涉及手工业劳动如织染，涉及交换买卖，对教育、商品交换、食品加工与生活保障、医疗等均有交代，尤其是祭祀祖先、振救宗族成为重要内容，"家长""同宗""宗人""务施九族""存问九族"[2]等专用称谓和做法已经出现，分明勾勒出宗族——聚落群体生活的图景和秩序。讲习武事，修筑门墙更成为贯穿全年的重要事务，如二月要"顺阳习射，以备不虞"；九月要"缮五兵，习战射，以备寒冻穷厄之寇"；十月要"培筑垣、墙"；等等。可以推测，这种合族共居、农战一体、可战可守的坞堡在西汉中后期应已基本成型，三国初期天下大乱中显现为有生力量的"家兵"、"部曲"、宾客死士的身影已隐现其间。杨联陞先生注意到："光武帝的建国，是地主政权即豪族政权的确立。他的……云台

---

〔1〕 杨联陞：《从〈四民月令〉所见到的汉代家族的生产》，《东汉的豪族》，商务印书馆，2011，第 158 页。
〔2〕 相关内容见中华书局 1965 年版《四民月令校注》。

人中吕布：中国养子文化史

二十八将，差不多都是豪族出身。"[1]那时这批豪族的部众已多亦农亦兵，具备战力。如上谷昌平人寇恂"世为著姓"，"所将皆宗族昆弟"（《后汉书·寇恂传》）；巨鹿昌城人刘植"率宗族宾客，聚兵数千人"（《后汉书·刘植传》）；南阳棘阳人岑彭"将家属"，更"将宾客战斗甚力"（《后汉书·岑彭传》）。王莽正是被这批豪族地主打败的。但东汉末年整个社会积聚的矛盾远较两汉之交时激烈，豪族势力更大，且出现多头政治，残局已非复刘氏宗室所能收拾，因而震荡不已，历史终于改朝换代，另起路头。

如此遍布各地的豪族地主宗族庄园、聚落坞寨，在社会治理总体可控的时期，是一个个以家长即豪族宗主为领主的垂直型半封闭金字塔式社会。因其以同姓同宗为主体，异姓宾客、门生一般为投靠、依附者，主官、业师或宗主不可能也不需要像刘备初起时之对待关、张，"寝则同床，恩若兄弟"（《三国志·关羽传》）；作为地方主官，也不需要像刚刚"试守平原令"的刘备那样与"士之下者""同席而坐，同簋而食，无所简择"（《三国志·先主传》）；异姓合族共财以一起御侮或迁徙更没必要。若有恩同手足、异姓结拜的情形，亦主要发生在中下层群体，而此一时期的异姓或曰没有血缘关系的陌生人之间建立在相对平等基础上的拟亲关系，不会对历史的走向产生影响，因此很少浮出水面，见于载籍。

那时真干过"桃园结义"这种事的人不是刘备，而是刘备的同学公孙瓒。他的例子，也许可以从另一面为上述观点提供佐证，《三国志·公孙瓒传》注引《英雄记》说：

---

〔1〕 杨联陞：《东汉的豪族》，第10页。

瓒统内外，衣冠子弟有材秀者，必抑使困在穷苦之地。或问其故，答曰："今取衣冠家子弟及善士富贵之，皆自以为职当得之，不谢人善也。"所宠遇骄恣者，类多庸儿，若故卜数师刘纬台、贩缯李移子、贾人乐何当等三人，与之定兄弟之誓，自号为伯，谓三人者为仲叔季，富皆巨亿，或取其女以配己子，常称古者曲周、灌婴之属以譬也。

公孙瓒本亦出身豪族，但因其母卑贱，仅以郡中书佐小吏起家，以貌伟音宏、博识强干为太守所赏，妻之以女，后举孝廉，逐渐跻身权贵阶层。他本为"衣冠子弟"而在末位者，昔年当常受此辈颐指气使，屈辱殊深，故得势之后特加贬抑。此虽矫枉过正，也道出实情，与南朝梁出身寒族的大臣朱异对待高门甲族的态度颇为类似。豪门子弟生为贵胄，凭借血统，谓富贵为囊中之物唾手可得，所以"不谢人善"，何况屈己待下推恩及人？子弟如此，身居宗主的高官大吏或大庄园主更高高在上。公孙瓒与刘、李、乐三人"定兄弟之誓"，使共富贵，甚至互为姻亲。数人者虽出身卜师贾贩，但公孙瓒直接将彼此关系类比、代入汉高祖刘邦与沛县那帮屠狗吹箫井市兄弟，说明公孙瓒对此三人寄予厚望，认为他们能帮自己打天下，本意实与刘、关、张结盟无异，而且确有结义之誓。如果让关羽、张飞、赵云换下刘纬台、李移子、乐何当，则公孙瓒所为比之刘备，可谓有过之而无不及！

被公孙瓒所杀的幽州牧刘虞，简直是失败的刘备。

刘虞同样是刘氏宗室远支，起家为县户曹吏，比公孙瓒的郡书佐、刘备的试守平原低了去。他先靠"治身奉职"获举孝廉，后靠"降身隐约，与邑党州闾同乐共恤，等齐有无，不以名位自殊，乡曲咸共宗之"（《三国志·公孙瓒传》注引《吴

　　　　　　　　　人中吕布：中国养子文化史

书》），大获时誉，拜高官，为宗正，两任幽州牧守，"恩信流著，戎狄附之"（《公孙瓒传》），乃至袁绍等山东诸侯曾想拥戴他为汉帝以对抗董卓，也因此成为公孙瓒称霸幽州的头号敌人。可惜他身边一帮僚属都文弱无武，若有关羽、张飞这等猛将"为之御侮"，大约早已雄踞北方，芟夷吕布、二袁，那么平定马超、韩遂这样的事，就轮不到曹操来干了。假设历史可以拿出来反转拆装，半个公孙瓒加半个刘虞，约等于一个刘备。

话说社会治理相对安定可控期，豪门势族大庄园是一个个层级分明垂直自足的半封闭式社会系统，"恩同兄弟"这一类相对平等的拟亲关系，基本只在地位相当的人之间发生，不会成为不同社会阶层之间的强力破壁剂。汉末世乱，情况马上发生变化，单靠血统和已获得的权贵身份难以保证个人及其财产、家属、部众的安全，战争杀伐这台洗牌机可以让豪门大族刹那覆巢灭族；屠城灭村可以使人烟茂密的大型村聚骨枯鬼哭，人人需自保，家家恐遭难。本分者或结坞自固，或它迁远避；觊觎者则思招兵买马，争霸图雄。当此之时，宗族宾客能否归心同德，备战御敌，是否得智谋贲育之士而用之，就直接成为事关个人、宗族、部众生死存亡兴衰成败的决定因素，时光好像一下回到战国末期，但天下已远远不止七国。黄巾、黑山等流寇奔迸未已，董卓才挟汉帝迁都，山东诸侯大小豪强已开始互相攻并，所谓"四海鼎沸，豪杰并起"（《晋书·祖逖传》语）。怎么办？早有一大拨幸祸贪乱的枭雄、先知先觉的智者，未雨绸缪，乘时而动，及时调整策略，或屈己下士以交结豪杰，或扶贫济弱以睦宗敦邻，或推恩抚接以收子弟死士，要之收人心、蓄力量、备退窟、开要路，为乱世的到来做足功课，积累筹码。

袁绍未起时，"好游侠，与张孟卓、何伯求、吴子卿、许子远、伍德瑜等皆为奔走之友。不应辟命。中常侍赵忠谓诸黄门曰：'袁本初坐作声价，不应呼召而养死士，不知此儿欲何所为乎？'"（《三国志·袁绍传》注引《英雄记》）。其弟袁术也"以侠气闻"（《三国志·袁术传》）。

与曹操一同起兵勤王的陈留太守张邈"少以侠闻，振穷救急，倾家无爱，士多归之"（《三国志·张邈传》）。

其他如刘表，"少知名，号八俊"，早已与一帮名士打成一片；陶谦少以不羁闻名；曹操更从少年起就"任侠放荡，不治行业"（《三国志·武帝纪》），后来更折节下士，唯才是举，他自拟的广告词叫"周公吐哺，天下归心"。

豪族强宗或政治强人们如此放下身段，伺时而动凿空出世的新秀高手，自然要更加努力，代表人物，便是涿郡卖屦的刘皇叔。刘备先把皇室后裔这块金字招牌高钉前额，并一步一步把自己从一个面目模糊的"中山靖王胜之后"或曰"临邑侯枝属"（《先主传》及传注）坐实成今上钦认的皇叔，变疏宗为近戚，一面彻底放下身段，与"自己人"和"基层干部群众"打成一片，有如今日大明星到处给粉丝签名，请经纪人、发行商吃饭，电倒一片是一片，结果不仅收服关、张这样的猛士，还让刺客自消杀心。刘备的身份为什么在织履卖屦的市井商贩与鲜衣怒马的贵胄之间有意模糊恍惚？答案也在这里，因为这个身份的模糊，有利于他在皇室豪族与平民草根间上下逢源，左右通吃。

真可让人动容而钦敬的，当属为保全宗族或一方百姓而殚虑劳身倾家不顾者，如杨俊、常林、李通等人：

> 俊以兵乱方起，而河内处四达之衢，必为战场，乃扶持老弱诣京、密山间，同行者百余家。俊振济贫乏，通共有无。宗族知故为人所略作奴仆者凡六家，俊皆倾财赎之。
>
> 《三国志·杨俊传》

　　　　　　　　　　　人中吕布：中国养子文化史

常林字伯槐，河内温人也。……林乃避地上党，耕种山阿。当时旱蝗，林独丰收，尽呼比邻，升斗分之。依故河间太守陈延壁，陈、冯二姓，旧族冠冕，张杨利其妇女，贪其资货。林率其宗族，为之策谋，见围六十余日，卒全堡壁。

《三国志·常林传》

李通字文达，江夏平春人也。以侠闻于江、汝之间，与其郡人陈恭共起兵于朗陵，众多归之。时有周直者，众二千余家，与恭、通外和内违。通欲图杀直而恭难之，通知恭无断，乃独定策，与直克会，酒酣杀直，众人大扰，通率恭诛其党帅，尽并其营。后恭妻弟陈郃，杀恭而据其众，通攻破郃军，斩郃首以祭恭墓。又生禽黄巾大帅吴霸而降其属。遭岁大饥，通倾家振施，与士分糟糠，皆争为用，由是盗贼不敢犯。

《三国志·李通传》

常林率宗族依原河内太守陈延，是因为陈、冯二姓原是河内旧族，先有坚固的坞堡可以据险保众。常、陈、冯三姓合力坚守坞壁，成功顶住军阀张杨的长期围攻。

李通的案例则更典型。他少以侠闻，并能于本郡聚众起兵，必是强宗，且以乱世保家全族为号召，其后并周直，杀陈郃，克黄巾，部众必已是诸姓杂居。其"与士分糟糠"，这些战士就来自每个家庭，人口既是劳动力亦是兵力所出，亦农亦兵是那时普遍的情形，所谓"部曲""家兵"即是如此。李通后来率部归曹操，并在曹操与张绣、袁绍相持时，以汝南之人力、物力坚决支持曹操，曹操也报以厚爵荣禄，本人与二子均封侯。

杨俊、常林、李通诸例，提示我们注意乱世御侮求存的需要已成为促使异姓宗族集众聚居的主要动力。当时举族、举家避乱南迁成为常态，长途迁徙与在异地重建家园，更使异姓互助协作乃至合并成为常态。这方面的典型也不难找，《三国志·赵俨传》："赵俨字伯然，颍川阳翟人也。避乱荆州，与杜袭、繁钦通财同计，合为一家。"又《曹真传》："真少与宗人曹遵、乡人朱赞并事太祖。遵、赞早亡，真愍之，乞分所食邑封遵、赞子。"曹、朱异姓共同举事，亦是一例。

当日赵俨、杜袭、繁钦彼此之间想必以兄弟相称。细心的读者也许会注意到，关羽在曹操麾下时间虽不长，但已与不少将领建立深厚情谊，并以兄弟相称。曹操使张辽打探关羽口风，关羽明确表示立功报曹后将离去，《三国志·关羽传》注文记录了张辽一段矛盾心路：

> 辽欲白太祖，恐太祖杀羽，不白，非事君之道，乃叹曰："公，君父也；羽，兄弟耳。"遂白之。

张辽之举，成为处理"约为兄弟"者在面临"兄弟"与"君臣"利益矛盾时的一个范例，后世屡被称引，如《南史·庾仲文传》："臣思张辽之言，关羽虽兄弟，曹公父子岂得不言。"又《南史·刘穆之传》谓刘穆之于朝野同异、亲昵短长，皆向刘裕陈奏，"人或讥之，穆之曰：'我蒙公恩，义无隐讳，此张辽所以告关羽欲叛也。'"

襄樊之役，曹操派大将徐晃救曹仁，《关羽传》注文也记录了这对昔日同袍间一段阵前对白：

> 《蜀记》曰：羽与晃宿相爱，遥共语，但说平生，不及军事。须臾，晃下马宣令："得关云长头，赏金千斤。"羽惊怖，谓晃曰："大兄，是何言邪！"晃曰："此国之

事耳。"

张辽谓关羽为兄弟，关羽呼徐晃为大兄，可以推测此数人当初意气相得，情谊深厚，因而约为兄弟，且齿叙长幼。

正当李通在江、汝一带起兵保族时，汝南另一许姓大族选择避难南迁，一路跑到远在南方的交州（古地名，东汉末交州包括今越南北部和中部、中国广西和广东），主持这场大迁徙的人叫许靖。《三国志·许靖传》说：

> 许靖字文休，汝南平舆人。少与从弟劭俱知名，并有人伦臧否之称，而私情不协。劭为郡功曹，排摈靖不得齿叙，以马磨自给。
>
> ……
>
> 孙策东渡江，皆走交州以避其难，靖身坐岸边，先载附从，疏亲悉发，乃从后去，当时见者莫不叹息。既至交趾，交趾太守士燮厚加敬待。陈国袁徽以寄寓交州，徽与尚书令荀彧书曰："许文休英才伟士，智略足以计事。自流宕已来，与群士相随，每有患急，常先人后己，与九族中外同其饥寒。其纪纲同类，仁恕恻隐，皆有效事，不能复一二陈之耳。"

因受从弟许劭排挤，许靖原来在宗族中地位不高，名声未显。烈火淬真金，世乱见英才，他不仅在安排宗族南迁的过程中显示出过人的组织才能与无私情操，而且周济一同流宕的士人，"九族中外"，当然包括了对外族异姓流移人士的照顾。身坐南方水岸镇定自若地指挥宗族亲属——登舟远徙的许靖，定格成一个发散着强大人格魅力的乱世"英才伟士"的特写。

据《三国志·孙坚传》所记，孙坚死于汉献帝初平三年

（192），《吴录》说他死时三十四岁。兴平二年（195），孙策从袁术处讨得其父旧兵，渡江击刘繇、笮融；许靖率宗族走避交州，当在是年。前此大约二十来年[1]，仅为县中小吏的十七岁富春少年孙坚在从富春乘船下钱塘途中，孤身跳上某处江岸，设疑兵之计，惊走正在岸上分赃的一群海贼，并追砍一人首级，"一头发运"，开启东吴孙氏半个多世纪的帝王基业。

与曹操、刘备相比，孙坚的结客养士，另有套路。

孙坚的子弟兵

建安三年年底的某个深夜，北方，许昌城里丞相府，曹操接到孙策上表，知道了孙策攻拔庐江之后，又在夏口一战击溃黄祖，尽有江东之地。他盯着东南方向漆黑的夜空，良久，发出一声恨叹："这孙家小子像疯狗一样，真是锋不可挡，只好先安抚再说了！"

"时袁绍方强，而策并江东，曹公力未能逞，且欲抚之。乃以弟女配策小弟匡，又为子章取贲女，皆礼辟策弟权、翊，又命扬州刺史严象举权茂才。"《三国志·孙策传》如此记述当时南北大势和曹操的恨叹。裴注所引史料更精彩：

> 吴历曰：曹公闻策平定江南，意甚难之，常呼"狮儿难与争锋也"。

---

[1] 按《三国志》本传说孙坚年十七为县吏，杀一海贼，"由是显闻，府召署假尉"。由其卒年岁数逆推，时间应在汉灵帝熹平四年（175），但本传同时又说孙坚以郡司马讨会稽妖贼许昌在熹平元年（172），显然冲突，必有所误。

　　　　　　　　　　　　　　　人中吕布：中国养子文化史

狒，即凶猛的狗，疯狗。我们不妨想象一下曹操在东南方漆黑的夜空中看到什么，听到什么：江夏大战的连天金鼓，孙坚、孙策这对"狒父狒子"正勇不可抑地攻城略地，抑或正好陨落流星如雨，却升起一颗璀璨新星？

我读罢东吴开国君臣的传记，掩卷入瞑，看到的是火箭。

乱世图雄，比治世更讲实力。曹操是宦官养孙，豪族联盟代表，力量最强，挟天子以令诸侯，最终荡平北方。刘备想在大汉王朝的苟延残喘中筑就堡垒，事实上他也真是个"汉堡"：底子豪族，顶子皇室，馅儿乃游侠，配置全，牌子杂，起事于北方，而无能立锥于中原，一路连哄带骗，丢了徐州借荆州，借完荆州偷益州，好歹在西蜀的螺蛳壳里做一把西风残照的汉家道场。

孙策之平定江东，表面看起来是个军事奇迹。那时争霸中原的曹操、袁绍等人还分不出手、回不过神来；袁术正在寿春城中做他越来越滞涩的皇帝梦；刘表抱着荆州睡大觉。汉献帝兴平二年，孙坚之子孙策投奔袁术，颇费周折讨回其父孙坚的千余旧兵，渡江击刘繇，谁也没料到短短几年，刘繇、王朗、笮融、王晟、陈瑀、刘勋、祖郎、焦已、严白虎、黄祖等外来与本地大小军阀便被他一一削平。建安五年（200）孙策死，其弟孙权继立，屠皖城，平山寇，灭黄祖，至建安十三年赤壁大战大败曹操，遂定鼎立之势。"江东孙郎"这颗从中国东南方一片漆黑的夜空中点火升空的火箭，在极短时间内顺利实现一级、二级的脱落分离，终于在第三级火箭的推力中冲出大气层，进入太空轨道。

东吴帝业奠基于孙坚，必须从他说起。

曹操身后所倚靠的两大豪族的家世，虽可勉强追溯到与汉高祖一同洗脚上田的沛县系开国功臣曹参、夏侯婴们，但真得刘季嫡传，再现布衣白徒翻江倒海手段的却是孙坚：一条基本靠本人武勇与军事才能打天下的硬汉。孙坚本是富春山里娃，关于他的家世，除了一句近于扯淡的"孙武之后"，近乎空白。孙坚的家族应属富春土豪，但与家世为官的大豪族绝非一个等级，他十七岁为县吏，曾在钱塘江岸孤身击斩贼首，因而出名，"府召署假尉"，与吕布、张杨等人一样，靠武勇、骁勇起家，后带兵平定会稽妖贼许昌，从此开启辉煌事业。《三国志·孙破虏吴夫人传》说，吴夫人少时与家人居于钱塘，孙坚闻其才貌出众，"欲娶之。吴氏亲戚嫌坚轻狡，将拒焉，坚甚以惭恨。夫人谓亲戚曰：'何爱一女以取祸乎？如有不遇，命也。'于是遂许为婚，生四男一女"。"轻狡"可能是个经过过滤或加工的说法，但也从一个侧面说明孙坚本非望族，在当时钱塘人眼中，他不过是个凭骁勇轻锐从山区冒出来的低级武官。不嫁则有祸，甚至意味着当时的孙坚虽为府吏，迹近匪霸。

然而孙坚有幸生在豪族势力相对薄弱的南方，又得到一段吕布、张杨所无的经历。吕、张未入长安前，始终在州郡主官帐前服务，孙坚则自汉灵帝熹平元年起以剿平会稽许昌叛乱之功，先后担任徐州刺史部属下盐渎（今江苏盐城）、盱眙（今江苏盱眙）、下邳（治所在今江苏睢宁北）三地的县丞，至中平初年间（184—189）被中郎将朱俊辟为佐军司马募兵北上击黄巾，前后达十二三年。

孙坚利用三地县丞的身份与资源和这十余年的时间做了什么呢？《三国志·孙坚传》注引《江表传》如是说：

> 坚历佐三县，所在有称，吏民亲附。乡里知旧，好事少年，往来者常数百人，坚接抚待养，有若子弟焉。

当乱世真正来临，机会再次出现时，这批"子弟"或曰"乡里少年"马上变身成能打硬仗的"子弟兵"，《孙坚传》说：

人中吕布：中国养子文化史

汉遣车骑将军皇甫嵩、中郎将朱俊将兵讨击之（黄巾）。俊表请坚为佐军司马，乡里少年随在下邳者皆愿从。坚又募诸商旅及淮、泗精兵，合千许人，与俊并力奋击，所向无前。

不知大家读了这段话，是否会回忆起时隔不久另一支同样征自江淮一带的南方军队——山东诸侯起兵进攻董卓后，曹操不远千里从徐州的南邻扬州丹阳郡太守周昕处借得的四千多士兵，而孙坚"历佐"的三县盐渎所在的广陵郡和与盱眙、下邳所在的下邳国正与丹阳郡接境。这批士兵半路叛乱，曹操差点儿丧命。这件事足以让人怀疑吴地士兵的士气和战斗力，至少说明他们不愿远离乡邦北上卖命。但是，孙坚部队完全反转这种印象，这支初始成军仅千许人的部队，不仅对付黄巾等农民起义军"所向无前"，后来北击董卓，战斗力之强更远出山东诸侯各部，枭华雄，逼洛阳，至迫董卓迁都，孙坚也因此在董卓的黑名单上跃升为与曹操、二袁、刘表等人并列的劲敌，声名远播。

那么，什么原因使同一时期同出吴地的两支军队强弱迥异呢？答案就出在"子弟"二字上。

缺乏豪族背景因而也没有基于大规模农业庄园生产之上的家兵、部曲之众作为班底的孙坚，直接承续并改良升级春秋战国以来游侠养士的传统，以乡里旧知、健壮少年为骨干，收抚畜养一大批忠诚血勇之徒，进行军事化的训练和准备。"接抚待养，有若子弟"，换种说法，就是拟亲之道。事实证明，这个模式更直接更有效，可以克服身非豪族的先天缺陷，凝聚有生力量，迅速形成战力。后来大盛于隋唐五代的养子兵团，已于此时滥觞。其实，东汉末期这样做的人不少，曹操的同乡许褚、从弟曹仁就是。当然，仅靠任侠养客，是不能真正抗衡豪族乃至开基立国的，几年后，当孙坚之子孙策从历阳渡江时，带着楼船粮食来接应他的是谁？周瑜！周家可是江东真正的豪族。孙策与周瑜的合作等于昭告天下，新的组合已出江湖，豪族的力量及时为孙策背书，为东吴开国第二级火箭提供了充足的燃料！

鲁肃南行记

三国猛将，若以曹操帐下排名，首推他的同乡许褚。论贡献，许褚比关、张都大，这位"虎痴"本身"勇力绝人"，更带着一份异常厚重的家当投奔曹操。《三国志·许褚传》说，黄巾乱起，他"聚少年及宗族数千家，共坚壁以御寇"，注意，少年在前，宗族在后，说明少年——一批武勇亡命的年轻人在权重、实力上已比宗族重要。许褚招聚的这批少年，想必不比孙坚的江东子弟差："初，褚所将为虎士者从征伐，太祖以为皆壮士也，同日拜为将，其后以功为将军封侯者数十人，都尉、校尉百余人，皆剑客也。"曹仁亦是一大豪侠，以习武结客为务，为曹操起兵提供了又一支有生力量："少好弓马弋猎。后豪杰并起，仁亦阴结少年，得千余人，周旋淮、泗之间，遂从太祖为别部司马，行厉锋校尉。"（《三国志·曹仁传》）

在临淮东城，有先见之明的富家公子鲁肃早已干开。《三国志·鲁肃传》说他"生而失父，与祖母居。家富于财，性好施与。尔时天下已乱，肃不治家事，大散财货，摽卖田地，以赈穷弊结士为务，甚得乡邑欢心"，听起来像现代的革命家彭湃，手段比曹仁还狠。

许褚是曹操同乡，谯县就在淮水支流上。曹仁结客淮、泗间，而孙坚曾为丞之盱眙、下邳两县，鲁肃的家乡临淮东城，

人中吕布：中国养子文化史

也都在淮河、泗水流域之内。好汉不止一路，如《三国志·武帝纪》谓东汉初平四年（193），"下邳阙宣聚众数千人，自称天子"。再往东南进入扬州刺史部，长江下游一带，同样豪侠遍地，风尘四起。《三国志·刘晔传》："扬士多轻侠狡桀，有郑宝、张多、许乾之属，各拥部曲。"孙策渡江之初，"吴人严白虎等众各万余人，处处屯聚"，另有"丹杨、宣城、泾、陵阳、始安、黟、歙诸险县大帅祖郎、焦已"，等等。再往南进入会稽境，当初孙坚就是因为平定会稽许昌之乱起家的。

我突然想起秦末战争和楚汉之争，想起西汉初期的七国之乱，想起七国集团的为首人物吴王刘濞。

吴、楚之地，本是西楚霸王根基所在，项梁就起事于会稽。西汉初立国，英布反于淮南，渡江击杀荆王刘贾，刘邦亲征英布，在这场恶战中，一支毒箭最终要了刘邦的命，可以说刘邦与英布是同归于尽的。《史记·吴王濞列传》说：英布乱平后，"上患吴、会稽轻悍，无壮王以填之，诸子少，乃立濞于沛为吴王，王三郡五十三城"。偏偏刘濞又是个轻悍好乱的主儿，据说刘邦一看刘濞面相就后悔，并预言五十年后东南将反。刘邦死后，刘濞开始利用山海之利积累财富，安抚人民，招致天下亡命，剽悍的民性与戾气继续发扬踔厉。后来发生汉文帝太子即汉景帝在饮酒博戏时直接用博局杀死吴太子这样让人啼笑皆非的悲剧，这笔糊涂账也直接记到吴楚"轻悍"的民风上去："孝文时，吴太子入见，得侍皇太子饮博。吴太子师傅皆楚人，轻悍，又素骄，博，争道，不恭，皇太子引博局提吴太子，杀之。"要之，东南江淮之众、吴越之人早自秦汉以来就以轻悍难制出名，西晋淮南王司马允奉召回都，所将之兵，皆淮南奇才剑客。直到南北朝末期，我们还可以从梁亡入齐的名将王琳传记中读到这样的话："（王琳）麾下万人，多是江淮群盗。""琳乃缮舰，分遣招募，淮南伧楚，皆愿勠力。"（《南史·王琳传》）这就难怪汉末三国之际，此地俨然乱薮盗区，尽出战士狠角。

狠角色要狠用，恩养少年阴结死士，就是当时组织发挥这种力量最有效的办法。当日中原十数州起兵西攻董卓，战力都不强，董卓只怕孙坚一部，并认为他的军队那么能打，原因是孙坚"颇能用人"（《三国志·孙坚传》注引《山阳公载记》）。孙坚用人的基本方略，就是拟亲之道：抚接恩养如子弟。

乱世结少年养壮士，唯求武勇忠诚，剑客乃首选，宗族、血缘、同姓等均当避贤路。同时，自战国经两汉以来的带拟亲性质的门生、宾客的身份标识和组织方式，开始显得不适应。盖上述两种身份的人相对多元，年龄结构也较复杂。自来养宾客者多是身居高官的豪门大族，收门生者若非高官，应是宿儒硕学，阴养少年死士则不一定需要什么资历，只要有资财，有野心和江湖豪气，就可以拉起一帮人。因为包含了组织武装力量的直接企图，所养对象一以少年为主，二往往通过行猎（如曹仁）、借由治丧办徭役（如项梁）等方式采取准军事化的训练管理，并更加强调忠诚。打虎亲兄弟，上阵父子兵，情同手足、恩同父子乃至坐实为结拜丐养，就成为题中之义，最佳模式。

但汉末三国毕竟是个由门生宾客向养子兵团十三太保过渡的时期。作为过渡的标志，一是鲜会举行专门的结拜或收养仪式，以至连"桃园结义"都是后人杜撰出来的。慎审常见的表述，经常加上"事""如""若""同"之类描述比附关系的副词。这种情况，《史记》已数见，如《张耳陈余列传》："余年少，父事张耳。"《魏其武安侯列传》：武安侯田蚡未贵之时，"往来侍酒魏其，跪起如子姓"；灌夫与魏其侯两人"相为引重，其游如父子然"。自《史记》历两《汉书》至《三国志》，未见对兄弟结拜仪式的专门描写。二是出现含混的拟亲关系，或者

　　　　　　　　人中吕布：中国养子文化史

对这类关系的认知及描述混乱、套叠、模糊。如刘备与关、张，《关羽传》谓三人"恩若兄弟"，《刘晔传》则借刘晔之口，说"关羽与备，义为君臣，恩犹父子"。关羽在阵前呼徐晃为大兄，张辽亦谓关羽为兄弟，这种关系，类似《宋史·李琼传》所记："唐庄宗募勇士，（李琼）即应募，与周祖（周太祖郭威）等十人约为兄弟。"但《三国志》并未这样明确表述关羽、张辽、徐晃的关系。再如马良写信给诸葛亮，称对方为"尊兄"。裴松之在《马良传》注中加上一段自己的猜测："臣松之以为良盖与亮结为兄弟，或相与有亲；亮年长，良故呼亮为尊兄耳。"

另一种间接的表述，也出现在东吴君臣之间。孙策殄灭吴越各处屯聚，包括前合浦太守王晟等，《孙策传》注引《吴录》："策母吴氏曰：'晟与汝父有升堂见妻之分，今其诸子兄弟皆已枭夷，独余一老翁，何足复惮乎？'乃舍之。"《孙策传》如此介绍周瑜与孙策关系："坚子策与瑜同年，独相友善，瑜推道南大宅以舍策，升堂拜母，有无通共。""升堂见妻""升堂拜母"这样一种礼仪，实质上等同于"约为兄弟"。《晋书·苟晞传》："初，东海王越以晞复其仇耻，甚德之，引升堂，结为兄弟。"《晋书·孝友传》说，庾衮"尝与诸兄过邑人陈准兄弟，诸兄友之，皆拜其母，衮独不拜。准弟徽曰：'子不拜吾亲何？'衮曰：'未知所以拜也。夫拜人之亲者，将自同于人之子也，其义至重，衮敢轻之乎？'遂不拜"。后来吴国太就对孙权说："公瑾与伯符（孙策）同年，小一月耳，我视之如子也，汝其兄事之。"（《三国志·周瑜传》）

说到周瑜，要另起一个话头。

周瑜"从祖父景，景子忠，皆为汉太尉"。上节我们说，周家是江东真正的世家豪族，是东吴这枚在中国南方夜晚突然发射升空的火箭的第二级推力。周瑜于孙吴事业的开拓与建立有至关重要的作用，可以说，没有周瑜的加盟和支持，就不会有孙策东渡后在军事上秋风扫落叶一样的成功；后来孙权权威的建立和地位的巩固，也一直有赖于周瑜坚定的支持。这都是发生在赤壁之战之前的事。周瑜的地位和作用如此之大，以至刘备、曹操都曾企图挑拨孙权与周瑜的关系，《三国志·周瑜传》注引《江表传》说，刘备曾借机对孙权说："公瑾文武筹略，万人之英，顾其器量广大，恐不久为人臣耳。"曹操也扬言："赤壁之役，值有疾病，孤烧船自退，横使周瑜虚获此名。"好在孙权对周瑜坚信不疑，周瑜死后，孙权对臣下说："孤非周公瑾，不帝矣。"

孙策、孙权和周瑜都是三国乱世第一等明白人。周瑜本有机会成为南方的曹操，但天时地利人和均不护佑。论天时，东汉末天下初乱之时，更大的豪族、"四世三公"的袁术据有江淮一带，声望势力之大，连已经在北方战场取得卓著声名的孙坚凯旋回师后，也不得不表面归附；论地利，当时江淮吴越之地与中国北方在开发程度、治理水平上还有较大差距，不仅盗侠纵横，山区地带武装坞堡密布，屯聚着不愿成为汉政权编户的百越诸族和逃难汉人，通谓之"山越"，豪族的势力远没北方强大，这也是袁术、刘表等人可以轻易驾驭的原因；人和方面，孙坚横空出世时，周瑜尚幼，其叔父周尚可能已官至守令（周尚在袁术治下曾任丹阳太守），但平庸无闻。相反，孙坚一口气生了四个儿子，个个争气，并有其父之风。早在孙坚北上征战时，孙策已"收合士大夫，江、淮间人咸向之"，以致袁术由衷长叹："使术有子如孙郎，死复何恨！"（《三国志·孙策传》）等到袁术衰败之势渐明，孙策已崭露头角并初步建立声威。孙策上笼络士大夫，下继其父恩养少年死士，他最漂亮的一着，便是与周瑜结为兄弟建立同盟，而周瑜之与孙策定交，乃是审时度势，将自己定位于辅助的地位，旨在建立豪族与新军阀二位一体的政治联盟，所以《江表传》如此表述："有周瑜者，与策同年，亦英达夙成，闻策声闻，自舒来造焉。便推结分好，义同断金。"注意，周瑜是主动结好孙坚的，他先在经济上全力支持孙策，后又以其叔父周尚在丹阳的人力物力，支持孙策渡江平吴。

不仅如此，周瑜还将鲁肃带进孙氏班子！

周瑜与鲁肃惺惺相惜，一见如旧。早在孙策渡江前，任居巢长的周瑜已向鲁肃借粮，两人"遂相亲结，定侨、札之分"，侨、札谓春秋时郑国的子产和吴国的季札，也就是说建立相当于兄弟一般的情谊。《三国志·鲁肃传》："肃见术无纲纪，不足与立事，乃携老弱将轻侠少年百余人，南到居巢就瑜。瑜之东渡，因与同行，留家曲阿。"裴注引《吴书》记述了鲁肃南行渡江一段传奇：

> 肃体貌魁奇，少有壮节，好为奇计。天下将乱，乃学击剑骑射，招聚少年，给其衣食，往来南山中射猎，阴相部勒，讲武习兵。父老咸曰："鲁氏世衰，乃生此狂儿！"后雄杰并起，中州扰乱，肃乃命其属曰："中国失纲，寇贼横暴，淮、泗间非遗种之地，吾闻江东沃野万里，民富兵强，可以避害，宁肯相随俱至乐土，以观时变乎？"其属皆从命。乃使细弱在前，强壮在后，男女三百余人行。州追骑至，肃等徐行，勒兵持满，谓之曰："卿等丈夫，当解大数。今日天下兵乱，有功弗赏，不追无罚，何为相逼乎？"又自植盾，引弓射之，矢皆洞贯。骑既嘉肃言，且度不能制，乃相率还。肃渡江往见策，策亦雅奇之。

孙策虽"奇之"，却没能真正重用鲁肃，鲁肃曾拟另投他处，周瑜及时挽留了他，并将他郑重推荐给孙权，此事颇有萧何月下追韩信的味道。鲁肃代表了一种介于豪族与豪侠之间的人物：有先知先觉且愿意散财结客养士的中小官僚、地主和大贾富商，这种人在当时的南方更具普遍性，也更重要。罗致这样一批人，不仅能得到他们的宗族部曲，更能借此收聚、安定一批北来人才，为新政权所用，盖当时中原士人因战乱向南方流移迁徙，后多陷困顿，急需资助，人心不安。上节所述许靖宗族在孙策渡江时向南迁徙至交州，就是一例。孙权初继大位之时，南方的形势仍如散沙："是时惟有会稽、吴郡、丹杨、豫章、庐陵，然深险之地犹未尽从，而天下英豪布在州郡，宾旅寄寓之士以安危去就为意，未有君臣之固。"（《三国志·孙权传》）在这种情况下，周瑜以豪族的身份坚决支持孙策兄弟，有如定海神针，消人疑虑；不仅如此，周瑜更现身说法，积极替孙氏政权收罗鲁肃这样一类乱世豪杰。如此一来，东吴政权就逐渐成为本土军阀＋豪族游侠＋北方士人这样一个聚合式的稳固政治共同体。

细读《三国志》，你可以发现孙氏集团的重臣宿将，原亦多以结客养士为务，如庐江松滋人陈武"仁厚好施，乡里远方客多依托之"（《陈武传》）；巴郡临江人甘宁"轻财敬士，能厚养健儿，健儿亦乐为用命"（《甘宁传》）；汝南细阳人吕范"将私客百人归策"（《吕范传》）。陆逊一系，是支持孙吴政权的另一江东豪族，他的弟弟陆瑁，史谓"陈国陈融、陈留濮阳逸、沛郡蒋纂、广陵袁迪等，皆单贫有志，就瑁游处，瑁割少分甘，与同丰约"。会稽乌伤人骆统出身官僚家族，其接济北方流寓士人的事迹也让人动容："时饥荒，乡里及远方客多有困乏，统为之饮食衰少。其姊仁爱有行，寡归无子，见统甚哀之，数问其故。统曰：'士大夫糟糠不足，我何心独饱！'姊曰：'诚如是，何不告我，而自苦若此？'乃自以私粟与统，又以告母，母亦贤之，遂使分施，由是显名。"后来孙权对骆统厚加抚纳，"妻以从兄辅女"（《骆统传》）。《全琮传》说得更明白："是时

人中吕布：中国养子文化史

中州士人避乱而南，依琮居者以百数，琮倾家给济，与共有无，遂显名远近。"要之，孙策、孙权、周瑜、鲁肃等人在汉末乱世初建亲密盟友或主从关系，"约为兄弟"，是最具普适性的方式。

第七章

燎火记

荒鸡夜语

有一种无尽的喧嚣叫历史：滚滚长江东逝水，浪花淘尽英雄；有一种无边的寂静叫过去：暗淡了刀光剑影，远去了鼓角铮鸣。

雪落黄河静无声，宿命的绝对之寂总在不经意时突然来临，如果此时谁对床夜语，他的话将如针击地。刹那一由旬，历史老人垂听俯身，把细微的声音拾起：

> （祖逖）与司空刘琨俱为司州主簿，情好绸缪，共被同寝。中夜闻荒鸡鸣，蹴琨觉曰："此非恶声也。"因起舞。逖、琨并有英气，每语世事，或中宵起坐，相谓曰："若四海鼎沸，豪杰并起，吾与足下当相避于中原耳。"
>
> 《晋书·祖逖传》

两个男人"情好绸缪，共被同寝"，这让我们想起对这种关系的传统表达："约为兄弟""恩同父子"，甚至想到"桃园结义"。何谓荒鸡？三更前打鸣之雄鸡也，古人认为其鸣甚凶，乃凶兆。凶到什么程度？天下将乱，野无遗种。大约一千年后，同样在中国北方的某个深夜响起的荒鸡之鸣，可以佐证。明人叶子奇笔记《草木子》卷三说："（元）南阳府廉访佥事保保巡按至彼，忽初更闻鸡啼，曰：'此荒鸡也，不久此地当为丘墟，天下其将乱乎？'遂弃官隐居。后南阳果陷，盖初更啼即为荒鸡。"叶子奇没有忘记当年为《晋书》所记录的荒鸡与醒蹶，他接着补了一句："祖逖闻鸡声，蹶刘琨起曰：'此非恶声也。'遂起而舞，即此事也。"[1]在《刘琨祖逖传》的结尾，史臣以不容置疑的口吻为此事定性：

> 祖逖散谷周贫，闻鸡暗舞，思中原之燎火，幸天步之多艰，原其素怀，抑为贪乱者矣。

预见世乱而散谷赈贫，目的自然是结客树恩积聚力量；闻荒鸡不忧惧反振奋，至于以四海鼎沸为风云际会大显身手之期，此非贪乱而为何？虽然，历史峻刻而公平，《晋书》撰者同样承认刘、祖两人后来在五胡乱华这段中原汉族最危殆的历史时期都曾坚如磐石，各自建立了不可磨灭的功勋，这与挑明他们晦暗的初心两不相碍，也不会影响闻鸡起舞者代有其人。

祖逖（266—321）比刘琨（270—318）年长四岁，两人都出身豪门，年轻时俱以雄豪著名。祖逖二十四岁起家为司州主簿，刘琨二十六岁入中枢为司隶从事，后一路升迁，并与陆机、石崇、潘岳等谄事贾谧，名列"二十四友"，二人身居西晋的都城洛阳，直至八王之乱继发，中原一沸不收。由此推之，刘、祖同事，应在晋武帝在位的最后一年也即永熙元年（290）到元康（晋惠帝年号，291—299）初年间。这个时间，"八王之乱"这套多米诺骨牌已经开倒。经过元康元年的连环血洗，杨

---

〔1〕 叶子奇：《草木子》，上海古籍出版社，2012，第 39 页。

人中吕布：中国养子文化史

太后、外戚杨骏、汝南王司马亮、楚王司马玮、太保卫瓘等相继被诛灭，晋惠帝皇后贾南风专权局面形成，难怪有胆气抱负的天下豪杰未雨绸缪。只是此时离晋武帝司马炎从曹魏手中把江山"禅让"过来的泰始元年（265）不到三十年，离晋灭东吴正式统一中国的公元280年仅仅十来年，一个年纪还那么轻的王朝，怎么就已经"到黄昏，点点滴滴"了呢？而那接踵而至的"天步多艰"可不仅是寻常的改朝换代，而是"五胡乱华"十六国，"中原燎火"百来年，十数个外族的铁蹄轮番践踏中原大地，不仅汉族精英平民无少长贵贱大多命尽锋镝，参与争霸的各个族群也未免相互屠戮，血流成河：那是怎样一个人间地狱啊——我想，任谁也无法从汉语的词语库中找出比"燎火"更准确的词来了！我们不得不再次承认精确的历史叙事乃是最经典的语文！

那么，在由魏入晋尤其是东晋十六国这段历史时期，养子–拟亲关系这股在宗法制帝国中无处不在的潜流又是如何蜿蜒奔突一路走来？当这"商略黄昏雨"飘落大火燎原的北方时，我们看见、听到水火相灼相抚的爆响和白烟了吗？本章将借《晋书》撰者这个精妙的形容为题，从若干方面论述这段时期中国养子史——拟亲关系的发展演化。

韩寿偷香，虽事属香艳，实关气运。前有惊梦，后触晚钟。

统治阶层方面，"神不歆非类"观念继续强化，无子养同姓旁支昭穆相当者为子的原则、嫡长子或嫡孙在继承序列中优先的原则进一步确立。同时，适应乱世奖励军功笼络宗室、大臣的需要，适嗣继立与通过分户推恩多封子弟的办法往往相辅而用，自魏至西晋行之不衰。此一阶段，正式的或者说见之载籍的异姓养子尚不多见，以异姓养子或母系亲属为适嗣者更少，但联婚、养士等仍是豪族联合与整合社会资源的主要办法。在这方面，前期陈矫婚于本宗、朱治养外甥与后期贾充以外孙为嗣几个案例及其所引发的舆情反应，颇具标本价值。

遥远的西周前汉在波澜初定的水中映出美丽的"封建倒影"，而结果却是心智发育尚未完健的西晋帝国被逼吞下"八王之乱"的绝命金屑，"皇太弟"的魔魇从此挥而不去。

政治设计和帝国命运方面，魏文帝曹丕采取强干弱枝政策，严格限制诸侯王势力乃至行动自由，封建形同虚设，以至内有大臣专权，外无强藩掣肘。司马氏篡魏建晋之后，不少大臣把这作为曹魏速亡主要原因，而把周之封建和西汉初期的高祖大封同姓诸侯王作为帝国治理的完美式样，屡屡建言分封诸王，使其各拥兵行政，以拱卫中央，直接导致另一极端，出现八王之乱连环大败局，"皇太弟"作为一种梦魇般的怪物也在这时被创造出来。当日当上皇太弟的基本不得好死，后世皇太弟阴魂不散，成为以父传子嫡长适嗣的皇位继承制度的一个乱码或干扰因素。而西晋的土崩瓦解，也彻底粉碎封建迷梦，消解了梦呓宿醉。

从宗族部曲、家兵僮客到亡命流人、遗众乞活，战争攻掠如鲁智深的钵样拳头，再一次落在本来已经非常不堪的流民问题上，恰似打翻油盐铺。

西晋末年和十六国时期的流民问题远比汉末严重复杂，并且在战争和流徙中不断调整、改变基层社会组织的内部结构、组织方式和人际关系。异姓恩养、兄弟结拜等拟亲关系得以发育并日益重要，武勇素质、忠诚程度与人身依附关系继续强化，军事性质更为突出。"养子军团"事实上已经出现，府兵制初具雏形。

养子皇帝横空出世，孤儿油瓶拖出江山。

养子义儿，注定在"八王之乱"后大有作为。这一时期，前赵刘曜以刘元海族子身份成功篡位，后赵石季龙的身世在石勒的养子与从子、养弟之间模糊不定。毫无家世背景且从其父

　　　　　　　人中吕布：中国养子文化史

即养于异族的冉闵反戈一击，成为汉族的民族英雄，开国称王，实则宣告仅凭个人武勇才略通过异姓恩养渠道，可以完全颠覆命运，主宰天下，标志了养子以独立身份正式登上中国历史大舞台。

人才培育与人格养成方面，因为战乱流播，这一时期，不管从上层豪族士人到下层流民、奴仆，丧儿失子、无子绝嗣者多，"少孤"更成为普遍现象，早年有"养于外家""养于从父"以及拖油瓶之类经历的人大大增加。这一方面强化了宗族在抚养后代方面的血缘共同体作用，一方面对"少孤"者的生存生活设置了更复杂的因素和严峻考验，对他们的教育成长、人格养成诸方面都产生深刻影响。因母贱为父不齿的王浚日后成为一方枭雄，几至称帝；幼年失父的石勒白手打天下，逆袭成中国第一个奴隶出身的皇帝，就是经典案例。

个中细节，听我道来。

偷香前传：那一泡好闻的猫臊

历史无情。落到中国历史，情似乎还有另一个重要义项：情欲。别说正史板着面孔，连《水浒传》《西游记》这样的名著都集体禁欲。在我印象中，《左传》倒还偶尔有些关乎风月的香艳场面，如鲁庄公割臂盟孟任，夏姬与三个男人的秘戏，乃至"子见南子"听起来都让人怦然心动，能给标题党灵感。《史记》除了《高祖本纪》开篇大雨晦暝中一场蛟龙压刘媪的野合，就剩《孝武本纪》中刘彻听完长公子歌队合唱在更衣间与卫子夫的云雨定情。《汉书》从《史记》那儿抄了一段司马相如琴挑卓文君，此外似无新桥段。貂蝉可谓三国第一女谍，可和她有关的那些香艳惊险都不是《三国志》告诉你的；乔公二女，也只是在介绍孙策、周瑜的连襟关系时一笔带过；至于关公和曹操争风吃醋，陈寿干脆只当下脚料，没收录。

由伪君子司马懿家族领衔主演的西晋，倒逼出一帮谈玄放达之士，反于名教之外多出些许准风月谈，如谢鲲向邻家女求爱被一梭击折两门牙，顾恺之在画稿上对心上人出招使坏，但最劲的大料，还须推由礼法之家正派豪门中爆出的"韩寿偷香"。《晋书·贾充传》在介绍他那血统不正的继承人贾谧时，工笔重彩交代了贾谧父母当年一段翻墙偷情史：

> 谧字长深。母贾午，充少女也。父韩寿，字德真，南阳堵阳人，魏司徒暨曾孙。美姿貌，善容止，贾充辟为司空掾。充每宴宾僚，其女辄于青璅中窥之，见寿而悦焉。问其左右识此人不，有一婢说寿姓字，云是故主人。女大感想，发于寤寐。婢后往寿家，具说女意，并言其女光丽艳逸，端美绝伦，寿闻而心动，便令为通殷勤。婢以白女，女遂潜修音好，厚相赠结，呼寿夕入。寿劲捷过人，逾垣而至，家中莫知，惟充觉其女悦畅异于常日。时西域有贡奇香，一着人则经月不歇，帝甚贵之，惟以赐充及大司马陈骞。其女密盗以遗寿，充僚属与寿燕处，闻其芬馥，称之于充。自是充意知女与寿通，而其门阁严峻，不知所由得入。乃夜中阳惊，托言有盗，因使循墙以观其变。左右白曰："无余异，惟东北角如狐狸行处。"充乃考问女之左右，具以状对。充秘之，遂以女妻寿。寿官至散骑常侍、河南尹。元康初卒，赠骠骑将军。

这段文字够香艳，够生动！窥窗、传信、翻墙、偷香等情节都有了，"悦畅异于常日"更给人无限想象。放到东晋干宝《搜神记》、唐人传奇、宋人洪迈《夷坚志》乃至清代的《聊斋志异》中，似乎都不显扞格。但细细一想，又未免别生诧异，如此被破例收入正史的老牌风流情事，其在后世的传播影响，反远不如貂蝉拜月、相如琴挑、元稹会真、太真醉酒之类，而女主角贾午的名字更早已被人遗忘，别说崔莺莺，别说万里桥边薛校书，连一个李琦侍妾杜秋娘都不如。

这是为什么呢？

不奇怪，天下明眼人多。

这个故事外表狂野鲜猛，里子规矩俗气。韩、贾偷情，皆在可能、可控乃至鼓励引导的范围之内；婚事本身则毫无新鲜感，不外像曹腾养子，又是两大豪族的一次愉快联亲。

贾充之父贾逵是魏朝名臣，《三国志·贾逵传》注引《魏略》，谓其"世为著姓"。贾逵少时即得祖父传授兵法，起家郡吏，屡立军功，深为曹操所赏，用为主簿，拜谏议大夫，参掌军事，并在曹操死时主持丧事，安定内外，确保曹丕嗣位，后终于豫州刺史，百姓为之立祠。贾充袭爵嗣位，被司马懿辟为大将军府长史，成为司马氏集团的骨干，曾指使武人拦杀傀儡皇帝曹髦，为司马氏篡魏立下汗马功劳。《魏略》："高贵乡公之难，司马文王赖充以免。为晋室元功之臣，位至太宰，封鲁公。"

再说韩家。

韩家当日威势虽不及贾家，但族谱可以直接修到刘邦时代的韩王信。这个韩信不是萧何月下追回来的卓越军事家淮阴侯韩信，是六国旧贵族、韩襄王孽孙。韩王信虽说功勋不如楚王信，但他的王族血统可以上溯到西周春秋。秦末战争中，落魄王孙韩信被张良挖掘出来，跟了刘邦，征战有功，封韩王，西汉立国之初，他联结匈奴叛汉，兵败被杀。这一脉后来缓过气来，《三国志·韩暨传》注引《楚国先贤传》说："暨，韩王信之后。祖术，河东太守。父纯，南郡太守……暨次子繇，高阳太守。繇子洪，侍御史。洪子寿，字德贞。"又引《晋诸公赞》说："自暨已下，世治素业，寿能敦尚家风，性尤忠厚。早历清职，惠帝践阼，为散骑常侍，迁守河南尹。病卒，赠骠骑将军。"

韩寿的曾祖父韩暨官至魏朝三公，韩寿本人亦英俊有才。他以名家子被贾充辟为僚属，进入权贵核心圈，也就进入贾府内室与外堂间隔处所设"青璁"的瞭望范围，成为贾家小女贾午潜窥物色的对象。试想，连一个婢女都曾在两家干过活，也就可以想见贾、韩家族事实上是如何的门当户对声息相通。

侯门深似海，青璁与异香，固然是偷情孔道、催情圣物，而同时也是"法定漏洞"、身份标识。

青璁也作青琐。《洛阳伽蓝记》卷一记永宁寺，有"雕梁粉壁，青琐绮疏"之语，尚荣注："用以装饰青色花纹的皇宫门窗。"[1]从窗眼帘枕中窥视外面的宾客，本是旧时名宦大族为待字闺中的公主小姐预设的一个猫眼。不经一家之长的邀请甚至默许，一个陌生男子不可能入府登堂，因而也不可能被女主窥见。换句话，堂上之客，大凡都是门当户对者。

这样说来，倒是唐朝宰相郑畋真正爱才，无奈罗隐太丑，《旧五代史·罗隐传》：

> 罗隐，余杭人。诗名于天下，尤长于咏史，然多所讥讽，以故不中第，大为唐宰相郑畋、李蔚所知。隐虽负文称，然貌古而陋。畋女幼有文性，尝览隐诗卷，讽诵不已，畋疑其女有慕才之意，一日，隐至第，郑女垂帘而窥之，自是绝不咏其诗。

---

[1] 尚荣译注：《洛阳伽蓝记》，中华书局，2012，第22页。

　　　　　　　　　　　人中吕布：中国养子文化史

郑女窥帘，无疑得到了父亲同意，是家长监护下的文艺女青年的自由择婿。要知道，那时罗隐来自南方小城，屡试不第，就算长得俊，也是个不打折扣的落魄布衣，与西晋名家子司空掾韩寿的身份、地位简直天差地别。我们只能说：唐朝不错，有宰相真不计较，某诗人实在太丑。

再说异香。

汉代异香的传说始自汉武帝，久为远方异宝，皇室秘珍。从汉武帝击匈奴通西域开始，中国与西域各国陆续通使并建立商贸关系，物产的交流交换日益密切，奇兽异香等物之尤精者，常为进贡贸易的主要物品。张华《博物志》卷二《异产》中说，汉武帝时，弱水西国使者献香，"大如鸾卵，三枚，与枣相似"。后来长安大疫，烧此香，病者"登日并差"，城中百里闻香，三月芳气不散。旧题东方朔所撰《海内十洲记》也说，西海聚窟洲出惊精香，又有却死香等异名，"香气闻数百里，死者在地，闻香气乃却活，不复亡也"。西胡月氏国王曾派遣使者献香四两，汉武帝不以为意，让人随便收起。后来长安城内疫病流行，人多病死，试烧此香，果然有续命神功，而且"芳气经三月不歇"，"于是信知其神物也。乃更秘录余香，后一旦又失之，检函，封印如故，无复香也"[1]。当日韩寿身上的异香从西域入皇宫，皇帝仅赐两大臣，其中之一入贾府，贾家小女盗来与情郎欢会，催情助兴，此事香艳有逾胡僧赠药西门庆，又因其可以辨析的传播路径，从社会学意义上说，相当于公猫之尿臊——发情期的公猫会到处撒尿以发出性的信号，并圈定势力范围。

"韩寿偷香"作为一宗偷情事件，却自始就在可控范围

---

[1] 张华等撰，王根林等校点：《博物志（外七种）》，上海古籍出版社，2012，第15、107—108页。

内，本质上符合豪族通婚的社会学标准，所以真正的操盘手贾充虽然被动上阵，却自始至终不慌不忙，冷静调查，精准锁定，圆满善后。只是人设不如天算，这次成功的"并购"初时虽把韩家间接抬升为国戚，结局却是整个家族的毁灭。上引《晋诸公赞》接着交代大结局："寿妻贾充女。充无后，以寿子谧为嗣，弱冠为秘书监侍中，性骄佚而才出众。少子蔚，亦有器望，并为赵王伦所诛。韩氏遂灭。"《贾充传》说："及赵王伦废后，以诏召谧于殿前，将戮之。走入西钟下，呼曰：'阿后救我！'乃就斩之。韩寿少弟蔚有器望，及寿兄巩令保、弟散骑侍郎预、吴王友鉴、谧母贾午皆伏诛。"还是韩寿命好，元康初年就先病死了。

而从本书讨论的主题出发，我们关注的重点不仅在于豪族联婚，更在贾充以偷香传奇的结晶——外孙贾谧为适嗣这么一宗在当时引起强烈争议的公案上。这桩公案，又牵扯出自魏、蜀、吴三国至晋初在姻娅适嗣、承家袭爵这个事关宗法血统保护维持的根本问题上的处置方式与发展趋势。

蹲个马步做让步

西晋太康三年（283）四月，太宰、鲁公贾充病逝。他那以妒忌毒辣出名的妻子广城君郭槐，给亲家晋武帝司马炎出了一个大难题：在有同昭穆的宗族血亲情况下，郭槐径自将小女儿贾午与韩寿所生的外孙贾谧立为继嗣。

外孙非父系血亲。按宗法制的基本规则，本人无子绝嗣，应依从亲到疏原则，养本宗族昭穆相当者为后。亲兄弟的儿子即从子排在第一序列上，依次向外层扩展。据此，即使族子也比外孙、外甥在继承序列上靠前，如西晋名臣裴楷之子裴宪无后，以族人裴迈为嗣。外孙、外甥之俦，再亲也是异姓，属于"莒人灭鄫"。此举一出，朝野沸反，多位大臣强烈表示反对。代表性的意见，口气比较缓和的有一开始企图谏止"郭外婆"的郎中令韩咸、中尉曹轸：

> 礼，大宗无后，以小宗支子后之，无异姓为后之文。无令先公怀腆后土，良史书过，岂不痛心。
>
> 《晋书·贾充传》

负责议谥号的博士秦秀则毫不留情地建议将贾充谥为"荒"，他说：

> 充舍宗族弗授，而以异姓为后，悖礼溺情，以乱大伦。昔鄫养外孙莒公子为后，《春秋》书"莒人灭鄫"。圣人岂不知外孙亲邪！但以义推之，则无父子耳。
>
> 《晋书·秦秀传》

有爵位的大臣立嗣须得到官方承认，否则无法袭封。韩咸等多位大臣劝谏郭外婆无效后集体上书，要求晋武帝司马炎出面否决此事，但得不到回应。郭槐则毫不退让，高调上表，声称此事乃贾充遗意。司马炎无法再装聋作哑，只好为此事表明意见，在诏书中，司马炎先自相矛盾不知所云地绕了个圈子，再用一个奇怪、吃力的姿势表明态度，宣布决定：

> 太宰素取外孙韩谧为世子黎民后。吾退而断之，外孙骨肉至近，推恩计情，合于人心。其以谧为鲁公世孙，以嗣其国。

宣布完决定，司马炎马上补漏：此事下不为例——"自非功如太宰，始封无后如太宰，所取必以己自出不如太宰，皆不得以为比"。

"退而断之"——皇帝的诏书中出现如此别扭的强调，细品可为莞尔。换个更调皮的说法，相当于"蹲个马步做让步"！想来这事的确让作为终局裁决者的晋武帝司马炎好些为难，碍于贾充地位、勋劳和郭槐之横泼，可能还有当时已为皇太子妃的贾南风的活动，不得已做了破坏宗法礼制原则的让步。

郭槐的横泼妒忌，可谓穷极狠毒。贾充并非只能生女儿，他先后育有二男，都没养活。原因均是贾充亲近孩子时，郭槐误认他在吃乳母豆腐，立马将乳母活活打死，以致孩子不适生病，相继夭于襁褓。

与晋武帝司马炎比较起来，东吴的第二代掌门人孙策在批准类似的请求时可就愉快多了。

朱治乃东吴开国元勋，初随孙坚征战，后辅助孙策渡江平吴。孙策死，与张昭等共尊孙权。朱然是朱治的养子，原来和刘备养刘封一样，是准备确定为适嗣的，所以要上报孙策批准。《三国志·朱然传》说：

> 朱然字义封，治姊子也，本姓施氏。初治未有子，然年十三，乃启策乞以为嗣。策命丹杨郡以羊酒召然，然到吴，策优以礼贺。

养姐姐的儿子也即外甥为嗣，就其性质而言，亦属"莒人灭鄫"。朱治是否有同族旁支子弟可养，《朱治传》未言明，以其宗族壮大，理当不乏人选，但这件事显然办得相当愉快，既没遭到同僚或者宗族的反对，也得到孙策支持，郑重其事办成一件喜事。朱然更被安排与孙权"同学书，结恩爱"，孙权继

　　　　　　　　　　　人中吕布：中国养子文化史

位后,年仅十九岁的朱然即被委任为余姚长,其后一直被委以重任,领兵平山越,拒曹操,讨关羽,击刘备……拜将封侯,功成名就。另一方面,朱然颇有"招弟"之功,朱治养朱然之后,自己一口气生了四个儿子,朱然的嗣子地位也自然转给养父亲生的长子朱才,诸事圆满,皆大欢喜。东吴胜在人和,君臣相得,于此可见一端。

北周楚国公豆卢宁更值得称道。《北史·豆卢宁传》说:"初,宁未有子,养弟永恩子绩。及生子赞,亲属皆请赞为嗣。宁曰:'兄弟之子犹子也,吾何择焉。'遂以绩嗣。时以此多之。及宁薨,绩袭爵。"从子犹子,没有异姓为嗣的问题,和刘封、朱然有本质区别。如果豆卢宁养的是外甥异姓,有亲生儿子后,他本人不想改立继嗣,想必亲属也会强烈反对。

在孙策痛快地"羊酒礼贺"与司马炎别扭地"退而断之"中间,另有曹操一场戏。

《三国志·陈矫传》注引《魏氏春秋》云:

> 矫本刘氏子,出嗣舅氏而婚于本族。徐宣每非之,庭议其阙。太祖惜矫才量,欲拥全之,乃下令曰:"丧乱已来,风教凋薄,谤议之言,难用褒贬。自建安五年已前,一切勿论。其以断前诽议者,以其罪罪之。"

陈矫原为广陵太守陈登功曹,以亮直才干为曹操所赏,事魏,历魏武、文二世,官至司徒。其子陈骞为晋室佐命功臣,位至太傅。陈矫出嗣舅氏,与朱然以外甥被朱治养为适嗣一样,属异姓养子。此事本已悖礼教,已经改姓陈的刘矫还杀个回马枪,转过身来娶近亲刘氏女。关于陈矫婚于本族,《晋书·刘颂传》还有一条材料可以参读:

初，颂嫁女临淮陈矫，矫本刘氏子，与颂近亲，出养于姑，改姓陈氏。中正刘友讥之，颂曰："舜后姚虞、陈田本同根系，而世皆为婚，礼律不禁。今与此同义，为婚可也。"友方欲列上，为陈骞所止，故得不劾。

在实行九品中正制的魏晋，以道德礼教的瑕疵受到本州中正指劾，可以被贬谪，乃至为乡议时评所不齿而废锢终身。《晋书·张辅传》就有一个例子："梁州刺史杨欣有姊丧，未经旬，车骑长史韩预强聘其女为妻。辅为中正，贬预以清风俗，论者称之。"刘矫出养异姓并婚于本族，犯了弃宗加乱伦两项礼教大罪，张辅不过聘女于对方亲属丧期，与刘矫相较，九牛一毛耳。

曹操为保护陈矫，专门下教，以汉末丧乱民多流移难拘礼教为理由禁绝非议，时间以建安五年为断，并设反坐之罚。此公为世惜才，可谓苦心孤诣。但事情并未因此完全了结，盖魏时欲议陈矫者为徐宣，《晋书·刘颂传》中欲劾陈矫的丈人刘颂者，为中正刘友，可见性质严重，影响难消。

曹操以建安五年为限——有意思的是孙策也正好死于这一年，可证朱然养甥为嗣发生于建安五年之前，属于"丧乱已来，风教凋薄"，无法过拘伦常礼法的时期。东吴属东南僻地，礼教观念自然更为淡薄，且其时东吴帝国尚在开创阶段，未有以己为正朔之观念，礼法之禁未重。诸多因素，使朱治之举未被非议，朱然也成为"明媒正聘"的幸福养子。曹魏所统为中原腹地，又在名义上一直奉承汉室正统，且陈矫还有乱伦之嫌，自然成为一个不太好解的结，由此曹操必须刀斩乱麻。好在他的理由听起来合情合理，也符合乱世争雄唯才是用的原则，不用像司马炎反于治世放纵大臣干乱伦常，舌头打结，而且留下一个乱晋祸根。事实上，陈矫这宗近亲婚姻结果颇为美好，两

人中吕布：中国养子文化史

个儿子陈本、陈骞不但没畸没痴，且均高智商有才干，卓有建树，允称名臣。

见鬼记

在陈矫、朱治、贾充这三个不同程度违背宗法原则的案例背后，三国魏晋时期在宗法观念和适嗣承爵的处置方面，呈现出若干特点。

其一，"神不歆非类"观念继续强化，无子养同姓昭穆相当者为子渐成通例，嫡长子或嫡孙在继承序列中优先的原则进一步确立。

汉末乱世，人民流移离散，多遭残贼，《晋书·礼志》所谓"中原丧乱，室家离析"。如零陵李繁之姊没于贼（《晋书·礼志》）、齐人杨范之母为贼所掠；庞俭三岁遭乱与父相失，其后买奴得父；蜀人任嘉任长沙太守，意外与流落为郡吏的父亲相认（上几例均出应劭《风俗通义》）；邓攸避难，中道弃己儿，全活其弟之子，过江后娶妾，讯其由来，知为甥女，哀恨终身（《世说新语·德行》）。诸如此类惨事奇遇，所在多有，风教灭裂常所不免。但世面甫定，宗法观念、血亲意识就被以各种形式重新强调、强化，甚至鬼神都来帮忙。《风俗通义》所举北海相周霸因主簿周光目击揭开昔年其妻产女而与屠妇换子的秘密，就是通过一双"鬼眼"，直接将"神不歆非类"坐实成一幅上坟祭祖血食不歆图：

> 汝南周霸，字翁仲，为太尉掾。妇于乳舍生女，自毒无男。时屠妇比卧得男，因相与私货易，裨钱数万。后翁仲为北海相，吏周光能见鬼，署为主簿，使还致敬于本

郡县，因告光曰："事讫，腊日可与小儿俱上冢，去家经十三年，不躬烝尝。主簿微察知，相先君宁息，会同饮食忻娱否？"往到于冢上，郎君沃酹，主簿俯伏在后。但见屠者弊衣蠡结，踞神坐，持刀割肉，有五时衣带青墨绶数人，彷徨阴堂东西厢，不敢来前。光怪其故。还至，引见，问之。乞屏左右。起造于膝前，白事状如此。翁仲曰："主簿出勿言。"因持剑上堂，问姬："女何以养此子？"姬大怒曰："君常言儿体质声气喜学似我，老公欲死，为作狂语。"翁仲具告之，曰："祀祭如此，不具服，子母立截！"姬辞穷情竭，泣涕具陈其故。时子年已十八，呼与辞决曰："凡有子者，欲以承先祖，先祖不享血食，无可奈何。"自以衣裳僮仆车马迎取其女。女嫁为卖饼子妇，后适安平李文思，文思官至南阳太守。翁仲便养从弟子熙，为高邑令。神不歆非类，明矣，安得养他人子乎？[1]

周霸的善后措施包括换回亲女，养从弟之子为嗣，后者符合养同宗昭穆相同者为后的原则。案之正史，我们可以看到，这个原则，与嫡长子或嫡孙在继承序列中优先的原则，在受动乱影响较小或者说从乱世胜出的王侯将相阶层中得到稳定、有序地执行。姑举情形较为复杂者数例：

《三国志》之《苏则传》：苏则死，"子怡嗣。怡薨，无子，弟愉袭封"。《司马朗传》："明帝即位，封朗子遗昌武亭侯，邑百户。朗弟孚又以子望继朗后。遗薨，望子洪嗣。"苏则的嫡子苏怡绝后，故由庶弟袭封。司马遗袭父爵为亭侯，死后本该由其嫡子也即司马朗之嫡孙嗣封，想必司马遗既无子又无庶出

〔1〕 应劭：《风俗通义校注》，第591页。

　　　　　　　　　　　　　　人中吕布：中国养子文化史

兄弟，封爵才依次转到早先以从子身份过继为司马朗养子的司马望之子身上。

《晋书·李胤传》："（李胤）三子，固、真长、修。固字万基，散骑郎，先胤卒，固子志嗣爵。"此为嫡子早逝，按序由嫡孙袭爵。

《晋书》之《安平献王传》：安平献王司马孚世子司马邕先其父亡，邕嫡子司马崇为世孙，本当嗣立，又早夭，于是改立崇弟司马隆。司马隆虽为庶孙，但其父为世子，在继嗣序列中仍比世子之兄弟即庶子优先。《刘颂传》："颂无子，养弟和子雍早卒，更以雍弟诩子鄏为适孙，袭封。"这与司马孚情况类似，只不过司马邕是司马孚亲子，而刘雍已是养子。

东晋的情况亦如此。如《晋书》之《纪瞻传》："（纪瞻）长子景早卒。景子友嗣，官至廷尉。"《阮孚传》："（阮孚）无子，从孙广嗣。"《王悦传》："悦无子，以弟恬子琨为嗣。"《郗超传》："超无子，从弟俭之以子僧施嗣。"

从子即父系血亲兄弟的儿子，显然是同姓昭穆相当者这个养子继嗣序列上第一位的人选，同为从子，一般来说又以长幼排序。羊祜的特殊情况正好为这个序列作注脚："帝以祜兄子暨为嗣，暨以父没不得为人后。帝又令暨弟伊为祜后，又不奉诏。帝怒，并收免之。太康二年，以伊弟篇为钜平侯，奉祜嗣。"（《晋书·羊祜传》）

有从子而不愿继嗣是一种尴尬，若没有从子，只能扩大到同宗或曰族人。如南阳王司马保"痿疾，不能御妇人。无子，张春立宗室司马瞻奉保后"（《晋书·南阳王模传》）。裴宪卒，"以族人峙子迈为嗣"（《晋书·裴宪传》）。

"神不歆非类"，无子者若无同姓养子以承祭祀，则意味着亡人不得血食。这个观念的进一步加强，在《三国志》《晋书》的宗室诸王传中也表现得相当明显。如据《三国志·武文世王公传》所列，魏武帝曹操共生二十五男，其中无子早薨者有曹昂、曹冲、曹玹、曹矩、曹上、曹勤、曹乘、曹整、曹京、曹棘等十人，除了一出世就夭折的殇公子，均安排其他儿子所生之子即从子过继承嗣。

东晋孝武帝司马曜为简文帝第三子。他即位后曾梦见被其父简文帝幽废而死且无后的哥哥司马道生，此事与《风俗通义》之"周光见鬼"形成映照。《晋书·简文帝七子传》云：

> 会稽思世子道生，字延长。帝为会稽王，立道生为世子，拜散骑侍郎、给事中。性疏躁，不修行业，多失礼度，竟以幽废而卒，时年二十四，无后。及孝武帝即位，尝昼日见道生及临川献王郁，郁曰："大郎饥乏辛苦。"言竟不见。帝伤感，因以西阳王羕玄孙珣之为后。

安排宗室过继为后，以奉祭祀，则亡灵得以歆享血食，可无"饥乏辛苦"。所有这些做法，都没有违背同宗同姓这个基本原则。《三国志·魏志》中明言以异姓养子为适嗣袭爵的，只有韩浩，原因是本人无子。另外文聘因亲子文岱先亡，爵位由"养子休嗣"（《三国志·文聘传》），没说明是否异姓。按《三国志》凡养子为从子或宗人必有说明以及文聘为武将的特点，此当为异姓养子。

其二，适应乱世奖励军功笼络宗族和大臣的需要，适嗣继立与通过分户推恩多封子弟的办法往往灵活结合，相辅而用，自魏至晋行之不衰。

魏晋封侯的办法和等级，基本延续秦爵汉制，主要有列侯、关内侯。《后汉书·百官志》说，列侯原名彻侯，后避汉武帝名讳，改为列侯。列侯以所食县为侯国，"功大者食县，小者食乡、亭，得臣其所食吏民"，是亭侯为列侯之级别较低者。关内侯又比亭侯低一个等级，"无土，寄食在所县，民租多少，各有户数为限"。应劭另有一种解释，他说："秦时，六国未平，将帅皆家关中，故称关内侯。通侯，言其功大，通于王室。列者，言其功德列著，乃飨爵也。"[1]就魏晋封侯情况看，当以《后汉书》说法为准。

为奖励勋臣，在其本人健在时先封其本无继嗣承爵资格的庶子或兄弟、从子等为侯，是魏、晋两朝优礼功臣常用办法。这其实是西汉推恩制的变种和提前执行，分其食邑之户以广封子弟，所封多为列侯中等级较低的亭侯或无土寄食的关内侯。如此实例，俯拾皆是。夏侯惇死，世子夏侯充嗣位，其后"帝追思惇功，欲使子孙毕侯，分惇邑千户，赐惇七子二孙爵皆关内侯"。夏侯尚死，"子玄嗣。又分尚户三百，赐尚弟子奉爵关内侯"（《三国志·诸夏侯曹传》）。《三国志》之《张辽传》说，曹丕即魏王之位时，已分封张辽之兄张汜及一子为列侯。张辽死，其子张虎嗣侯，其后魏文帝追念张辽、李典合肥战役之功，又"分辽、典邑各百户，赐一子爵关内侯"。《张郃传》：张郃死，子雄嗣。魏明帝因张郃"前后征伐有功"，"分郃户，封郃四子列侯。赐小子爵关内侯"。入晋之后，这个政策继续执行。杜预初因娶皇室公主，封丰乐亭侯，平吴后以功进封当阳县侯，同时封其子杜耽为亭侯。杜预死后，另一子杜锡嗣位。傅祗"以讨杨骏勋，当封郡公八千户，固让，减半，降封灵川县公，千八百户，余二千二百户封少子畅为武乡亭侯。又以本封赐兄子隽为东明亭侯"（《晋书·傅祗传》）。

第二个做法是在不违反大原则的前提下，尽量考虑功臣的意愿，成其广封多让之美，且收敦睦风俗之功。曹真"少与宗

〔1〕　应劭:《风俗通义校注》，第616页。

人曹遵、乡人朱赞并事太祖。遵、赞早亡，真愍之，乞分所食邑封遵、赞子"（《三国志·诸夏侯曹传》）。推邑分封及于宗人、乡人，可为特例。《晋书·卫瓘传》："瓘乞以封弟，未受命而卒，子密受封为亭侯。瓘六男无爵，悉让二弟，远近称之。"《晋书·荀崧传》说，荀崧从弟荀馗早亡，其子荀序、荀廞年幼，荀崧把两个侄儿接到家中，"恩同其子"。其后，"太尉、临淮公荀颐国胤废绝，朝廷以崧属近，欲以崧子袭封。崧哀序孤微，乃让封与序，论者称焉"。

第三个做法，是追封继绝，魏文帝、明帝尤用力于兹。曹丕称帝后，赐夏侯渊中子夏侯霸关内侯，后魏明帝曹叡又增赐夏侯霸四个弟弟爵皆关内侯。荀攸死后，爵位二传至次子，无子绝封，黄初年间又封其曾孙荀彪为亭侯。任峻死于建安九年（204），子任先嗣爵。任先无子，国除，后"文帝追录功臣，谥峻曰成侯。复以峻中子览为关内侯"（《三国志·任峻传》）。

有些奇葩的特例不妨顺便一提。

名列"竹林七贤"的王戎，其世子王万患肥胖症早卒，"有庶子兴，戎所不齿。以从弟阳平太守愔子为嗣"，此为有子不封，舍亲爵疏（《晋书·王戎传》）。王兴之为父不齿，乃因其庶出母贱。

王浚为其父骠骑将军王沈与情人所生，属私生子，王沈生前一直不拿他当儿子待。王沈死后，因为他没有别的儿子，亲属只好让王浚顶上来。

最逗的是晋高阳王司马睦竟因长子司马彪"好色薄行"，以让他出继叔父的安排，使他丧失继嗣资格："虽名出继，实废之也。"（《晋书·司马彪传》）司马彪由此不交人事，专心著述，作《九州春秋》《续汉书》等，成为一代名儒、史学大家。

上述特例，可从一个侧面说明魏晋袭爵承嗣制度在严格血亲限制的同时更为灵活。

吴、蜀两国情形是否一样？答曰：福利差多了。

同是三国，给谁打工还是有区别的。曹操"挟天子以令诸侯"的优势，在封侯赐爵乃至赠谥上面得到充分显示。曹操自建安元年迁汉帝于许昌，并自任丞相，即实质上控制中枢，获得正统，慷汉家之慨，封侯赐爵都由他说了算。且不说刘备的豫州牧、孙权的讨虏将军及南昌侯实质上都是他封的，连关羽的寿亭侯、马超的都亭侯等汉家旧封，亦当出自曹操安排。刘备于建安二十四年（219）始自称汉中王，221年（时曹丕已称帝，改年号为黄初）称帝；孙权则黄初二年还不敢彻底和曹丕翻脸，受曹魏册命为吴王，黄初三年（222）始自称大帝。也就是说，孙、刘直到这个时候才算有资格给部下封侯议谥。章武元年（221）刘备称帝，始封张飞西乡侯，进封马超斄乡侯，黄忠只封了个关内侯，而赵云要迟到后主建兴元年（223）才封永昌亭侯。孙吴方面也遭遇同样的尴尬，开国元勋如周瑜、鲁肃生前就不得封侯。当然，后期吴、蜀也有一些推恩多封的例子，如西蜀名将张嶷战死后，次子护雄袭爵，更封其长子张瑛为西乡侯。东吴方面，由于户籍与兵制的不同，于袭爵封官之外多出来一个"分领家兵"，如陆抗死后，长子陆晏嗣封，陆晏另与几个弟弟"景、玄、机、云，分领抗兵"。关于东吴兵制，后文将结合"山越"问题详论。

托周光见鬼，周霸的祖先终于歆享上血亲子孙的酒肉；晋孝武帝梦鬼，他哥哥道生因得继嗣安排，想必从此祭祀烝尝。而对强势破坏这一原则的人，鬼神送来的每每是诛身灭族的预警，《晋书·贾谧传》就记录了这样一次阴阳会：

> 初，充伐吴时，尝屯项城，军中忽失充所在。充帐下都督周勤时昼寝，梦见百余人录充，引入一径。勤惊觉，闻失充，乃出寻索，忽睹所梦之道。遂往求之。果见充行

至一府舍，侍卫甚盛。府公南面坐，声色甚厉，谓充曰：
"将乱吾家事，必尔与荀勖，既惑吾子，又乱吾孙。间使
任恺黜汝而不去，又使庾纯晋汝而不改。今吴寇当平，汝
方表斩张华。汝之暗懑，皆此类也。若不悛慎，当旦夕加
罪。"充因叩头流血，公曰："汝所以延日月而名器如此者，
是卫府之勋耳。终当使系嗣死于钟虡之间，大子毙于金酒
之中，小子困于枯木之下。荀勖亦宜同，然其先德小浓，
故在汝后，数世之外，国嗣亦替。"言毕，命去。充忽然
得还营，颜色憔悴，性理昏丧，经日乃复。及是，谧死于
钟下，贾后服金酒而死，贾午考竟用大杖。终皆如所言。

阴阳会中的府公，应是司马懿。其数贾充之恶，重在惑乱
晋室，未及异姓为嗣。然贾家之乱素由女祸，天子丧嗣、偷情
自媒乃至贾南风的狼毒乱晋、贾谧朋党乱政与迫害太子，均媒
蘖于此。可以说，贾充的"莒人灭鄫"，在直接导致灭族的同时，
也撞响了西晋晚钟。

金墉杀

"终当使系嗣死于钟虡之间，大子毙于金酒之中，小子困
于枯木之下。"

阴阳会中，疑似司马懿的阴间府主因为贾充一门误晋，提
前宣判贾门灭族，并安排了主要人物三种死法：贾谧撞响丧
钟，身首分离；其母贾午昔年偷情没挨揍，这回终于被大棍活
活打死；贾南风再穷凶极恶，毕竟贵为国母，自应遵循传统，
赐死以示优待，金屑酒于是登场："伦乃矫诏遣尚书刘弘等持
节赍金屑酒赐后死。"(《晋书·后妃传》)

人中吕布：中国养子文化史

金屑酒必是比较专业的自杀材料，甚至可以说是魏晋官方常备或指定的赐死毒酒。早在魏末，公孙渊反于辽东，他那在洛阳当质任的哥哥公孙晃一家就被招待金屑酒："初，公孙渊兄晃，为叔父恭任内侍，先渊未反，数陈其变。及渊谋逆，帝不忍市斩，欲就狱杀之。……竟遣使赍金屑饮晃及其妻子，赐以棺、衣，殡敛于宅。"（《三国志·高柔传》）当日发动兵变，以金屑酒赐死贾后的是赵王司马伦，不久，他也兵败被杀，跟着饮下这杯苦酒。"苦"字是正史给加上去的："遣尚书袁敞持节赐伦死，饮以金屑苦酒。"（《晋书·赵王伦传》）注意，三次赐死，均相当郑重正式，遣使宣诏赍酒，后两场所遣使者均持节，《晋书·职官志》："使持节得杀二千石以下"，这酒自然是晋室官方为赐死专备或者说专业调制的毒药。奇怪的是除魏晋之外，其他各朝基本未见官方以金屑酒赐死的记述。民间自配的金屑酒则往往不能奏效。《清史稿·忠义传》记云南开化知府石家铭因兵变据城坚守，"相持竟夜，子弹尽，仰药不死；和金屑服之，又不死"，只好自焚；同书《列女传》记黄晞之妻周氏自杀，"周夜投水，不死；茹金屑，亦不死"，只好自刺。

金酒杀人，金墉也不甘寂寞。西晋皇室自相残杀的另一个特点，是频频进出金墉城。

金墉城为魏明帝所筑，为当时洛阳城（今河南洛阳市东）西北角上一小城，魏及西晋被废的帝、后，都安置于此。晋武帝禅魏，迁最后一位魏主陈留王于金墉。晋朝自以五行属金，司马炎没有料到，冥冥之中这座固若金汤并以金字命名的小城，会是魏明帝无意设下的一个诅咒，专门用来克金，乃至成为晋祚中倾的见证。"南风起，吹白沙"[1]，恶女贾南风拉开了

---

[1] 西晋元康年间京洛童谣云："南风起，吹白沙，遥望鲁国何嵯峨，千岁髑髅生齿牙。"见《晋书》卷二十八《五行志》。

宗室大杀戮的序幕，而第一个牺牲品正是魏武帝司马炎的第二任皇后杨季兰，后来从被废的皇太子司马遹、晋惠帝、贾南风、羊皇后到长沙王司马乂、清河王司马覃等人，均入此城，仅有极少数幸运者能活着出来。历史真可笑，贾南风本来早该进金墉城，她为太子妃时，"尝手杀数人。或以戟掷孕妾，子随刃堕地。帝闻之，大怒，已修金墉城，将废之"。杨季兰谏止，结果是自己先进去了。若干年后，在晋惠帝被从金墉城迎回洛阳的路上，赵王伦和他的儿子正被押送过去，一盅金屑苦酒在等着他。

说金墉城暗埋了克金杀晋之咒，听起来有些八卦。若说西晋像纳喀索斯，死于自己那金色的水中倒影，是个中国式的水仙之殇，庶几不谬。希腊神话中，河神刻菲索斯娶了水泽神女利里俄珀，生下纳喀索斯。他的父母去求神示，想要知道孩子将来的命运，神示说："不可使他认识自己。"原来纳喀索斯是天下最俊美的男子，赢得所有神女的芳心，却拒绝其中任何一人的爱。直到有天他在一潭从未被扰乱的山间湖泊中看到自己的水中倒影，误以为是神女并爱上这个倒影，把自己折磨至死。神女们"但愿他有朝一日爱上一个人，却永远也得不到她的爱！"的祈祷与诅咒终于应验。西晋初年，在中国式的"小石潭"中，西周与大汉金色的封建倒影正"日光下澈，往来翕忽"。王夫之《读通鉴论》卷十一比较魏晋两朝为政之弊，总结说："魏削宗室而权臣篡，晋封同姓而骨肉残。"[1]诚哉千古至论！

且看一朵叫"皇太弟"的金色水仙，如何在西晋惊鸿照影的小石潭边开放成为历史妖孽。

---

〔1〕 王夫之：《读通鉴论》，第 416 页。

人中吕布：中国养子文化史

封建倒影：皇太弟之魇

王夫之认为，晋大封宗室，致命的一点是授兵于封国，即所谓"晋授兵宗室卒以召祸"，并从封国拥有军队的角度比较晋、周两朝的根本区别：

> 晋诏诸王大国置三军，次国二军，小国一军，其所依仿之名，曰周制也。古之诸侯，皆自有兵，周弗能夺，而非予之也。其自周始建之国，各使有兵，彼有而此不得独无也。郡县之天下，兵皆统于天子，州郡不能自有其人民，独假王侯以兵，授以相竞之资，何为也哉？[1]

周为封建制，晋为郡县制，中央集权原则上不容地方兵民分统，那是开历史倒车。这个道理，现在说来似乎不言而喻，但事后诸葛亮好当，事前臭皮匠难为。若让时间逆流到司马氏篡权已成定局的魏末、晋初，朝野意见几乎一边倒的主张封宗室树强藩，理由同样是远规周、汉裂土而祚长，惩秦除封建、魏弱宗室而速亡，代表性的建言者与政策制定执行者，前后有大臣裴秀、刘颂、段灼、陆机、杨珧、荀勖等人。吴亡之初，刘颂论治理东吴故境的方略，谓须"得长王以临其国，随才授任，文武并叙，士卒百役不出其乡，求富贵者取之于国内"，仿佛汉初口气。他认为"下无固国，天子居上，势孤无辅，故奸臣擅朝，易倾大业"，建议学习周朝，"周之封建，使国重于君"（《晋书·刘颂传》）。段灼更直接建言让封国置兵如周之诸侯国："听于其国缮修兵马，广布恩信。必抚下犹子，爱国如

---

[1] 王夫之：《读通鉴论》，第 425 页。

家，君臣分定，百世不迁，连城开地，为晋、鲁、卫。"(《晋书·段灼传》)《晋书·陆机传》："机又以圣王经国，义在封建。"晋文帝司马昭为晋王时，已接受裴秀等的建议，立五等爵位之制，当时"自骑督已上六百余人皆封"(《晋书·裴秀传》)。泰始初年进一步改进和完善制度，非皇子不得为王，封国按食邑户数分为大、次、下三个不同等级，并相应配置军队，大国至备三军(《晋书·地理志》《晋书·职官志》)。军队一配，宗室拥兵据郡之势渐成。而继位的晋惠帝天生弱智，狼悍的贾南风上位，太子谲弱无援，羌、胡、鲜卑杂居塞内，强藩、弱帝、恶后、外患凑到一块，于是，先由贾南风踩响宗室诸王这个地雷阵，"八王之乱"连环爆炸又引爆五胡乱华超级火药库。历史从来是各种力量博弈的必然结果，再大的变乱都遵循着内在的逻辑，王夫之谓郭钦《徙戎论》[1]为教猱升木，"其后刘渊父子、石勒皆践其言，而晋遂亡"[2]，其实天下明眼人非只一二郭钦江统，如匈奴族首领刘渊就文武全才，汉化极深，怀抱大志，且曾长期居留洛阳，天下形势岂有不明之势？置猱于林，升木只是时间和时机的问题。问题是这株妖木长势蹊跷，不但借猱以枝，更悄悄返祖，长出与"父子相承"的垂直继嗣宗法制相龃龉的"兄终弟及"毒树瘤，这个树瘤，名曰"皇太弟"。

---

〔1〕《晋书》卷九十七《四夷传》："侍御史西河郭钦上疏曰：'戎狄强犷，历古为患。魏初人寡，西北诸郡皆为戎居。今虽服从，若百年之后有风尘之警，胡骑自平阳、上党不三日而至孟津，北地、西河、太原、冯翊、安定、上郡尽为狄庭矣。宜及平吴之威，谋臣猛将之略，出北地、西河、安定，复上郡，实冯翊，于平阳已北诸县募取死罪，徙三河、三魏见士四万家以充之。裔不乱华，渐徙平阳、弘农、魏郡、京兆、上党杂胡，峻四夷出入之防，明先王荒服之制，万世之长策也。'帝不纳。"又卷五十六《江统传》："统深惟四夷乱华，宜杜其萌，乃作《徙戎论》。"

〔2〕 王夫之：《读通鉴论》，第 432 页。

考《史记》之《夏本纪》，夏朝自禹至桀凡传十七帝，其中仅帝不降传于其弟帝扃，帝扃之子帝廑崩后，又回传于不降之子即其叔父孔甲，余皆以父传子。

考《殷本纪》，商朝自成汤至帝辛共传三十帝。成汤的大子太丁早卒，次及庶弟外丙，外丙传弟中壬。中壬崩后，伊尹立太丁之子即成汤的适长孙太甲，使继嗣序列重新回到血亲嫡长的框架中来，但很快又被打乱。其后自太甲至帝盘庚二十七帝，兄终弟及者十有三帝，几占一半。第十四任帝祖辛崩后立弟沃甲，沃甲崩，复立祖辛之子祖丁，类似伊尹之立太甲。太史公特别指出这一时期殷商帝位继承的混乱造成中衰："自中丁以来，废嫡而更立诸弟子，弟子或争相代立，比九世乱，于是诸侯莫朝。"

周朝的变化非常明显。考之《周本纪》，自西伯文王至共和行政，共传十世，其中仅周共王以弟代立，余皆父子相承。周召共和后，自宣王至赧王东、西周分治，又历二十七王，计二王以弟代兄，五王属兄弟争立，余皆以父传子。《世本》所载三代世系，与《史记》大同小异。

历来史家公认商、周政治体系与继承制度的根本区别，是《史记》借汉景帝之母窦太后概括出来的"殷道亲亲，周道尊尊"。"亲亲"即诸子平等，兄终弟及，着重自然关系。"尊尊"即宗子（嫡长）独尊，垄断祭祀祖先的权力，并在继嗣序列中处于绝对优先的地位。用严格的术语或者现代史学规范来描述这段历史时期，则是昭穆制、宗法制与封建制三者作为配套的权力与社会资源分配工具或曰政治制度，被发明出来并互相结合、彼此联系。王国维认为这三大制度是周人的发明，与商人相异。[1] 张光直根据考古新材料与新方法的研究成果，指出三

---

〔1〕 王国维：《殷周制度考》，《观堂集林》卷10。

者"都是中国青铜时代（约指公元前2000年即夏朝中期至公元前500年即春秋晚期）大部时期中的中心制度"[1]。"依据近来对夏商王制的研究，三代（除了周代后期以外）的王位继承制度可能是在内婚王族之内若干产生继承人的单位之间轮流继承的制度，而这些单位分为两个主要的单元。在王室的祖庙里，这种两元制度便反映为周代文献中所记载的所谓昭穆制度。"[2]昭穆制占主导地位，则对应兄终弟及；宗法制主导，则当父子相承。张光直的意思，大概是说亲亲与尊尊在夏、商、周三代之间或者说直至周代前期并非那样截然分开。不管三代史实究竟如何，后世形成的简单判断是"殷道亲亲，周道尊尊"，且一致公认汉以后历代均取法周朝，实行宗法制，因为历史已经证明唯有立嫡不传弟，才能更好保证国家政权不会轻易陷入争立的祸乱，这在《史记·梁孝王世家》中那场太后与皇帝、大臣之间的对话讨论中得到非常充分的阐述。[3]

这样理解可能比较直观：汉以后的中国历朝历代，基本是

---

〔1〕 张光直：《中国青铜时代》，生活·读书·新知三联书店，2013，第19页。

〔2〕 张光直：《中国青铜时代》，第20页。

〔3〕 《史记》卷五十八《梁孝王世家》："太后谓帝曰：'吾闻殷道亲亲，周道尊尊，其义一也。安车大驾，用梁孝王为寄。'景帝跪席举身曰：'诺。'罢酒出，帝召袁盎诸大臣通经术者曰：'太后言如是，何谓也？'皆对曰：'太后意欲立梁王为帝太子。'帝问其状，袁盎等曰：'殷道亲亲者，立弟。周道尊尊者，立子。殷道质，质者法天，亲其所亲，故立弟。周道文，文者法地，尊者敬也，敬其本始，故立长子。周道，太子死，立嫡孙。殷道，太子死，立其弟。'帝曰：'于公何如？'皆对曰：'方今汉家法周，周道不得立弟，当立子。故春秋所以非宋宣公。宋宣公死，不立子而与弟。弟受国死，复反之与兄之子。弟之子争之，以为我当代父后，即刺杀兄子。以故国乱，祸不绝。故《春秋》曰"君子大居正，宋之祸宣公为之"。臣请见太后白之。'袁盎等入见太后：'太后言欲立梁王，梁王即终，欲谁立？'太后曰：'吾复立帝子。'袁盎等以宋宣公不立正，生祸，祸乱后五世不绝，小不忍害大义状报太后。太后乃解说，即使梁王归就国。"

人中吕布：中国养子文化史

宗法制占统治地位之下的昭穆与封建混合制专制政权。昭穆制主要为无后绝嗣需要拟制养子者设定"异姓不养"规矩，而封建制则可帮助王族建立由主枝（由每一代的嫡长子组成）与若干宗枝之间按其与主枝在谱系上的距离不同而分层级拥有不同权利的宗族网，来共同掌控社会财富与资源。要维持这种最富稳定态的权力结构的平衡，强干弱枝、中央集权是必须的，否则这由三个系统交错而成的"迷走神经"，就易因主次不明而发生错位、错置，而将本已被排除在继承人之外的宗枝上的其他王族男性成员引入王位之争，导致震荡和动乱。

事实上，不管经由什么路径和尝试，父子相承都是古代世界各地成熟的专制帝国的共同选择，甚至会为保障这一继承制度的执行设计出极端的措施，奥斯曼帝国的弑亲法就是典型："穆罕默德三世1595年继位时，根据苏丹上台时的弑亲法，宫廷大门里抬出了十九具王侯的尸体……早期的苏丹们除了自己的儿子之外，没有任何活着的男性亲属：弑亲法确保了他们没有叔叔伯伯，没有表兄表弟，也没有侄子外甥来挑战自己的权威，或者削弱他们作为奥斯曼皇室唯一代言人的位置。一直到穆罕默德三世的继承人艾哈迈德一世，弑亲法才被中断……不过，他们再也不能离开后宫……传位给最有能力的子嗣的铁律，也沦落为'尚在世间的最年长的皇室男性继承苏丹王位'。"[1]《北史·西域列传·波斯传》说："王即位以后，择诸子内贤者，密书其名，封之于库，诸子及大臣莫之知也。王死，众乃共发书视之，其封内有名者，即立以为王。余子出各就边任，兄弟更不相见也。"隔离显然比弑亲温柔，介于二者之间的还有将不能继位的王子弄残废闲置起来的做法。相比之下，

---

〔1〕 ［英］杰森·古德温：《奥斯曼帝国闲史》，江苏人民出版社，2010，第149—150页。

中国因为儒家仁政提倡孝悌，由家及国，讲求亲亲仁仁，兄弟之爱、夫妇之敬都是题中应有之义，限制了上述极端做法的出现。相反，没有继登大宝资格的皇室近支男性成员分封食邑乃至参政成为惯例，但也因此导致兄终弟及乃至侄终叔篡等作为宗法嫡子继承制的威胁始终存在，稍有不慎，即为乱源祸首。七国之乱前车未远，西晋八王就接着登场，还顺带给宗法制原则下的嫡子适嗣王位继承系统的干扰素——破坏者命名：皇太弟、皇太叔，乃至皇太孙。

皇太弟、皇太叔其实都早有其萌，夏商周三代帝王中，举凡兄终弟及者，以后之视昔，皆可谓皇太弟。夏朝帝扃之子帝廑崩后，继位者为其从父孔甲，虽然孔甲之父曾为帝，以孔甲本人与上一任夏帝的关系而言，则为皇太叔。以此而论，即使在基本确立宗法嫡长制的周朝中后期，包括春秋战国，这两种不协调的角色仍时时出现。如果说"殷人亲亲"，皇太弟这样的角色在商代甚至比皇太子名正言顺，那么得到皇太后的支持的西汉梁孝王因一群"经术之臣"的一致狙击而没当成皇太弟，正好说明"周道尊尊"在西汉已成为"祖宗之法"和社会共识。

再说八王之乱。

八王中，汝南王司马亮、赵王司马伦都是司马懿的庶子，辈分最高，是晋惠帝的从祖父：皇太祖叔。河间王司马颙、东海王司马越属疏一层的宗室，分别为司马懿之弟司马孚、司马馗的孙子，于晋惠帝为旁支的从叔父，勉强算得上皇太叔。齐王司马冏是晋武帝之弟司马攸之子，于晋惠帝为从兄弟。楚王司马玮、长沙王司马乂、成都王司马颖分别是晋武帝第五子、第六子、第十六子，与晋惠帝同父，都是正牌皇太弟。当日这个阵势，兄弟、父、祖三代都齐了。这其中除司马亮、司马乂未露不臣之迹，其余六王均是明显的野心家，赵王伦更直接废晋惠帝而代之，难怪"殷人亲亲"行不得。因为一个苏丹继位，宫廷的大门就可以抬出十九具王侯的尸体；一个晋惠帝弱智，兄弟叔父们就都躁动起来，最后把自己脑袋和先帝的天下一起搭进去。

皇太弟的名称，由"皇太叔"司马颙首创。他与侄儿成都王司马颖组成联盟，共同攻灭另一位侄儿司马乂，大概鉴于赵王伦废帝自立不得人心，败不旋踵，于是大家都愿意采取温柔保守的渐进路线，先用一个合适的身份或曰名义替换掉皇太子，成为表面上合法的第一皇位继承人。于是由司马颙以从叔父的名义，上表胁迫皇帝废掉早先由司马冏倡立的皇太子司马覃，立司马颖为皇太弟。后来司马颖兵败失势，也是司马颙物色并一手安排封豫章王的晋武帝第二十五子司马炽替换掉司马颖。这第二个皇太弟司马炽后来总算位登大宝，是为晋怀帝，但他大概算中国历史上最悲惨的皇帝之一，自打继位到洛阳城破成为前赵俘虏，到青衣行酒仍不免被刘聪所杀，没过上一天好日子。

从此以后，"皇太弟"及顺此类推的"皇太叔"乃至"皇太孙"，就像一个幽灵或者说魔魇，飘浮在历史的上空。

这一时期胡人在学习汉族的典章制度方面从来不落后。十六国时期，"皇太弟"戏份不少。

前赵皇帝刘元海死后，第四子刘聪杀兄刘和自立，因其弟北海王刘乂之母单氏为刘元海嫡妻，故命刘乂为皇太弟。后单氏与刘聪私通，刘乂被贬杀。

淝水之战，前秦溃败，北方重新陷入分裂局面，前燕皇帝慕容暐之弟慕容冲被谋臣高盖、宿勤崇等推为皇太弟，带兵进攻苻坚，后被部下所杀。

苻坚及其庶长子苻丕相继败死后，族孙苻登被推为前秦皇帝，苻坚立其弟苻懿为皇太弟，后兵败不知所终。

"皇太弟"尤忌自家索要，往往把命索掉。成汉皇帝李势无子，他的弟弟李广以为哥哥无子是个机会，屡求立己为皇太弟，被贬为临邛侯，自杀。

最幸福"皇太弟"秃发傉檀无名而实归。他"少机警，有才略"，得到父亲秃发思复鞬的赏识。其父死后，两个哥哥秃发乌孤、秃发利鹿孤相继嗣立，但都遵照父亲的遗愿，"不以授子，欲传之于傉檀"（《晋书·秃发傉檀载记》）。利鹿孤死后，他当上南凉皇帝。

北齐高演杀宰相杨愔并弑其侄高殷篡位，为得到同母弟高湛支持，许诺事成后以他为皇太弟，但后来自立其子百年为皇太子。这位身为空头支票持有者的未上位"皇太弟"反而命运不错，本拟篡位，未及动手高演就病死，他得以继立。不久，高百年就被叔父酷杀。

南唐皇帝李璟继位时也开过空头支票："以仲弟遂为皇太弟，季弟达为齐王，仍于父柩前设盟约，兄弟相继。"（《旧五代史·僭伪列传》）结果嘛，大家都知道"一江春水向东流"是谁写——如果李璟这位皇太兄兑现诺言，世无李后主。

唐朝。玄武门兵变前，太子李建成与其弟李元吉谋杀李世民，许诺事成后以元吉为皇太弟；唐中宗之子谯王李重福从安置之地潜回东都洛阳，准备起兵作乱，"豫尊睿宗为皇季叔，重茂皇太弟"（《新唐书·三宗诸子列传》）。李重茂是其少弟，即后来的唐殇帝。

唐玄宗之父李旦，在皇帝与储君、藩王等位子间七上八下颠倒个遍，竟得善终，殊属例外。

李旦的生母武则天活着时，他是娘亲的"玩偶"；武后死后，他又成为妹妹控制的对象、儿子顶岗的目标。李旦先被封豫王，"则天临朝，废中宗为庐陵王，立豫王为皇帝，仍临朝称制。及革命，改国号为周，降帝为皇嗣……具仪一比皇太子"。后来唐中宗自房陵还，他主动把皇太子的位子让出来，

　　　　　　　　　　　人中吕布：中国养子文化史

改封相王。"神龙元年（705），以诛张易之昆弟功，进号安国相王，迁太尉，加实封。其年立为皇太弟，固辞不受。"（《旧唐书·睿宗本纪》）五年后即景云元年（710），他的儿子临淄王李隆基联合太平公主发动兵变，再一次把他扶上皇帝的宝座。第二年二月皇太子监国，他差不多成为太上皇。再过一年先天政变发生，李隆基完胜太平公主，他传位皇太子，正式当上太上皇。大概真个快乐无忧地活了四年，才驾崩百福殿。通计之，李旦当过侯王、傀儡皇帝、皇太子、未正式接受封号的皇太弟、皇帝、准太上皇帝、太上皇帝。

皇太弟这个名号在晚唐又突然密集出现，唐武宗、唐昭宗均以皇太弟继位，唐宣宗以皇太叔继位，而这几个皇帝日子都很不好过，因为他们基本上都是由宦官以武力拥立的。

宋高宗赵构曾由"退休皇帝"改称"皇太弟"，其子魏国公赵旉又从皇帝退称"皇太侄"。原来建炎三年（1129），统制官苗傅等发动兵变，迫高宗逊位，立其子赵旉为皇帝。后来吕颐浩、韩世忠等起兵勤王，苗傅等迫于压力，遂有上举。好在时间很短，兵变失败后，一切恢复正常秩序。

辽朝也出过若干个皇太弟，如辽太宗耶律德光之弟李胡、辽圣宗次子耶律重元，前者受其子谋反案件牵连死于狱中，后者受其子挑动兵变不成，自杀。

直到元朝，皇太弟才成为吉祥物，拖雷、忽必烈都曾为皇太弟。

部曲考·家兵辩

韩寿偷香，贾充见鬼，金墉梦断，八王乱起……前述诸般纷纭，关涉的主要是上层社会、统治阶级的子孙业障与香火接续。伤心秦汉，生灵涂炭，中下阶层老百姓是乱世最大的受害者，尤其是以农民、手工业者为主体的下层贫民。东汉末期，剧烈的土地兼并已使不少自耕农丧失土地，成为依附于豪族的奴隶或准奴仆。黄巾起义卷起第一波战乱，其后董卓入关，诸侯混战，待到中原甫定，魏、蜀、吴鼎立的分裂局面亦成。从曹丕称帝的黄初元年（220）到西晋灭吴的咸宁六年（280）正好一个甲子，好不容易"三国战久归司马"，仅过十多年，八王之乱又复一火燎原。永安元年（304），匈奴首领刘元海在离石称帝建立前汉，十六国正式启幕，此后北方诸族纷起，血战不息，"提封天下，十丧其八……雄图内卷，师旅外并，穷兵凶于胜负，尽人命于锋镝，其为战国者一百三十六载"（《晋书·载记序》）。江左虽有东晋一百来年偏安，但其间南北时有战事，而后是宋、齐、梁、陈走马灯一般兴亡更迭。从汉灵帝光和七年（184）黄巾起义至太延五年（439）北凉沮渠牧犍投降北魏近三百年的时间中，中国尤其是北方实质上一直陷于战乱，流血盈野，四海流离。数量最大的下层贫民，恰如早被打倒在地的镇关西，接二连三为钵样拳头破脸击头，一拳砸开油酱铺，二拳打出彩帛铺，三拳做了全堂水陆道场，真是从咸酸乍进到磬铙齐响不可收拾的过程——同样是据坞自保、聚众起兵或迁徙逃亡，由汉末黄巾初起时的"宗族宾客""部曲义从"等，到八王乱后因饥荒易地"就谷"的"乞活"、四处迸散屡屡揭竿的"流人"、屠城破堡百不存一的"遗众"……在这些称呼的出现或变化后面，中原由四海鼎沸到"千里无鸡鸣，白骨露于野"。《晋书·庾峻传》说，庾峻家世颍川鄢陵（今河南许昌市鄢陵县），祖父庾乘东汉时曾被辟司徒、征有道。魏末，庾峻游京师，拜谒祖父的学生散骑常侍苏林，苏林老泪纵横，说："鄢陵旧五六万户，闻今裁有数百。"从几万到数百，简直是灭绝性的锐减。

人中吕布：中国养子文化史

汉末至南北朝持续的战乱动荡对社会结构、政治生态、个体行为等均发生深刻的影响。从拟亲关系的发展变化这个角度来观察，首先是加速宗族尤其是豪族的武装化或曰军队的私有化，"部曲""家兵"往往以"家"为单位，兵民一体，"府兵制"于此萌芽。

"部曲"词义、性质的变化，可为标本。

根据沈家本的考证，"部曲"一语始见于《史记·李将军列传》，其初乃军中分别部伍之称。"推原其故，部曲本为军中之虚号通称，受命令于国家，所统之人与所属之人不相联系，既非所统之人之所能私有，亦非所属之人之所能私自相从。洎乎黄巾乱起，海内沸腾，一时豪强号召，徒党云合雾会……而斯时之部曲，或出于乡里收合……或出于互相吞并。又有废其将而分与他人者……自是某人之部曲遂各为某人之所私有。"[1] 其实如《四民月令》所述，早在黄巾乱起之前，豪族地主大庄园为自卫计，已普遍拥有训练有素的武装力量，或者说把讲习武事落实到以"家""户"为单位依附于庄园的宗族内外各个家庭的丁壮身上[2]。如此，我们才可以理解为何天下一乱，许多原来并非守令督将的豪强势族可以马上拉出有战斗力的"部曲"甚至"家兵"，以此为争霸之本或进身之资，投奔他们认为有前途的大军阀，或者结坞自保、武装迁徙。如：

河南中牟人任峻在曹操刚起兵时，"别收宗族及宾客家兵数百人，愿从太祖"（《任峻传》）。

山阳巨野豪族李乾原已"合宾客数千家在乘氏（今山东省菏泽市境内）。初平（汉献帝第二个年号，190—193）中，以

---

〔1〕 沈家本：《历代刑法考·上》，商务印书馆，2011，第377—378页。
〔2〕 《四民月令》叙当时豪强地主大庄园一年要务，二月要"顺阳习射，以备不虞"，九月要"缮五兵，习战射"，以备"穷厄之寇"。

众随太祖，破黄巾于寿张，又从击袁术，征徐州"。李乾及其子李整死后，从子李典代领"宗族部曲三千余家"（《三国志·李典传》）。

南郡枝江人霍笃"于乡里合部曲数百人"投刘表，这支队伍在刘表死后转投刘备（《三国志·霍峻传》）。

任城人吕虔被曹操辟为从事，"将家兵守湖陆（今山东省鱼台县附近）"（《三国志·吕虔传》）。

许褚更典型，他是曹操的同乡，从汉末就开始将宗族武装化，并打破同姓界限，以武勇为标准广募壮士。《三国志·许褚传》说："汉末，（许褚）聚少年及宗族数千家，共坚壁以御寇。"他带着这支事实上"皆剑客也"的"部曲"投奔曹操，成为最精锐的部队："其后以功为将军封侯者数十人，都尉、校尉百余人。"

那时豪族出身的大官僚异地赴任，也往往带着宗族部曲。刘繇出身宗室，原籍东莱牟平（今山东牟平），后任扬州刺史。笮融是丹阳（今安徽宣城）人，任下邳相。孙策攻破刘、笮后，发令布告诸县："其刘繇、笮融等故乡部曲来降首者，一无所问；乐从军者，一身行，复除门户；不乐者，勿强也。"（《三国志·孙策传》注引《江表传》）又《三国志·诸葛亮传》说，诸葛亮早孤，叔父诸葛玄被袁术任命为豫章太守，带着诸葛亮兄弟同赴任所。可旁证当时官员赴任，亲属多从。

那时拥有私人武装的大约不只豪强地主，巨商大贾也然，且实力不可小视。刘备初起，得到中山大商张世平、苏双的资助。后来他被吕布所袭，困顿穷厄于广陵海西时，另一个大商人麋竺的支持使他得以重振。《三国志·麋竺传》说，麋竺的家族"祖世货殖，僮客万人，赀产巨亿……先主转军广陵海西，竺于是进妹于先主为夫人，奴客二千，金银货币以助军资；于时困匮，赖此复振"。这二千奴客可能为庄园、商队护卫，一

人中吕布：中国养子文化史

上来就可以作战。

再往前说，豪族拥有私人武装在西汉末已出现，但称呼的不同可以说明实质的差异，可以光武中兴与东汉末三国初的情况来对比。光武建国的元勋云台二十八将，差不多都是豪族出身，如寇恂、岑彭、吴汉、耿弇、祭遵、刘植、耿纯诸人，《后汉书》对他们初起事时所领班底的描述，或称家属、宗族，或曰宾客、豪杰，未以"部曲"名之。其时凡谓"部曲"者，不管指的是赤眉绿林诸路反王响马、刘氏义军还是王莽军队，都明确用于作战单位的部署调动。

"家兵"更是东汉末年出现的新词，始见于《后汉书·朱儁传》。汉灵帝时，交趾部发生动乱，汉廷无力直接派兵征讨，遂拜朱儁为交趾刺史，"令过本郡简募家兵及所调，合五千人，分从两道而入"，大获全胜。朱儁是会稽上虞人，"本郡"应指会稽，说明朱儁故家原已有"兵"，于是第一支由汉朝朝廷认可的带私人性质的武装就代表官方远征。这支半是家兵半从地方征调的军队一直跟着朱儁，百战黄巾，我们别忘记当初孙坚所部也在其中。其后黑山贼张燕"渐寇河内，逼近京师"，汉朝无兵能战，又"出儁为河内太守，将家兵击却之"。又《后汉书·袁绍传》载建安初年袁绍受责，上表自明，论列己功，谓何进被害后他公开反对董卓："臣独将家兵百余人，抽戈承明，竦剑翼室……"可以说明东汉末年豪族大臣拥有私人武装并直称之为"家兵"已较普遍，只是一般情况人数不多，大约相当于卫队吧。

"部曲"一词使用上的区别，说明西汉末年的豪族所直接统领者仍以宗族亲属为主，异姓远方投附之人，则多以宾客身份出现。迨至东汉末年，拥有更强人身隶属关系并进行准军事管理的武装组织，成为豪族权门标配，并取行军部伍之专名"部曲"为号。在具体表述中，"部曲""家兵"常与亲属、宗族并列，如《三国志》之《李典传》三次出现"宗族""部曲"并列，《许褚传》谓"少年及宗族"，《任峻传》谓"宗族及宾客家兵"，此可证"部曲""家兵"招募对象已不拘宗族亲属，甚至以异姓乡邻或流附远人为主，招募接纳的主要标准，自然也就由血缘转为武勇与劳动能力。在这里，"家兵"之"家"强调的是私家所属，并非宗族家属之意，如袁术死后，其弟、婿"扶其妻子及部曲男女，就刘勋于皖城"，孙策派周瑜偷袭皖城，"得术百工及鼓吹部曲三万余人，并术、勋妻子"（《三国志·孙策传》注引《江表传》）。同传注引《吴录》所记孙策平定黄祖后上表许昌，谓"祖家属部曲，扫地无余"。《晋书·张光传》：江夏豪族张光"家世有部曲，以牙门将伐吴有功，迁江夏西部都尉，转北地都尉"。张光为魏晋时人，既云部曲乃家世所传，至少可上溯至他的父祖，时代不晚于汉末。这个例子也可证"部曲"专称私人武装，东汉末年已经如此。

但是安居乐业在乱世，尤其在十六国时期的北方几乎是不可能的梦想。宗族乡党也好，部曲家兵也好，乞活流人也好，草泽亡命也好，不争战，则逃难，往往在迁徙流离中辗转多地，命如遗烬。假如说东汉末年豪强地方势力的迅速膨胀导致不少豪族已通过招募异姓远人，组织起以"家"为单位的武装部曲，那么三国魏晋时期连续数百年的战乱，其席卷天下的摧破之力，则不仅将大多数地方豪族强宗连根拔起打散重构，让大多数幸存的平民百姓离乡背井走上逃难迁徙之路，更无一例外地把所有躲入坞堡大山或走在路上的流民集团整体部曲化、军事化。

在路上，在异乡，在生死存亡的考验中，人际关系和社会组织的调整变化甚至重新规范加速发生。

人中吕布：中国养子文化史

行主聚啸记

行主推祖逖，发财找郭默。
许靖坐岸边，流人归石勒。

这是我为当时情状所拟的打油诗。

"闻鸡起舞"的祖逖，现在返场。

祖逖虽出身官僚世家，"北州旧姓"，但少孤。兄弟六人，他并非老大或嫡嗣，也不早慧好学，"年十四五犹未知书，诸兄每忧之"。但此人专为乱世而生，情商高，性格好，有大志，舍得。他轻财好侠，散谷周贫，由此获誉乡党宗族。当京师大乱，家乡眼看待不下去时，就有不少老亲新邻信赖这位祖家三少爷，愿意跟他走。《祖逖传》说：

> 及京师大乱，逖率亲党数百家避地淮泗，以所乘车马载同行老疾，躬自徒步，药物衣粮与众共之，又多权略，是以少长咸宗之，推逖为行主。达泗口，元帝逆用为徐州刺史，寻征军谘祭酒，居丹徒之京口。

亲党数百家该有几千人，祖逖由以前积累的名声和在路上的表现，让大家心悦诚服，被公推为"行主"。《晋书》撰者破例把这个有趣的临时职务大书于正史，而那时类似的"行主"其实不少。自汉末鼎沸至八王乱后，举凡合族自保拒敌、避难迁徙，都需要这么一个可以被宗族乡邻或者亡命流人信赖的人物，来负担起领导、协调的责任，组织在危难中同命运共行动的一群人抱团御侮、长途迁徙。这群人的原始班底，常是一个大家族或大庄园的各式人等，"行主"若非原为强宗势族，必是武艺高强如许褚、刘遐之流，以赈贫济困维护族人或英勇善战御侮有方获得好名声和感召力，最好加上一定的仕宦经历与官方资源。若在太平年份，这种人难以打破血亲的排序成为宗族乡曲的领头羊、话事人，但乱世把实际能力、德行信誉等个人能力、品质抬到首位，"行主"便非其莫属。前如汉末三国之乱出现的许靖、杨俊、常林，后如八王乱后的郗鉴、祖逖、郭默、苏峻等，都属这种类型的"行主"。

许靖原籍汝南（郡治今河南汝南）平舆人，早年为其从弟许邵排斥，"不得齿叙，以马磨自给"，后历仕显宦，惧董卓之诛，南奔扬州，再投会稽太守王朗，"收恤亲里，经纪振赡，出于仁厚"。这批乡里宗族，想必是由中原流移到会稽，或者特意从家乡南下依附他的。孙策渡江击王朗，许靖决定二次迁徙，南走交州，"靖身坐岸边，先载附从，疏亲悉发，乃从后去，当时见者莫不叹息"（《三国志·许靖传》），无疑是一个尽职无私的"行主"。前文提到的河内（郡治今河南沁阳）获嘉人杨俊与温县人常林，也可谓以仁恕智勇被异姓推为"行主"。

八王之乱后，中原汉人如溃堤一样逃向南方，"行主"更显重要，不少出色的"行主"后来成为著名的"流民帅"，以出身高门而领导宗族乡曲言，代表性人物可推郗鉴、祖逖；以纠合流人溃卒与山泽亡命言，则有苏峻、刘遐、郭默、蔡豹等人。

郗鉴是兖州高平（今山东巨野南）人，汉御史大夫郗虑玄孙，早有高名，官至中书侍郎。八王之乱洛阳陷落后，他逃归乡里，"恤宗族及乡曲孤老，赖而全济者甚多，咸相谓曰：'今天子播越，中原无伯，当归依仁德，可以后亡。'遂共推鉴为主，举千余家俱避难于鲁之峄山"。后被晋元帝任命为兖州刺史，镇邹山，邹山即峄山（今山东邹县）。第一次迁徙距离不远，基本是从兖州高平国的北界向东偏北平移到高平与鲁国的边界上。这支在宗族部曲基础上发展起来的部伍在日寻干戈饥

馑严重的情况下站住脚跟，三数年间"众至数万"（《晋书·郗
鉴传》），后来东晋皇室为抗拒王敦，征郗鉴入朝，旋拜安西将
军，兖州刺史，都督扬州江西诸军、假节，镇合肥。他的数万
部众自然随他从山东再次南迁至江淮之间的重镇合肥，这次可
是长途迁徙，如田余庆先生所论："从郗鉴本人说来，他虽然
可以在王敦之乱中为朝廷奥援，但不能脱离随他南来的兖州流
民群体，否则他将失去资实，一事无成。"[1]

第二个类型的"行主"，郭默可为代表，《晋书·郭默
传》说：

> 郭默，河内怀人。少微贱，以壮勇事太守裴整，为
> 督将。永嘉之乱，默率遗众自为坞主，以渔舟抄东归行旅，
> 积年遂致巨富，流人依附者渐众。抚循将士，甚得其欢心。

郭默的出身，有类三国时"以武勇给并州"的吕布、张扬、
张辽们，而他也直接以督将身份率遗众自保，既抗羯胡，亦打
家劫舍。所谓"东归行旅"，大部分就是逃难北来的流人，可
谓劫流养流。身为流人，倒霉送死，遇郭默；乞活发财，投郭
默。大家碰运气，看着办。

其实，这话对包括郗鉴、祖逖、苏峻、郭默在内的几乎所
有流民帅都通用，因为不管原班底是宗族乡曲还是遗众流人，
长途迁徙的流民集团为求路上自存，异乡立足，都无一例外必
须兵民合一，走军事化的路。郗鉴守邹山时，兖州地面除了
"徐龛、石勒左右交侵"，还有刘琨任命的兖州刺史刘演的部队，
如果郗鉴没能将所领宗族乡人改造成可以打仗的"部曲"，早

---

〔1〕 田余庆：《东晋门阀政治》，北京大学出版社，2012，第53页。

被吞灭了。

庾衮率众保禹山，则简直是一个变太平百姓为乱世部曲的绝佳范例。

庾衮为颍川鄢陵人，家族贵盛，侄女庾文君为东晋明帝皇后。《晋书·孝友传》云：

> 齐王冏之唱义也，张泓等肆掠于阳翟（今河南禹县），衮乃率其同族及庶姓保于禹山。是时百姓安宁，未知战守之事，衮曰："孔子云：'不教而战，是谓弃之。'"乃集诸群士而谋曰："二三君子相与处于险，将以安保亲尊，全妻孥也。古人有言：'千人聚而不以一人为主，不散则乱矣。'将若之何？"众曰："善。今日之主，非君而谁！"衮默然有间，乃言曰："古人急病让夷，不敢逃难，然人之立主，贵从其命也。"乃誓之曰："无恃险，无怙乱，无暴邻，无抽屋，无樵采人所植，无谋非德，无犯非义，戮力一心，同恤危难。"众咸从之。于是峻险厄，杜蹊径，修壁坞，树藩障，考功庸，计丈尺，均劳逸，通有无，缮完器备，量力任能，物应其宜，使邑推其长，里推其贤，而身率之。分数既明，号令不二，上下有礼，少长有仪，将顺其美，匡救其恶。及贼至，衮乃勒部曲，整行伍，皆持满而勿发。贼挑战，晏然不动，且辞焉。贼服其慎而畏其整，是以皆退，如是者三。时人语曰："所谓临事而惧、好谋而成者，其庾异行乎！"

祖逖同样在南下路上就把宗族改造成部曲，而且一直保持军事建制和战力。其后北伐，他"仍将本流徙部曲百余家渡江"（《祖逖传》）。

当时的坞堡屯聚流民集团，多数曾在北方抗拒胡羯，后

　　　　　　　人中吕布：中国养子文化史

来大部分被刘璁、石勒所并，所谓"中州流人悉降于勒"（《晋书·成帝本纪》）。没被消灭归并的陆续南下，麇集在长江以北和淮河流域之间，虽受东晋委署，彼此又难以真正信任，原因也正出在武装化上。因为"他们所统的武装力量长期相随，多少具有私兵性质。东晋朝廷不得不重视他们，又不敢放心大胆地使用他们"[1]。一个办法，就是尽量禁止他们的部伍跨过长江。再者，这批流民帅中除郗鉴出身高门又"以儒雅著"外，其他人"或者门户不高，或者虽有门户背景但本人不具备名士风流旨趣，与东晋政权及当朝士族是格格不入的"[2]。缘此，流民集团普遍与东晋政权若即若离，"雄踞一方，各行其是，无王法亦无军纪，有的还要靠打家劫舍、拦截行旅以筹给养"[3]。不但郭默行劫，祖逖过江后，大养暴桀勇士为宾客义徒，甚至放纵他们在东晋都城建康行劫，《世说新语·任诞》直谓"祖于时恒自使健儿鼓行劫钞，在事之人亦容而不问"。西阳王司马羕统流民于江西时，同样放纵部属"断江劫掠"（《晋书·陶侃传》）。郗鉴本人，杀人越货之事亦自不免[4]。

跟哪个流民帅可以发财，我们不管，流民集团的普遍部曲化、军事化，却直接、全面地冲击原来最为重要的宗族血缘关系，出现诸多对后世影响深远的变化。应运而生的，不仅是一批原来仅按血缘或社会阶层排序无法上位的"行主"，更有养子皇帝闪亮登场，府兵制也于此孕育。

---

[1] 田余庆：《东晋门阀政治》，第46页。
[2] 同上。
[3] 同上书，第47页。
[4] 《真诰》卷八《甄命授第四》："郗回（即郗鉴子愔，字方回）父无辜戮人数百口，取其财宝，殃考深重。"《真诰》，陶弘景撰，赵益点校，中华书局，2011，第131页。

寿阳劫

家，在路上；家，在战场。"家"或曰"户"，是三国魏晋"部曲""流人"集团的基本单位，也是战争掠夺的主要对象。

以《晋书》为例，如：

《褚裒传》："明年，率数千家将谋东下，遇道险，不得进，因留密县。"是宗族乡曲避乱迁徙，以家为单位。

《姚兴载记》："徙汉中流人郭陶等三千余家于关中。"

《杜弢传》："时巴蜀流人汝班、蹇硕等数万家，布在荆湘间，而为旧百姓之所侵苦，并怀怨恨。"

《石季龙载记》："率乞活数万家保于上白。"

此是流人、乞活全家而迁。

《孝愍帝纪》："平夷太守雷照害南广太守孟桓，帅二郡三千余家叛降于李雄。"

《张天锡传》："羌廉岐自称益州刺史，率略阳四千家背苻坚就李俨。"

《沈佺期传》："佺期自湖城入潼关，累战皆捷，斩获千计，降九百余家……"

《天文志》："（咸康）四年二月，石季龙破幽州，迁万余家以南。五年，季龙众五万寇河南，略七千余家而去。"

《秃发利鹿孤载记》：南凉秃发傉檀奔袭后凉都城姑臧，"虏八千余户而归"。

以上诸例，是叛投攻掠以家为功获。盖长期战乱，人口锐减，城社丘墟，有地无人，既如鬼域，遑论赋税所出？休养生息，非民莫振，民非家莫属。否则，战胜的一方更乐意干的事是"男夫尽杀，妇女赏军"（《秃发傉檀载记》），西秦国君乞伏炽磐攻破南凉都城乐都，就是这样干的。

《段匹磾传》：东部鲜卑原"据有辽西之地"，为后赵石季

人中吕布：中国养子文化史

龙所破，"徙其遗黎数万家于司雍（司州、雍州，大约今之陕西、河南）之地"。

《姚泓载记》："初，兴（后秦皇帝姚兴）徙李闰羌三千家于安定（今甘肃镇原附近），寻徙新支。至是，羌酋党容率所部叛还，遣抚军姚赞讨之。容降，徙其豪右数百户于长安，余遣还李闰。"

《秃发傉檀载记》："傉檀伪游浇河，袭徙西平、湟河诸羌三万余户于武兴、番禾、武威、昌松四郡。"又平定并州、定阳、贰城诸地匈奴族帐之叛，"徙其豪右万五千落于雍州"。

此是北方十六国对战败、归款的种族强制迁徙与分拆。计其大法，第一种是将部族的首领、贵族阶层迁离原乡，异地羁縻之。苻坚之祖苻洪世为西戎酋长，氐族首领，本居略阳临渭（今甘肃天水），先降前赵刘曜，后归石季龙，主动建议石季龙"徙关中豪杰及羌戎内实京师"，并愿意带头，石季龙当然高兴，"以洪为龙骧将军、流人都督，处于枋头（今河南浚县西）"。石季龙死，石氏乱，其子苻健根据父亲遗嘱，带领氐族贵族"鼓行而西"（《苻洪载记》），回据长安争天下。第二种就是成规模强迁异族家口填本境空虚之地，后赵石季龙移鲜卑、后秦姚兴首次徙李闰羌、南凉傉檀袭徙诸羌，皆是。

《姚苌载记》："西州豪族尹详、赵曜、王钦卢、牛双、狄广、张乾等率五万余家，咸推苌为盟主。"是拥众起兵以"家"为单位。

《石季龙载记》："始平人马勖起兵于洛氏葛谷，自称将军。石苞攻灭之，诛三千余家。"是当时以极端手段消灭反抗者，也以"家"为单位。

这种特点，与播迁的族群、流民集团的普遍部曲化、军事化互为表里，共同作用，一是必然导致"耕战合一""农兵一体"。因为家庭是社会的基本细胞，是生产和生活的基本单位，不管在迁徙途中，还是据守坞堡，生存生活仍需继续，耕作生产与自卫攻掠如犁与刀，不可偏废。其二，以家庭为单位的部曲、流民集团在长途播迁与攻战求存中很容易发育成为独立自足的封闭半封闭团体，相应的，部曲、流民武装也就带有"私军"性质，首先听命、效忠于"行主"，或曰部曲将、流民帅。天下未定时，割据政权要利用这些集团的力量靖边抗敌，天下已定，行主、流民帅大都转为权贵阶层，政府的财税制度，也不得不为此做出相应让步。事实上，自魏晋历南北朝乃至隋唐，名之为部曲者，基本没列入编户，或者虽占籍而不向、少向州县纳税。一千来年后，在北宋保守官僚的代表司马光为反对王安石以学习"古之兵制"，即所谓"府兵制"为说辞实行乡兵保甲制的上疏中，我们可以读到迂涩却基本属实的表述："古者兵出民间，耕桑所得，皆以衣食其家，故处则富足，出则精锐。今既赋敛农民粟帛以给正军，又籍其身以为兵，是一家而给二家之事也。如此，民之财力安得不屈？"（《宋史·兵志四》）

西晋末迄东晋期间发生的几件事，正与部曲、流民武装的"私军"性质直接关联。

第一件事，"耿奴之乱"：一个按捺不住性子的晋朝大员，与一个深得人心的部曲督对赌了人头。

《褚翜传》说，王玄代褚翜为梁国内史，"时梁国部曲将耿奴甚得人情，而专势，翜常优遇之。玄为政既急，翜知其不能容奴，因戒之曰：'卿威杀已多，而人情难一，宜深慎之。'玄纳翜言，外羁縻奴，而内怀愤。会迁为陈留，将发，乃收奴斩之。（褚翜）奴余党聚众杀玄"。此事发生在西晋愍帝建兴初年，当在314—315年间，离愍帝被杀西晋灭亡不到两年。而早在永嘉五年（311）洛阳陷落前，兵乱与饥荒已席卷中国北方，大规模流民潮已经开始。褚翜本人则在永嘉六年（312）"率数千家将谋东下，遇道险，不得进，因留密县（今河南密县北）"，

　　　　　　　　　人中吕布：中国养子文化史

暂到司空荀藩所建行台任职。耿奴之乱发生后不久，他就东渡转投司马睿。可以猜测当时耿奴所辖部曲多为流民。

第二件事是"田防之叛"：一次剧情已经非常接近唐朝藩镇拥兵拒代的三脚猫行动。

刘遐是出色的流民帅。他是冀州广平人，"值天下大乱，遐为坞主，每击贼，率壮士陷坚摧锋，冀方比之张飞、关羽"。他长期带领部伍在江北抗击羯胡，后主动接受东晋政权节制，历任龙骧将军、下邳内史、临淮太守，并因助平周抚、徐龛、苏峻等坞主流民帅的叛乱，被重用为北中郎将、徐州刺史，但建康政权对他始终存有戒心。咸和元年（326）刘遐一死，晋成帝即以其子刘肇年幼为由，派郗鉴继任徐州刺史，又委派另一流民帅出身的将领郭默为北中郎将，"领遐部曲"，把军权与方面之任分离。叛乱于是发生："遐妹夫田防及遐故将史迭、卞咸、李龙等不乐他属，共立肇，袭遐故位以叛。成帝遣郭默等率诸郡讨之。默等始上道，而临淮太守刘矫率将士数百掩袭遐营，迭等迸走，斩田防及督护卞咸等，追斩迭、龙于下邳，传首诣阙。遐母妻子参佐将士悉还建康。"叛乱被轻松平息，其实并非田防们不堪一击，而是刘遐的妻子起了关键作用。刘妻为西晋冀州刺史邵续之女，真正的将种，骁果善战，曾亲率骑兵从石季龙重围中救出丈夫。她大概不想晚节不保，或者清楚力量悬殊，出面阻止田防叛乱，并用计烧毁兵器甲杖。东晋政权仍以勋臣家眷厚待她，把她和儿子一起安排到都城建康养老。

第三件事，大约发生在刘遐死后二十多年的东晋北方边防要塞上。《晋书·殷浩传》："初，降人魏脱卒，其弟憬代领部曲。姚襄杀憬，以并其众。"北来降人当然是流民集团。简单的记述传递出来的重要信息是流民部曲的完全家族化、私兵化。

第四件事，是晋史上公认的奇冤、惨剧，不妨名之曰"寿阳之屠"。

太和四年（369），桓温率众北伐，因轻敌冒进惨败于枋头，为推卸责任，归罪于时任豫州刺史的袁真，表废袁为庶人。袁真据城自守，不久病死。其将朱辅立袁真之子袁瑾嗣位，北方军阀慕容暐、苻坚也派军队来援，都被晋军击败。桓温亲自率兵包围寿阳，破城后，生擒袁瑾，"并其宗族数十人及朱辅送于京都而斩之，瑾所侍养乞活数百人悉坑之，以妻子为赏"。"侍养乞活数百人"实质上已是养子兵团，后面再论。桓温下手为何这样狠，不只是转嫁罪名那么简单，田余庆先生在分析东晋谢氏家族的谢尚、谢万继任豫州刺史却未能真正扎根的原因时指出："桓温强大，不会容许在豫州形成一支独立存在的强大武力，后来桓温蓄意与在豫州的袁真为敌，不惜兵戎相见，就是证明。"[1]

回头细读《三国志·吴书》，我们还有理由提出一个新的见解：与桓温不惜冒天下骂名攻灭袁真所部一样，东晋政权深忌这批"私军化"严重的北来部曲、流民集团，可能还有一个更深层的原因，怕他们太服水土，与之前东吴政权在吴越地区奉行多年的"家兵"或者说"父兵承袭制"内外相应，打破东晋士族政权中北来权贵与吴地旧族之间脆弱的平衡，酿成新的动荡。

山越不是贼

就目前所知史料，东汉末期，2世纪前后，生活在中国南

---

〔1〕 田余庆：《东晋门阀政治》，第 202—203 页。

人中吕布：中国养子文化史

方山区的百越诸族或汉人，多为聚族而居的武装组织，未受王化，成为编户，是为"山越"。东吴孙氏为征服、改造"山越"，并与江东豪族更好地合作，对早已存在的"家兵""私兵"给予适当承认、利用和制度配套，形成有别于魏、蜀的社会结构和兵制特色。

根据《后汉书》所载，募"家兵"为政府军远征平叛，始于原籍会稽的汉末名将朱儁。联系到东吴政权的开创者富春人孙坚第一次带兵北上，正是应朱儁之荐，他在江淮间转任三地县丞"抚接如子弟"培养出来的那帮乡里少年，自然成为朱儁所部有生力量。不排除还有别的像孙坚那样的江淮吴越有力人物带着宾客亡命加入朱儁部队。《后汉书·朱儁传》既直称朱儁从本郡所募军队为"家兵"，则当日孙坚所部也可如此称呼。"家兵"先出吴越，究竟是巧合，还是南方殊相？答案还得从《三国志·吴书》中找。

按照廿五史体例，《三国志》与《旧五代史》等乱世史一样，是不完全的断代史，有传无志，我们无从系统完整地了解魏、蜀、吴三国兵制的具体内容，但综合《三国志·吴书》相关记述，可以确定的东吴兵制最大特点，是武将之后除袭爵之外，往往还有子承父兵一项，学界有个说法，叫"世袭领兵制"。类似的做法，不见于《魏书》《蜀书》。

东吴"家兵"或曰"父兵"的记述始于孙坚。东汉初平三年孙坚在襄阳遇刺身亡，其侄孙贲率所部归于袁术。两年后即兴平元年（194），孙坚之子孙策投奔袁术，请求袁术归还其父旧部，《三国志·孙策传》谓"术甚奇之，以坚部曲还策"。而从裴注所引《吴历》《江表传》资料，可知袁术并没那么爽快，第二次才答应孙策要求，"以坚余兵千余人还策"。

东吴立国后，"袭爵承兵""还其父兵"之类的表述经常出现，如：

周泰死后，"子邵以骑都尉领兵……黄龙二年卒。弟承领兵袭侯"（《周泰传》）。

蒋钦之子蒋壹战死，"壹无子，弟休领兵"（《蒋钦传》）。

凌操战死，其子凌统年方十五，"左右多称述者，权亦以操死国事，拜统别部司马，行破贼都尉，使摄父兵"。后凌统病亡，其子凌烈、凌封都只有几岁，"权内养于宫，爱待与诸子同"。长大后，"追录统功，封烈亭侯，还其故兵。后烈有罪免，封复袭爵领兵"（《凌统传》）。

《吕蒙传》的例子，更可说明子承父兵是东吴行之有序的成法或曰惯例，若将帅死而子不得承兵，则意味着放废。成当、宋定、徐顾三将所部与吕蒙驻军相近，"三将死，子弟幼弱，权悉以兵并蒙。蒙固辞，陈启顾等皆勤劳国事，子弟虽小，不可废也。书三上，权乃听。蒙于是又为择师，使辅导之，其操心率如此"。吕蒙保育同袍遗孤，不夺其父兵，有如孙权之待凌统幼子。

周瑜卒，其子周胤"授兵千人"，后有罪被废为庶人。周瑜之侄周峻，"亦以瑜元功为偏将军，领吏士千人"。后来诸葛瑾、步骘等大臣曾联名上疏为周胤求情，请求孙权念及其父大功，"乞匄余罪，还兵复爵"，兵、爵并举，知为二事。孙权答诏亦二事分应："昔胤年少，初无功劳，横受精兵，爵以侯将，盖念公瑾以及于胤也。"（《周瑜传》）

子承父兵的制度至东吴后期行之不废。陆逊死后，"子晏嗣。晏及弟景、玄、机、云，分领抗兵"（《陆逊传》）。孙权死后，邓艾曾对司马师分析东吴形势："孙权已没，大臣未附，吴名宗大族，皆有部曲，阻兵仗势，足以建命。"（《邓艾传》）《钟会传》另有一条材料，东吴大将全琮乃"孙权之婚亲重臣"。司马师围诸葛诞于寿春，"琮子怿、孙静、从子端、翩、缉等，皆将兵来救诞。怿兄子辉、仪留建业，与其家内争讼，携其母，

　　　　　　　　人中吕布：中国养子文化史

将部曲数十家渡江，自归文王"。全琮二子三侄"皆领兵来救"，或因全琮死时，其家兵由子侄分领。

又，这些材料与《孙策传》所谓袁术归还孙坚部曲合读，可证当日所谓部曲，全部或绝大部分为士兵及其家属，就东吴而言，或亦即为可以由父传子之家兵。

部曲或曰家兵的数量，从一些间接的资料，可以判断不会很多，规模控制在三到四位数。《陈武传》说，陈武之子陈表"以父死敌场，求用为将，领兵五百人"。陈表死后，"子敖年十七，拜别部司马，授兵四百人。敖卒，脩子延复为司马代敖"。这可能是较少的。周瑜死后，孙权按其遗意让鲁肃继主其事，"即拜肃奋武校尉，代瑜领兵。瑜士众四千余人，奉邑四县，皆属焉"（《周瑜传》）。周瑜为东吴元勋和军政首领，揆之情理，所领"士众"或曰自领部曲的数量，应属最高一阶，然不过四千多人，加上一子一侄所授兵，也就六千。"士众"还可能包括士兵家属及宾客仆隶之类人员。至于部曲，既以家为单位，即与当时家庭的一般规模有关。余嘉锡释《晋书·食货志》关于官员可按不同品阶占有数量不等的佃户的规定时说："假设二十余人为一户，则五十户可至千余人矣。"[1] 余氏之说，恐为高估。盖两汉主要的家庭形态是"小家族家庭"。《汉书·食货志》引晁错所言，谓"农夫五口之家"；应劭《风俗通义》引《春秋井田记》："五口为一户"；许倬云、杜正胜、葛剑雄等人的考证，表明两汉以夫妇及其子女组成的核心家庭为主，且人的平均寿命不过三四十岁。东汉风俗渐受儒家文化影响，奉父母同居乃至兄弟共财的"供养""同居"型家庭渐多，然也不过加上父母或一二同产兄弟。魏晋家庭有扩大化趋势，社会更

---

〔1〕 余嘉锡：《世说新语笺疏》，中华书局，2011，第 295 页。

加提倡大家庭。另外古代生产力较低，家庭规模太小不利于生产，从一些民族学方面的例子看，一般以十二三口而有七八个劳力为适中，此即三四个小家合并的规模，称"户"更准确[1]。"百口之家"现象从魏晋开始多见，但一般不代表家庭的自然构成，而是贵族官僚家庭包括了不单独立籍的奴婢、部曲、客女、佃客、典计、衣食客等非血缘关系的同居人口及附庸家庭。西晋石崇有"苍头八百人"，及其被灭族，"母兄弟妻子无少长"也不过十五人[2]。《走马楼吴简》有一些简文涉及户口统计资料，如"集凡五唐里魁周□领吏民五十户口食二百八十九人（肆·380）""集凡东里扶魁邓（？）□领吏民户五十五口食二百七十七人（肆·428）"，第一条简文显示平均每户为5.78人，第二条显示平均每户5.03人[3]。东吴属两汉至魏晋中间阶段，且其时天下穷兵，诸将部曲宜以士兵及其家庭为主，虽有军屯而非首务，与西晋品官佃客和东晋豪门僮客多有区别。

"家兵"何以在中国南方的吴越之地发育甚早？东吴政权何以一直支持、执行"子承父兵"、世袭领兵的制度呢？答案或可从"山越"问题中找。

何谓山越？

汉灵帝建宁二年（169）九月，"丹阳（杨）山越（贼）围太守陈夤，夤击破之"。这条材料出现在《后汉书》和《资治通鉴》中，是"山越"之为专名在正史首次出现。胡三省注："山越本亦越人，依阻山险，不纳王租，故曰山越。寇扰郡县，盖自此始。其后孙吴悉取其地，以民为兵，遂为王土。"这个

---

〔1〕 参阅阎爱民：《汉晋家族研究》，上海人民出版社，2005，第283—284页。

〔2〕 同上书，第298页。

〔3〕 转引自［日］柿沼阳平：《从走马楼吴简看孙吴的中央集权化和军制》，见《中国魏晋南北朝史学会第十届年会暨国际学术研讨会论文集》。

人中吕布：中国养子文化史

解释今天读来仍最为准确简练，且把三国时期孙吴政权解决山越问题的目的、办法、效果基本交代清楚了。

"山越"本是中国古代南方越人各族的总称，固非一地一族之专名。两汉时期包括江东在内的中国东南，开发程度远低于中原，又未像北方那样经过长期混战而消耗有生力量。百越诸族本是这片土地原住民，宗族众多，不相统辖。在两汉的用兵和持续开发中，居于平原地区的部族首先被纳入编户，逐渐汉化，大量散居山区的部族宗族尚在"王化"之外，且普遍拥有武装组织，即鄱阳太守周鲂所谓"山兵"（《三国志·周鲂传》）。建宁二年之后，"山越"及与其有关的记述即频频出现。建宁三年，"会稽人许生自称'越王'，寇郡县，遣扬州刺史臧旻、丹阳太守陈夤讨破之"（《后汉书·孝灵帝纪》）。孙坚父祖无闻，本人出身吴郡富春势家，以武勇召署假尉，出身之途初无异于吕布、张杨。离"越王"许生被讨破不到二年，熹平元年，许生之子许昌复起兵为乱，孙坚讨破之，以功除盐渎县丞。出身低微的孙坚，靠平定山越之乱崛起于行伍，以此而言，孙氏政权一开始就是以代表中央集权征讨东南未归王化的山中聚落部族的角色进入历史的。其时只要不愿归属东汉帝国，不为编氓，纳税出兵，不管是诸越还是避难入山的汉人，是强宗大族还是草间蛮獠，不管地在吴越荆楚还是远至交广，通可谓"山越"，这个标准，自汉末至唐宋未变，本无可疑。孙吴初定江东，虽曰拥有六郡之地，境内却山越棋布，严重空心化。只有不断向腹地山区进攻，征服一个个武装屯聚的山民宗族，夺其地，赋其民，征其兵，才能逐渐夯实统治，培养国力，以抗蜀、魏。借用一个现代的说法，孙吴是地道的殖民者、入侵者，历史赋予其继续开发东南之任。赤壁之战，黄盖诈降，给曹操写信，说孙氏政权不自量力，"用江东六郡山越之人，以当中国百万之众，众寡不敌，海内所共见也"（《三国志·周瑜传》

裴注引《江表传》)。《三国志》卷六十的几位传主，均是在征服山越中功勋卓著的孙吴名将，史臣总评："山越好为叛乱，难安易动，是以孙权不遑外御，卑词魏氏。"据《三国志》所载，孙坚、孙策、孙权均亲征山越，东吴将领参加过对山越战争的计有太史慈、吕范、程普、黄盖、祖茂、韩当、潘璋、董袭、凌统、步骘、蒋钦、贺齐、周鲂、胡综、陆逊、吕岱、吾粲、唐咨、朱桓、孙休、孙辅、周泰、诸葛恪、顾承、陈表、钟离牧、全琮、丁固、诸葛靓、张承、陆凯等数十人。一部东吴史，半关山越事。

从宗族家国与拟亲关系的角度来考察山越对东吴政治经济的影响，可以更好地厘清所谓"世袭领兵制"的成因与实质，把握东吴农兵、屯田等诸多史料比较模糊的问题，溯源"私兵""子弟兵"的基因，看到后世"府兵制"的缘起。

《三国志·吴三嗣主传》引《晋阳秋》说：王濬克建邺，收吴图籍，计有男女共二百三十万，兵二十三万。而"来自山越的兵有史可稽者，就达十余万，约占吴兵一半"[1]。扩军强兵以与魏蜀争雄，历来是东吴征讨山越一个重要目的和积极政策。陆逊谓"山寇旧恶，依阻深地"，通过征讨，"可大部伍，取其精锐"，他本人和丹杨贼帅费栈交战，大获全胜后，"遂部伍东三郡，强者为兵，羸者补户，得精卒数万人"(《陆逊传》)。顾承"与诸葛恪等共平山越，别得精兵八千人"(《顾承传》)。凌统更直接以占户募兵为目的开展军事行动："统以山中人尚多壮悍，可以威恩诱也，权令东占且讨之……统素爱士，士亦慕焉。得精兵万余人。"(《凌统传》)

山越究竟是平民还是匪寇反贼？既然能提供那么多的兵

---

〔1〕 李天雪：《"山越"辩析》，《社科纵横》2003 年 6 月。

人中吕布：中国养子文化史

员，何以总体不堪一击？答案是，第一，大体而言，山越不是贼。如前所述，他们只是"不纳王租"的山居之民。第二，山越不是零散山民，而是山中坞堡屯聚，以户为单位聚族而居，少者百千家，多者逾万户，内部同样主要通过血缘、宗法来维持，且也如汉族地主大庄园一样，要训练壮丁乡兵以御侮自卫，农战合一、兵民一体，偶尔下山抄掠，甚至伺机作乱。山越的宗族豪强，同时亦是武装力量的领袖、将领，这种人在《三国志·吴书》中往往被称为"帅""大帅""贼帅"，所辖以"户""家"为单位，如《贺齐传》："歙贼帅金奇万户屯安勒山，毛甘万户屯乌聊山，黟帅陈仆、祖山等二万户屯林历山。""吴郡余杭民郎稚合宗起贼，复数千人，齐出讨之，即复破稚，表言分余杭为临水县。"《周鲂传》："钱唐大帅彭式等蚁聚为寇。""鄱阳大帅彭绮作乱。""帅……户"这样的句式，绝好显示其宗族武装与农兵合一的性质。"合宗起贼"这一绝无仅有的组合，更直接催生一个让人失笑的新词"宗贼"，说明山越普遍以强宗大族抗拒国家集权的控制。当我们再一次在《南史》读到"合宗起贼"的隔世回响"富阳孙氏聚合门宗谋逆"（《褚淡之传》）时，时间已是两百多年后的南朝宋文帝景平二年（424）。这些山中的宗族武装，若未如北方豪族那样参与野战或因迁徙自卫得到充分的实战锻炼，不过民丁乡兵，虽其人"壮悍"，毕竟器械、经验、运动能力都远不敌训练有素的东吴正规军，因此所在克平。既平之后，惯例是先取强壮为兵，二籍弱户为民，并在征服之地增乡设县，置吏纳租。

诸葛恪采用坚壁清野、困而不剿的办法征服丹阳纵深地区的山民，是有代表性的成功案例：

> 恪以丹杨山险，民多果劲，虽前发兵，徒得外县平
> 民而已，其余深远，莫能禽尽，屡自求乞为官出之，三年

可得甲士四万。……恪到府，乃移书四郡属城长吏，令各保其疆界，明立部伍，其从化平民，悉令屯居。乃分内诸将，罗兵幽阻，但缮藩篱，不与交锋，候其谷稼将熟，辄纵兵刈，使无遗种。旧谷既尽，新田不收，平民屯居，略无所入，于是山民饥穷，渐出降首。……岁期，人数皆如本规。恪自领万人，余分给诸将。

《诸葛恪传》

诸葛恪征服、收编丹阳深远山地的山民后，自领万兵，余分诸将，说明武将或地方官吏征服、诱出山越，得将全部或一部收编为自领之兵或曰部曲，也间接证明孙吴政权为鼓励将领积极征讨山越，并有效利用愿意合作的土著强宗，制订有特殊的奖励或招抚办法。东吴诸多重臣名将出身吴越本地强宗大族，如陆逊、顾雍、全琮等；贺齐、朱治等人亦原为郡县吏，又《贺齐传》：县吏斯从乃山越所附的本县大族，可见东吴的中下层官吏多有地方宗族甚至山越强宗的背景。有了这样的惯例或政策，加入孙吴政权的江东大姓就可直接将原辖或归附于己的山越的一部分保留为家兵（私兵）、部曲或奉邑之民户。王大胜谓"孙权最终不得不选择联合江东大姓共同对付山越、宗贼……不得不承认江东大姓的诸多特权，其中最重要的就是世袭领兵权"，"孙权政权江东化大约在建安末黄武初完成，显著标志是陆逊代替江北人为上流统帅，顾雍始居相位。这个时候三国鼎立局面已形成且相对稳定，世袭领兵制也在此时得到确立"[1]。这种判断是颇有见地的。

---

[1] 王大胜：《东吴世袭领兵制形成于何时》，武汉大学出版社，《魏晋南北朝隋唐史资料》（第十三辑），1994 年。

　　　　　　　　　　　　　人中吕布：中国养子文化史

从家兵到府兵：顾众，鲁悉达，曾国藩

将清东吴家兵制或曰"世袭领兵制"与解决"山越"问题的关系，有重要的学术意义。

其一，可以准确理解"家兵制"与东吴社会结构、历史进程的本质联系，并评估其作用和实际影响。

东吴政权自始至终未因家兵和子承父兵制的存在引致动乱，反之，它们还促进了东吴对内用兵的平稳推进与孙氏集团内部的团结合作。它们是集权控制与宗族力量、地方自治三方面因素在长期博弈中积极互动形成的制衡机制，是可以控制的权力让渡。部曲或曰军户之军士携带家属、军屯的开展等，也可视为提高军队战斗力和以兵养兵降低成本的一种尝试。诸多相关史料表明，"子承父兵"从惯例到制度化，经历了一个渐进的过程，这个过程基本由孙氏集团的掌门人主动把握；家兵、部曲的数量不多，政权中枢一直拥有完整的调兵权和由中央直接控制的占压倒优势的主力部队；而且，在"世袭领兵制"中，拟亲关系的培育和发展也有了更好的环境。

其二，可以更客观全面地理解以"东吴经验"为核心的血缘拟亲——私兵部曲现象对后世的影响。这种影响，近烛东晋南朝，远照隋唐乃至明清，不仅隐伏于兵制演革，有时更关帝国兴亡。事实上，东晋顾众之"潜合家兵"以抗苏峻，南朝鲁氏兄弟之聚众保境，近世曾国藩建立湘军以救清朝，异代同理，脉络宛然。

西晋平吴统一中国仅十多年后即发生八王之乱，中国重陷战乱分裂。不久晋朝皇室旁支司马睿在琅邪王氏的帮助下，依靠吴越旧姓大族的支持在江左重新建国，百年偏安而后亡于刘宋。南朝历宋、齐、梁、陈，至6世纪末始为隋朝统一。西晋统一时间极短，可以说，东晋是在孙吴的旧基上建立起来的，

吴宫花草，装点着东晋衣冠。

《晋书·毛璩传》：毛璩为镇北将军，"海陵县（今江苏泰州海陵区）界地名青蒲，四面湖泽，皆是菰葑，逃亡所聚，威令不能及。璩建议率千人讨之。时大旱，璩因放火，菰葑尽然，亡户窘迫，悉出诣璩自首，近有万户，皆以补兵，朝廷嘉之"，此与诸葛恪平山越的策略与目的基本相同。兹事发生在淝水之战后，说明东晋至中晚期犹凭征讨逋亡以补兵员。

《晋书·周处附周勰传》：两晋之交，吴兴人钱璯反，江南望族、名将周处之子周玘"率合乡里义众"讨平之。周玘"三定江南，开复王略"，但也因"宗族强盛，人情所归"，深招疑惮。周玘密谋政变不成，忧愤而死，后其子周勰又与吴兴郡功曹徐馥相结谋乱，因为"馥家有部曲"。又《顾众传》说，苏峻乱起，义兴太守顾众奔回老家吴郡，"潜合家兵"以举义，临平人范明"率宗党五百人"参战，被任命为参军。《殷仲堪传》说，殷为桓玄所杀，后刘裕起兵，其子殷简之"率私僮客随义军蹑桓玄"。这些例子，说明东晋高官贵族仍普遍拥有部曲、家兵，地方宗族力量强大。此外，方镇离任送兵的陋习，也可视为东吴私兵传统的延续。孝武帝时，中书侍郎范宁上书言时政之失，其中一条是"方镇去官，皆割精兵器杖以为送……送兵多者至有千余家，少者数十户。既力入私门，复资官廪布"（《晋书·范宁传》）。

东晋政权无法有效革除部曲家兵之制，且在王敦、苏峻等强藩入叛时仍需借重这种力量，也由此对北方流民帅所率之私军更为戒惧，生怕两股力量的合流导致真正失控。危险确实存在，周玘、王恢密谋政变时，就企图联结流民帅："先是，流人帅夏铁等寓于淮、泗，恢阴书与铁，令起兵，己当与玘以三吴应之。建兴初，铁已聚众数百人，临淮太守蔡豹斩铁以闻。"临淮太守蔡豹是更有实力的流民帅，后来他自己也被东晋政权借机杀害。但另一方面，作为东晋特有的现象，士族专兵自王敦开始就不复为朝廷所治，兵源正是不断南来的北方流民[1]。

势门养部曲，兵革藏私家，南北两朝均未能禁绝。南梁郭祖深抬棺上表，痛砭时弊，谓"朝廷擢用勋旧……及被任用，皆募部曲"（《南史·郭祖深传》）。《南史·鲁广达传》："时江表将帅各领部曲，动以千数，而鲁氏尤为多。"但我们更需注意积极的一面，如吕思勉所言："此等私家部曲，公家征战，亦多用之。"[2]即部曲家兵基于灵活的招募办法与人性化的管理机制，更易养成精锐战力，中央政权甚至有意支持试点并加以控制利用。以上举南朝郭祖深为例，郭出身梁武帝的宾客义从，强鲠清简。梁武帝以郭祖深为南津校尉，"使募部曲二千……所领皆精兵，令行禁止。……遂大破贼，威振远近"。蔡征的例子更典型，蔡征为陈朝开国勋臣蔡景历之子，深得后主器重，任吏部尚书，"（后主）敕遣征收募兵士，自为部曲，征善抚恤，得物情，旬月之间，众近一万。位望既重，兼声位熏灼，物议咸忌惮之。寻徙中书令。中书清简无事，或云征有怨言，后主闻之大怒，收夺人马，将诛之，左右致谏，获免"（《南史·蔡征传》）。凡收募部曲，多以乡人为主，带有私军性质，忠诚与合作程度高，为将者之顾待抚恤亦宜厚于普通部伍，训练指挥自更迅捷。这个优势，屡试而效。后主一怒即收夺人马，则表示其时中央集权对部曲有完全的控制权，不过想多致养兵之道以强战力而已。

鲁悉达、鲁广达兄弟则把乡兵部曲在乱世保境安众的作用发挥得非常出色。侯景之乱，鲁家兄弟"纠合乡人保新蔡（南新蔡郡），力田蓄谷。时兵荒，都下及上川饿死者十八九，有

〔1〕　田余庆：《东晋门阀政治》，第38页。
〔2〕　吕思勉：《两晋南北朝史》，上海古籍出版社，2005，第1161页。

得存者，皆携老幼以归焉，悉达所济活者甚众。召集晋熙（郡治在今安徽潜山）等五郡，尽有其地……抚绥五郡，甚得人和"。其武装力量一度控制长江中游，后归陈朝。从东晋顾众、南朝鲁氏兄弟到清朝中兴名臣曾国藩的湘军，虽世易时移，影响各异，以地缘宗族为纽带建立军事组织以济众救民，扶倾安邦，机理并无二致。

"东吴经验"对后世兵制也有很大影响，比如府兵制，也在这里简单讨论。

陈寅恪匡驳司马光、欧阳修、叶适之误，谓府兵初起于北朝时乃兵农分离，不同于唐初之兵农合一制，其大致谓：

> 府兵之制，其初起时实模拟鲜卑部落旧制，而部落酋长对于部内有直辖之权，对于部外具独立之势。宇文泰与赵贵等并肩同起，偶为所推，遂居其上，自不得不用八柱国之虚制……依当时鲜卑旧日观念，其兵士尚分属于各军将，而不直隶于君主。……
>
> 宇文泰之建国，兼采鲜卑部落之制及汉族城郭之制，其府兵与农民迥然不同，而在境内为一特殊集团及阶级。北史陆拾所谓"自相督率，不编户贯"……[1]

吕思勉《两晋南北朝史》则谓：

> 案魏（元魏）世军人，多并家属屯聚一处，称之为府。其军人，有专务教练者，亦有兼事耕屯者[2]。

---

[1] 陈寅恪：《隋唐制度渊源略论稿》，生活·读书·新知三联书店，2001，第145—146页。
[2] 吕思勉：《两晋南北朝史》，第1166页。

　　　　　　　　人中吕布：中国养子文化史

鲜卑部落酋长"对于部内有直辖之权,对于部外具独立之势",元魏军人与家属之屯聚,军伍部曲以家、户为单位实行军屯式的农战合一,所有这些北朝兵制——宇文氏初建府兵时最显著的特征,东吴皆已在解决山越问题中形成成熟模式。唐朝废府兵上番为募兵驻边后,"既令诸军召募,投效者非边戍之人,即久戍不归之士;又得移家口,给田地;则边军生事所资,悉在军镇,此将帅所以得挟持之,而中央无以控制也"[1]。这种情形与东吴军户、元魏军府初无本质区别,但不论东吴、西魏还是北周,一是疆域较小于调动无大碍,二是时值天下用兵,驻地与兵帅之移易乃是常态,兵将之间关系一般不会因长期不变而胶固成党,其害不显。唐朝进入相对安定的阶段后,恰恰由于疆域辽阔、边防线过长,上番换防疲于奔命而不得不废弃府兵,相对安定的环境遂使节度使有充裕时间把固定驻地的政府军改造成私军,安禄山养子三千就是一例。世易时移,同制异效,同因异果,这是治史者所应该注意到的演进与区别。陈寅恪之驳,未允精当。

从侍养乞活到淮南伧楚

《世说新语·识鉴》说,王敦起兵犯阙,其后病死,军溃,王含、王应父子在逃命去处上选项不同,王含选荆州,王应选江州。荆、江二州刺史王舒、王彬,均是王敦、王含的从兄弟,但此前王彬曾当面反对王敦起兵犯阙杀害大臣,王应据此认为王彬"能立异同",必不于危难之际迫于朝廷压力出卖兄弟子

---

〔1〕 吕思勉:《隋唐五代史》,上海古籍出版社,2005,第1016页。

侄，但王含主张投奔王舒。最终父亲的意见被执行，结果证明儿子王应正确：父子俩被王舒沉于长江。而江州王彬听说二王欲来投奔，已派出船只准备接应。其时王应还有一个更重要的身份：王敦养子。胡三省因此对王应表示了赞赏："王应之见，犹能出乎寻常。此敦所以以之为后欤？"（《胡三省注资治通鉴》卷九十三）

《晋书·王敦传》说："敦无子，养含子应。及敦病甚，拜应为武卫将军以自副。"王敦养王应，符合无子养同姓昭穆相当者为子的原则，但他对这个侄儿兼养子的分量与能力并未高估。当党羽钱凤建议王敦若死可付"篡晋大业"于王应时，王敦明确表示否定。而据《晋书》所言，养父王敦死后，王应"秘不发丧，裹尸以席，蜡涂其外，埋于厅事中"，仍忙着与诸葛瑶等王敦亲信纵酒淫乐，听来非但缺乏雄才大略，也无德可言。

十六国与东晋对峙时期，王应可谓中国南方最耀眼的养子，若王敦顺利篡晋自立，他有望继登大宝。

若以仅次于养子的拟亲关系"约为兄弟"而言，这一时期江左政权最重要的一对"结拜兄弟"，当推王恭与刘牢之。

王恭以外戚出为兖青二州刺史，镇京口，所部乃当时东晋最精锐的北府军，主帅刘牢之。王恭平时"以才地陵物……虽杖牢之为爪牙，但以行阵武将相遇，礼之甚薄。牢之负其才能，深怀耻恨"。王恭以清君侧为名二度起兵，有人告诉他刘牢之已为敌方收买，他不信，想出一个笼络的办法，"置酒请牢之于众中，拜牢之为兄，精兵利器悉以配之，使为前锋"。但事与愿违，头落得更快。

东晋最有前途的养子和这与政局攸关的兄弟结拜均以悲剧收场，北方却是另一番气象。就所知史料，养子皇帝正是从十六国时期联翩登上中国历史舞台的，从前赵开始，北方一连

人中吕布：中国养子文化史

出了三个半养子皇帝：匈奴刘曜，羯人石季龙，汉人冉闵，高句丽人慕容云。

这是为什么呢？

之前我们已经提到，从汉末开始的长期战乱造成的流离迁徙，全面冲击了以宗族乡曲为基础的农业社会和宗法关系，使个人能力、品德的重要性得到彰显，血缘关系与宗族法权让位于互相救济、互为利用的现实价值，异姓丐养、兄弟结拜等拟亲关系得到前所未有的发育，但发育的程度与空间仍大有区别。

东晋的门阀政治非常讲究门宗血统，所谓"百辟君子，奕世相生，公门有公，卿门有卿……多士丰于贵族，爵命不出闺庭"[1]。异姓养子在士族阶层很难被承认，可以改变门第等级的联姻、军功等途径也受到严格限制。桓温虽位极人臣，但因其父桓彝先世名位不昌，不列名门高族，仍被谢奕戏称为老兵。《世说新语·方正》说，王坦之为桓温长史，桓温想让儿子娶王坦之女儿，王坦之的父亲王述非常生气，一口拒绝。后来两家总算结亲，不过是桓温反过来嫁女。余嘉锡根据当时数个相关例子得出结论："知寒族之女，可适名门；而名门之女，必不可下嫁寒族也。"[2]《晋书·列女传》的二则故事恰好互为注脚：王浑想把女儿嫁给一表人才的"兵家子"，被妻子钟琰阻止，理由是对方尽管人才拔萃，但"地寒寿促，不足展其器用"；周顗之母李氏是个非常能干的美少女，门户显荣，屈嫁安东将军周浚为妾，生三子皆贵，并遵母嘱与后家"亲亲"，汝南李氏"遂得为方雅之族"。军功的作用也有明显局限性，除桓温位极人臣仍被王、谢诸人视为老兵外，另一个中兴大臣

---

〔1〕 王沈：《释时论》，见《晋书》卷九十二《文苑传》。

〔2〕 余嘉锡：《世说新语笺疏》，第293页。

陶侃身后很快门庭冷落，以致"袁宏始作《东征赋》，都不道陶公"（《世说新语·文学》）。

尽管东晋士族阶层如此严防死守，但他们之间的权力斗争毕竟需要最具活力、实力的社会力量的支持。突破血缘壁垒的拟亲组织，已在中下阶层尤其是源源不断南下的流民部伍间，即为高门士族所凌忽的行阵武将、"老兵"劲卒们中间发育起来。其实，早自东吴，类似后世"十三太保""养子军团"这样的拟亲关系、拟亲组织的身影就已频频现身。

孙权死，其少子孙亮立，孙綝专权。孙亮为自保，"科兵子弟年十八已下十五已上，得三千余人，选大将子弟年少有勇力者为之将帅。亮曰：'吾立此军，欲与之俱长'"。此事的先例，大约可上推到汉代的"羽林孤儿"，《汉书·百官公卿表》："又取从军死事之子孙养羽林，官教以五兵，号曰羽林孤儿。"羽林孤儿由国家抚养教习，自然认国如父。而因为年龄的关系，孙亮与这支子弟兵的关系更类似兄弟。而不管父子兄弟，强调的都是忠诚。

孙权之弟孙翊为丹阳太守，为帐下将佐边洪、妫览、戴员等所害，其妻徐氏联结"翊亲近旧将孙高、傅婴等"，并"密呼翊时侍养者二十余人"（《三国志·吴宗室传》注引《吴历》），设计报仇。"侍养"之义，已近丐养。

那时多有为将者倾家财俸禄以养兵，目的是换得部曲更高的忠诚和战斗力，陈武次子陈表是个典型，他"以父死敌场，求用为将，领兵五百人。表欲得战士之力，倾意接待，士皆爱附，乐为用命。……家财尽于养士，死之日，妻子露立，太子登为起屋宅"（《三国志·陈表传》）。

上节我们讲过的数个东晋流民帅的例子，如刘遐死后部曲不乐他属，魏憬代兄领其部曲，都晃动着"丐养""结拜""子弟兵"的身影，"私军"的私，正是建立在这种拟亲关系之上。

寿阳之战，桓温不惜斩尽杀绝，将袁真生前"所侍养乞活数百人"全部就地坑杀，一个重要原因，就是这批人相当于袁真所养的死士，数百人基本就是一个养子营，不杀恐生后患。袁真肯定不是孤例，当时拥有军队的镇将流民帅，均须抚接将士如子弟，并养有一批"死士"级别的亲兵，才能得到拥戴打胜仗，不然很容易失败。王恭平时简慢刘牢之激成其变，谢万任豫州刺史时，因不善抚接将士导致寿春之败，都是反面的例子。尽管如此，谢氏还是通过豫州数年的经营，在军队中打下了基础。后来谢玄在京口组建北府军，募得刘牢之等数名将领，并以刘牢之为参军，任前锋，成为一支战无不捷的精锐部队。刘牢之的父亲刘建曾为豫州旧将，这个渊源，是谢氏家庭控制北府军的关键。北府军最终被刘裕控制，并成为东晋掘墓人，难怪东晋高门士族一直害怕军队的力量真正强大。

再说"乞活"。

乍一看，这个词语奇怪，且明摆着很卑贱。

八王之乱后期，拥戴东海王司马越的幽州刺史王浚带着鲜卑、乌桓之众与并州刺史司马腾一同讨伐成都王司马颖，其后并州饥荒，司马腾离并东来，并州将卒吏民万余人跟随司马腾到冀州就谷求食，号为"乞活"，石勒正是当时被"乞活"将士掠卖到冀州为奴的羯胡之一。因为这个渊源，石勒与司马越一系是死敌，起兵后与匈奴首领刘渊一起支持司马颖，其后司马颖败亡，刘、石在北方节节取胜，而司马越一系则在南方站稳脚跟。"乞活"势力大部分留在北方抗击刘、石，小部分陆续南下。这批人为百战仅存，战斗力非同一般，成为流民帅主力和东晋兵员的主要来源，所以袁真以"乞活"为侍养亲兵，不是孤例。

我们随着"乞活"的来路，把考察的重点移回到曹魏、西晋、十六国活动的主场中国北方。

历史草蛇灰线,却紧铰如链。汉高祖刘邦当初从白登脱围,决定对匈奴采取怀柔政策,既"妻以宗女",又"约为兄弟"。斯时刘邦肯定想不到会因此在匈奴部族中繁衍出一脉自觉姓刘的贵胄,身后五百年更冒出一个自称"汉氏外甥"的枭雄:内附匈奴五部首领,后来成为前汉皇帝的刘元海。刘元海口口声声称刘邦为"我太祖高皇帝",要让汉室继续血食,实际上却直接开启十六国之乱,且对西晋精英基本采取种族灭绝政策,导致成千上万汉人绝命锋镝,中原汉族几近灭绝。

我们且不管刘元海这位"狠外甥"干了什么,他面对乱世亮出"通婚和亲"与"拜把结义"这条双股叉,却真是互救灵符、纵横利器。

刘遐以勇壮善战成为坞主,名闻冀州,人比为张飞、关羽。"乡人冀州刺史邵续深器之,以女妻焉,遂壁于河济之间,贼不敢逼。"(《晋书·刘遐传》)后来率众东渡,成为东晋名将。

在南方,东晋的高门大族一方面严格限制婚于非类,即与寒门通婚,一面彼此之间嫁女娶妇不亦乐乎。在北方,通婚和亲更是结援筹码、外交手段。前秦皇帝苻登为姚兴所败,退入马毛山,最后的办法就是派儿子苻宗"质于陇西鲜卑乞伏乾归,结婚请援"(《晋书·苻登载记》)。

为和亲,北燕国君冯跋远嫁女儿乐浪公主于柔然可汗。

其时北方遭受的破坏与动荡远比南方厉害,作为救济方式或结盟手段的"约为兄弟"也就频频出现。

京兆韦泓的戚属在西晋末年的离乱中死亡殆尽,他孤身客游洛阳,闻名往依大族应詹,应詹与之"分甘共苦,情若弟兄",后来还带着他一起东渡,荐之于晋元帝。应詹死后,韦泓祭之终身。

名将苟晞家世无闻,但战功卓著,为东海王司马越前锋,攻败汲桑,"东海王越以晞复其仇耻,甚德之,引升堂,结为兄弟"(《晋书·苟晞传》)。

刘琨为石勒所败，率众投奔幽州刺史鲜卑段匹磾。段匹磾一开始"甚相崇重，与琨结婚，约为兄弟"(《刘琨传》)。

司马越贵为晋室侯王，与苟晞身份悬隔；段匹磾本为外族，与刘琨有胡、汉之别。若天下安定，他们之间一般来说不可能发展出这种关系。尽管如此，这两段"兄弟关系"后来还是以反目相戕告终。

更常见的情形是"约为兄弟"直接成为政治结盟、临敌约和的习用套路和说辞。刘裕北伐，克长安，灭后秦，"遣使遗勃勃书，请通和好，约为兄弟"(《晋书·赫连勃勃载记》)。但刘裕前脚刚走，赫连勃勃马上进军，截断晋兵归路，结果是刘裕丢掉一个儿子，留下一个部下将士人头筑成的京观，大败而归。石勒为鲜卑骑兵所迫，南窜江汉，至于南阳。流人帅王如"惧石勒之攻己也，乃厚赂于勒，结为兄弟"(《晋书·石勒载记》)，石勒假意接受，联合王如击灭另两个流民帅侯脱、严嶷所部，一转身马上袭击王如。

把"约为兄弟"这手烂牌打成大赢家的，还要数石勒。

石勒初起时，为晋所败，投奔结壁于上党的羯胡部族首领张訇督，反靠三寸不烂之舌说服张訇督跟着自己潜归刘元海。石勒因此功被刘元海封为平晋王，张訇督为亲汉王。"勒于是命訇督为兄，赐姓石氏，名之曰会，言其遇己也。"(《晋书·石勒载记》)"命……为兄"这样霸道又好玩的句式，史上几无第二例。

石勒、石季龙属羯胡，为匈奴别部，而段匹磾、文鸯兄弟为东部鲜卑人首领。八王乱起，两方分属成都王司马颖与东海王司马越阵营，是北方战场上的劲敌。匈奴本惧鲜卑、乌桓骑兵，但襄国之役，石勒出奇制胜，抓获文鸯从弟段末柸。石勒不杀段末柸，以之为质迫使段、文临阵结盟，约为兄弟而罢兵，又"命段末柸为子，署为使持节、安北将军、北平公，遣还辽西。末柸感勒厚恩，在途日南面而拜者三"（《晋书·石勒载记》）。从此，段末柸认定石勒这个养父，石勒得以从容攻灭幽州刺史王浚并最终击败东部鲜卑，成就建国大业。

我们已经讨论过，养子的前身是养士。乱世养子，得先从养死士说起。

东汉末年，豪族枭雄就纷纷结客养死士，曹仁、许褚、袁绍、公孙瓒乃至刘备等人均是典型。入魏而此风未歇，僻处甘肃天水的姜维虽少孤，但家富于财，同样能够"阴养死士，不修布衣之业"（《三国志·姜维传》注引《傅子》）。司马懿发动高平陵之变前夕，三千死士"一朝而集，众莫知所出也"（《晋书·景帝本纪》），原来这是司马师早前"阴养"出来的。如何"阴养"？曰"散在人间"，没有资料交代当日如何散养，但数量之大、保密工作之到位、集结之迅速准时，足让蠢猪曹爽死而瞑目。多年以后，远在南方建康的东晋晋明帝还是太子时，想在宫中起池台，其父晋元帝不许，"帝时为太子，好养武士。一夕中作池，比晓便成"（《世说新语·豪爽》）。如此手段，不亚前辈。

历史总是可怕的重复。同在寿阳（即寿春，今安徽寿县）城头，早于桓温尽坑袁真数百侍养"乞活"一百零五年，一场非常相似的大屠杀，已让数百死士人头落地。

曹魏甘露三年（258），司马昭围魏征东大将军诸葛诞于寿春，城破之时，诸葛诞突围失败被杀，传首、族诛。"诞麾下数百人，坐不降见斩，皆曰：'为诸葛公死，不恨。'其得人心如此。"（《三国志·诸葛诞传》）裴注引干宝《晋纪》更详细地描写了当日寿春壮士赴死场面："数百人拱手为列，每斩一人，辄降之，竟不变，至尽，时人比之田横。"原来，昔时诸葛诞见司马氏陆续夷灭忠于魏室的文武重臣，"惧不自安，倾帑藏振施以结众心，厚养亲附及扬州轻侠者数千人为死士"。南北分裂数百年，江淮处四战之地，一直是剑客大盗之区薮。晋武帝之子司马允封淮南王，后奉召回洛阳，"允所将兵，皆淮南奇才剑客也"（《晋书·淮南王司马允传》）。汉末曹仁、孙坚乃至鲁肃等人均于此区域结客养士。直至南朝末期，"淮南伧楚"仍是盗侠剑客的代名词。今日有谁能想象得到，这一带曾经在近千年时间里一直盛产剑客死士呢！

马隆募兵记

何谓死士？标准是什么？如何派用场？

"死"，即不要命。不要命的人，一般来说其命本贱，遇售而贵。贱而可售，必有所恃。恃者，忠诚也；武勇超群能杀会拼也。有身家财富的人，不会当死士；市井无赖而无必杀之技者，轮不到他当死士。所以，死士注定为乱世而生，以破坏求建设，是一股绝境反击、死生肉骨的革命力量。

优秀的死士，敢死而能不死。

《晋书·马隆传》提供了一个公开选拔死士的案例。咸宁五年（279）正月，河西鲜卑首领秃发树机能率众反晋，攻占凉州（治今甘肃武威），晋廷大震，武帝旰食。一个位居六品司马督的中级武官突破常规自荐出征，得到司马炎全力支持，《马隆传》说：

> 初，凉州刺史杨欣失羌戎之和，隆陈其必败。俄而欣为虏所没，河西断绝，帝每有西顾之忧，临朝而叹曰："谁能为我讨此虏通凉州者乎？"朝臣莫对。隆进曰："陛下若能任臣，臣能平之。"帝曰："必能灭贼，何为不任，

顾卿方略何如耳。"隆曰："陛下若能任臣，当听臣自任。"帝曰："云何？"隆曰："臣请募勇士三千人，无问所从来，率之鼓行而西，禀陛下威德，丑虏何足灭哉！"帝许之，乃以隆为武威太守。公卿佥曰："六军既众，州郡兵多，但当用之，不宜横设赏募以乱常典。隆小将妄说，不可从也。"帝弗纳。隆募限腰引弩三十六钧、弓四钧，立标简试。自旦至中，得三千五百人，隆曰："足矣。"

　　"无问所从来"与制定硬标准"立标简试"，一破一立，相辅相成，把所谓治世附着在人身上的种种限制和僵化的社会关系除去，立起武勇敢死这个唯一标准。效果非常明显，一支三千五百人的"特遣军团"不到半天组建完毕，这其中肯定有不少杀人越货的江湖大盗、屡经战阵的亡命叛人。一帮膏粱公卿视为大忌的"乱常典"，在边境陷没而庙堂束手这样一个无解的困境中不堪一击。大家别忘了，倡议领头者马隆才是第一"死士"、优秀的冒险家，他在进军途中改进武器装备甚至巧用磁石干扰敌军，设策出奇，以少胜多，且能联合"善戎"，终于击斩树机能，收复凉州。说明马隆不愧是死士中最拔尖的精英，不仅武勇过人，更有谋略，敢冒险，是智略超群的军事家、战略家，真正做到敢死而能不死。能为人所不能为者，理当获得丰厚回报，当初他的建议一被晋武帝采纳，即升任武威太守；捷报传来，朝廷对这批武勇出众的敢死战士"赐爵加秩各有差"，马隆则"假节、宣威将军，加赤幢、曲盖、鼓吹"，后官至东羌校尉，封奉高县侯，成为一代名将。

　　马隆家世无名，出身武吏，"少而智勇，好立名节"。泰始年间西晋为准备伐吴，下诏普选武勇之士，他破格被荐为将。马隆的经历其实带有代表性。众所周知，两晋尤其东晋非常重视门阀乡议，实行"九品中正制"，为此文官显宦基本由高门

　　　　　　　　人中吕布：中国养子文化史

大族垄断。但著名武将、流民帅则多家世不显，甚至出身贫贱，以县吏、武吏这一类为高门贵族所不齿的职位起家，如陶侃、张方、皇甫重、孟观、苟晞、阎鼎、李含、李矩、魏浚、郭默等，被目为反贼寇盗的流人、饥民起义首领如张昌、王如、杜曾、杜弢等人，就更不用说了。张方堪称八王之乱中第一猛将，郭默以流民帅东渡，官至右军将军。乍读他们的传记，仿佛吕布再世："世贫贱，以材勇得幸于河间王颙，累迁兼振武将军。"（《晋书·张方传》）"郭默，河内怀人。少微贱，以壮勇事太守裴整，为督将。"（《晋书·郭默传》）以武勇起家者，固难限以出身，因为武勇善战为无可替代无法伪造之个人能力，而乱世恰好最需要这种能力。死士中的优秀者为将得官固在情理之中，窃国移祚之奸雄巨枭蓄假子、养义儿，也会首选这种人。死士——养子——骁将——巨枭，是同一条链条上成色递增的金蚂蚱。

养子有惯例：从冉闵之父到"高云兄弟"

王侯将相宁有种乎？对异姓养子来说，乱世正是好节气。

就中国古代历史而言，这样说不算过分：大部分异姓养子是为乱世而生的，是由争战攻伐的血火优选出来的。对他们来说，乱世虽是白无常、乱坟岗，更是竞技场、富贵乡。乱世使一批批剑客死士颈血涂地，同时也为他们中的少数拔尖者、幸运者提供冲破出身和阶层限制获取功名富贵的捷径险途。其中之最幸运者，得于此生死门火中取栗，拜将封侯，甚至攫江山，登大宝。

在古代世界史上，养子出身的皇帝，并非中国特产，但养子皇帝在中国历史文化中仍有其特殊的标本意义。如我们在本书序章所言，在中国古代以宗法血缘为经的专制集权意识形态和权力体系构建中，以异姓养子为代表的拟亲关系，是一个必要的参与者和有力的破壁剂。皇帝自来是专制帝国无可争议的巅峰人物和权力中心，出身养子而能终居其位，开国称孤，不仅为二十五史增一篇帝王本纪、英雄传奇，更证明养子、拟亲在中国历史中有绝非一般的重要性和研究价值。

就养子问题比较十六国与残唐五代，直观的印象肯定是前少后多，差异甚大。但对史料细加梳理，真实的情形应非如此，或者说实际的差异远没那么大。

唐代史料详尽，固不待言。五代十国，修史者在体例上向《晋书》学习，但南北互置。北方五朝被视为正朔所在，视同东晋，断代为史，主要人物多独立成传，因而史料比较丰富翔实。《晋书》的撰者，概视北方十六国为五胡乱华，夷狄之国，且其时衣冠人文偏安江左，北方一直割据攻伐，互相剪灭，文物殆丧，当年史料即严重残缺，故立"载记"这一新体例，系一国之史于帝王与大事，大臣而有专传附于载记之后者，凤毛麟角，如前赵一朝仅有陈远达，石勒一朝仅有张宾。五代十国的撰史者正好倒过来，用这个办法来处理"十国"，即中国南方各个割据政权，《旧五代史》设僭伪、世袭列传，《新五代史》设世家，相当于载记。但这两个历史时期又有很明显的区别，五代十国中国南北社会经济的发展程度已比较一致，且南北均处频繁的割据战乱中。东晋十六国则不然，东晋偏安江左，天下百年一家，相对安定，且门阀政权天生排斥异姓养子。北方则战乱割据不断，甚于残唐五代，且于豪族举主与宾客门生的体系破坏殆尽之后，理当迎来中国第一个异姓丐养的高峰期。欧阳修《新五代史》专辟《义儿传》，直谓"天下五代而实八姓，其三出于丐养"。若以养子皇帝而言，十六国时期起码出过三个半：刘曜、石季龙、冉闵，加上傀儡皇帝高云（慕容云），

人中吕布：中国养子文化史

以此而论，亦为不少。这个养子皇帝的矩阵，如出水岛礁，显示着水下深深的黑暗中有巨大而犬牙交错的复杂陆架，即实际上当时北方的养子群体肯定数量庞大而活跃，但因史料稀缺，若非特加注意细为寻绎，则"不知有汉，无论魏晋"。

八王之乱中，武人养子的身影已在晃动。《晋书·皇甫重传》说，秦州刺史皇甫重为河间王司马颙所围，"遣养子昌请救于东海王越"。司马越不肯出兵，皇甫昌乃联结内殿之人，诈称司马越之命，将之前被废的羊皇后从金墉城迎回洛阳，假羊后之令发兵讨司马颙之将张方。"事起仓卒，百官初皆从之，俄而又共诛昌。"这事说明皇甫昌胆大善谋，忠于使命，虽然失败，仍值得肯定与尊敬。

名将张蚝，人称"万人敌"，初为后赵将领张平的养子，后投降前秦，屡立战功，官至侍中、司空，上党郡公。

晋愍帝建兴四年（316），刘曜攻陷长安，愍帝出降。晋济南惠王司马遂的曾孙司马勋年仅十多岁，"刘曜将令狐泥养为子。及壮，便弓马，能左右射，咸和六年（331），自关右还……以勇闻"（《晋书·宗室列传》）。东晋政权曾任命其为梁州刺史、西戎校尉，后谋割据西蜀，兵败被杀。

司马勋是个幸运的小比例，但也符合武人养子的惯例。

刘曜、石勒、王弥初起时，对中原汉人基本采取种族灭绝政策，尤其是对西晋政权的精英和武装力量。洛阳失陷，百官士庶死者三万余人；苦县一役，十多万晋军和随行大臣均为石勒军队就地屠杀。长安陷落时，前赵的军队同样大开杀戒。如此情形，司马勋能活下来，成为养子，并被培养成出色骑将，又能在前赵亡国后数年逃回东晋，的确是个非常幸运的异数。

武人或者说乱世养子的惯例，是另一个有趣的啼笑话头。远的不说，这令狐泥养司马勋，就与石勒收养冉良（石瞻）非常类似。冉良乃冉闵之父，"其先汉黎阳骑都督，累世牙门"，是正牌的武人世家。"勒破陈午，获瞻，时年十二，命季龙子之。骁猛多力，攻战无前。历位左积射将军、西华侯。"石勒眼光果然狠准刁紧，十二岁的汉人将门之子冉良在敌军屠城、父亲战死或被杀的情况下被敌酋收为养子，改姓石，赐名瞻，身份翻转，命运改写。石瞻在养父的培养下成长为一名骁将，更为养父生下一个比自己更厉害的养孙冉闵："闵幼而果锐，季龙抚之如孙。及长，身长八尺，善谋策，勇力绝人。"如果不是后来石季龙子孙自相残杀给冉闵机会将石氏一锅端，把祖宗三代连同中原汉人无量冤仇一起报了的话，石勒这宝就押得太对了！当初石勒看中冉良，刀下留人收为养子，除了他是将门之后外，更重要的是这小小少年的身材体格肯定充分遗传了其父祖孔武强壮的基因，一看就是上乘将种，这可以从冉闵的"身长八尺"间接得到证明。令狐泥之养司马勋，肯定也是首先看上这少年一表人才可堪造就，想为自己积累更多"人力资源"。司马勋后来在武勇方面的表现，同样没让他失望。

　　讲完这两个例子，诸君大概对"惯例"又多了一些直观感觉。冷兵器时代，三军易得，一将难求，个人的武勇足以影响战局胜负。董卓虽早已是大军阀，养了吕布也大不一样。另一方面，大战乱使人口锐减，男丁不易得，生有贵相的更难得——那时人们普遍相信奇相出贵人，万一养了个皇帝，自己少说也是太上皇。刘备入蜀之后不顾乱伦违礼之嫌，把刘焉守寡的儿媳纳为皇后，公开的原因，和当初刘焉为儿子刘瑁娶老婆一样，都是"闻善相者相后当大贵"（《三国志·蜀二主妃子传》）。五代荆南开国之君高季兴，原是朱温养子朱友让的仆隶，因"耳面稍异"，引起朱温注意，"命友让养之为子。梁祖以季兴为牙将，渐能骑射"（《旧五代史·世袭列传》），就这样由一个商人（朱友让被养为子前乃大商人）的仆从硬是"被动学习"成战将，终至开国称孤，这说明只要长有一副贵相，武艺可以后面培养。南唐开国皇帝李昪算得上历史上最有名的养子皇帝，他身世本微贱，作为一个孤儿流寓濠、泗间，"杨行密攻濠州，得之，奇其状貌，养以为子"（《新五代史·南唐世家》）。当初司马勋的晋朝宗室背景和想必不错的相貌，可能也让令狐泥多了一些想望和期望。

更省力的"惯例"，是直接将武勇超群者认为养子，或在部属亲随建立功勋时，将其"升级"为养子，以示特别奖赏。

前凉末代国君张天锡的随从刘肃和赵白驹在诛除权臣张邕的行动中出了死力，"天锡深德之，赐姓张氏，又改其字，以为己子……俱参政事"（《晋书·张天锡传》）。

慕容云也是因为军功被后燕皇帝慕容宝收为养子的。慕容云祖籍高句丽，原姓高，出身武士，慕容宝当太子时，他是东宫侍御，"袭败慕容会军。宝子之，赐姓慕容氏，封夕阳公"（《晋书·慕容云载记》）。夕阳公这个封号好奇怪，慕容云的命运更戏剧，说他是后燕末代皇帝，没错；说他是北燕开国皇帝，也对。他原来是个智商不高、福气不错的人，少言寡语，人以为愚，后又多病。冯跋发动政变推翻后燕暴君慕容熙，硬把他抬出来当傀儡，没当几天皇帝就莫名其妙被侍卫所杀，皇位自然由冯跋接替。后来冯跋自己过意不去，下书称"吾与高云义则君臣，恩逾兄弟"，视之为"义帝"（《晋书·冯跋载记》），举哀改葬。

理不清的"石头记"

那么，十六国时期，像冉良、司马勋、张蚝这样的大养子有多少？或者换个问题，那些名字曾经出现在《晋书》三十篇载记里的乱世群雄，究竟有多少人是养子或收过养子？不知道。如前所述，十六国均无完整国史，文臣武将绝大多数无专传。"载记"记国君行状与国之大事，以事系人，文臣武将们的来历出身或具体身份，若非因事述及，多阙然无闻。司马勋因是晋朝宗室，得入《晋书·宗室传》。至于冉良，若非生下一个石赵终结者冉闵，他的名字同样无缘在《晋书》中出现。

石勒、石季龙无疑都喜欢蓄养子收义儿，石勒尤甚。石勒与五代的朱温、李克用一样，都是把蓄收养子义儿玩成吸星大法的魔头，不说《新五代史》为李克用专设《义儿传》，就是《旧五代史》，我们也可以轻松地从人物传记中盘出一份义儿名单。但在十六国，这是一个虫洞，一本糊涂账。

以石聪为例，他是否为养子，谁的养子，就颇存含混。

《晋书》数次述及石聪，均只称其为"石勒将"，而《李矩传》则明写石恩为石勒养子："石勒遣其养子恩袭默（郭默）……后勒遣其将石良率精兵五千袭矩。"同书《石勒载记》："石聪攻败晋将李矩、郭默等。"两相比证，似石恩即是石聪。石聪为养子，另有一个间接证据，出现在《孔坦传》中。东晋咸康三年（337），石赵国内因石勒死，石季龙废石弘自立，本来率军进攻东晋历阳的石聪与谯郡太守彭彪一起遣使请降于东晋，孔坦时任王导军司马，给石聪写了一封信，信中谓石聪"出自名族，诞育洪胄。遭世多故，国倾家覆，生离亲属，假养异类。虽逼伪宠，将亦何赖"，劝他"反族归正，图义建功"。当时起兵反对石季龙的不止石聪一个，还有石生、石朗等。可惜东晋小朝廷不给力，摆出一副要北伐接应的架势，其实没真动，石季龙一个亲征，就把异己的诸石包括谯郡太守彭彪全收拾了。《资治通鉴》卷九十五在"咸和八年（333）七月"交代此事，顺带把石聪的养子身份揭出半截："赵将石聪及谯郡太守彭彪，各遣使来降。聪本晋人，冒姓石氏。朝廷遣督护乔球将兵救之，未至，聪等为虎所诛。"不过时间比孔坦写信早了四年，对不上。

何谓半截？"冒姓"是也。

其实凭孔坦信中所述与石聪活动时间，就可以判断石聪是石勒养子。司马光仅谓"冒姓"，显示治史者应有的慎重、准确；而这也牵出异姓养子与部曲、仆隶的关系及养子的分级问题。"冒姓"的情形，不仅养子，举凡奴仆从主家之姓（如西汉大将军卫青、隋朝高颍之父高宾）、随母改嫁从后父之姓（如东汉桓帝邓皇后）、假子改从养父之姓（如杨行密让徐温收养李昪，遂冒姓徐氏）等，均可谓冒姓。奴仆部曲从主家之姓，早于养子成为惯例，这也指示着被丐养者的地位开始并不高，甚至近于奴仆，或多由奴仆而来。

如前所述，中国古代以异姓养子、兄弟结拜为主的拟亲关系的真正发育，始于汉末三国，首个高峰，无疑出现在第一个南北大分裂时期的北方十六国。而养子内部体系的架构建设，三国到十六国也可视为成长期、试验期。不仅石聪，见诸史籍的石赵政权中姓石而未明确养子身份的将领，还有石生、石良、石朗、石挺等人。而据《石勒载记》，石勒称帝时大封太子和诸王，原世子石弘立为太子，石宏为秦王，石恢为南阳王，此三人均明言为"其子"，而太原王石斌、中山王石季龙、河东王石生、彭城王石堪均不明言，可证后数人为养子。石聪冒姓为石，而不与石季龙、石生等人同预封王之列，或可说明他在养子中并不属于第一序列，身份介于部曲与正式养子之间。

十六国时期拟亲关系，一是势在必行，势必大行，二是高度发育与混乱无序。这两种情况，在几位养子皇帝身上也多有体现。《晋书·刘曜载记》说，刘曜是刘元海的族子，"少孤，见养于元海"，此非异姓养子，无可多怪。但刘元海并非自己无子而养刘曜，刘聪生前未许刘曜以大位，刘聪死，刘曜也未如石季龙一样主动窃国，但他的确早已掌握军权，具备颠覆或者说拨乱的实力，所以当权臣靳准篡杀刘粲后，他能戡乱继位。刘聪之掌握军权，与石季龙、冉闵一样，基本是靠本人超群的武勇与军事才能，身经百战而后得之。"自勒初起，则季龙为爪牙，百战百胜，遂定中国，境土所据，同于魏世。"（《晋书·蔡谟传》）石季龙死，其子石遵起兵向阙，以石闵（即冉闵）为先锋，所向无敌。他们的例子，都说明乱世攻取战伐不得不依靠军事力量，不得不依靠能打胜仗的枭雄。如果直系血亲的第二代中没有担当得起来的人物，就必须通过拟亲关系来寻找，尽管这样会带来潜藏于内的隐患，但舍此无法实现第一步：击败对手，成就帝王事业。

除了刘元海这样一个原为从父的同姓养父，刘曜还有一个养父。他早年客游洛阳时曾犯死罪，几经辗转逃到朝鲜，变姓名为卑卒。朝鲜县令崔岳识其有异，但没把他交给官府，而是认作养子，把他保护起来。以此而言，刘曜也属"三姓家奴"。

石季龙与石勒的拟亲关系，在兄弟与父子、同宗与异姓之间杂缠不清，辈分混乱。《晋书·石季龙载记》一开始说石季龙是石勒的从子，又谓其祖名匋邪，与石勒之祖耶奕于名姓不同，"勒父朱幼而子季龙，故或称勒弟焉"。更多的材料支持石季龙是石勒父亲认养的养子，如《石勒载记》所附《石弘传》说，大臣程遐曾力劝石勒杀石季龙，以为太子石弘继位扫清威胁："中山（指中山王石季龙）虽为皇太后所养，非陛下天属，不可以亲义期也。"石勒在襄国城下击溃东部鲜卑的包围，生擒段末杯，派石季龙与段匹磾、文鸯结盟，约为兄弟。后来段匹磾、文鸯战败被石勒所俘，石勒同样与他们以兄弟相称，是二石同辈一个旁证。

另外，一个更奇怪的身份"养弟"已经出现。《李期载记》谓成汉主李期鸩杀李攸，而李攸是李寿的养弟，因此激成李寿起兵攻杀李期而自立。

总之，十六国时期拟亲关系发展情况的模糊、养子资料的缺失、石赵集团内部诸多石姓将领身份的不明确，乃至刘曜、石季龙、冉闵数人身上体现出来的含混复杂的关系，亦可谓拟亲关系发展期的反映。养子体系的构建与内部层级关系的形成，本身就是个在变化发展中逐渐完善的过程。

　　再检视一下当时下层老百姓的情况。

　　十六国时期中国北方各族因受战乱影响，人口锐减，普通家庭丧子失怙的情况比比皆是，老无所养与孤儿都不少，客观上无法强调异姓不养。当南方的东晋不忘重弹"异姓相养，礼律所不许"（《晋书·殷仲堪传》）的老调时，北方诸国反复提到给"为父后者赐爵一级"（《晋书·苻坚载记》），"赐男子为父后者爵一级"（《晋书·姚兴载记》），"子为父后者人爵二级"（《晋书·慕容德载记》）。此当包括丧子绝后者，只要能够养子，则不限是否同姓，均得为合法继承人以承祭祀。后秦开国皇帝姚苌更明确下书："将吏亡灭者，各随所亲以立后，振给长育之。"（《晋书·姚苌载记》）这也是我们必须注意到的一个重要现象。

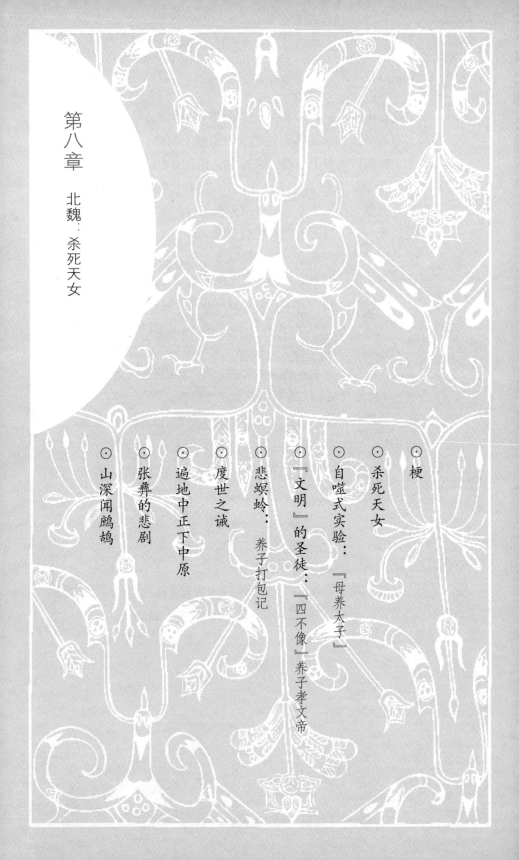

第八章

北魏：杀死天女

梗

中国养子史，北魏是个梗。

你可以感慨：北魏简直是个养子王朝！你也可以摇摇头：时无养子，使螟蛉持囊[1]。

一般的印象，以养父子之间是否同宗同族为标准，养子分两大类型：一是没有血缘关系的异姓养子，二是以本宗族内同昭穆者为后的同姓养子。前者如董卓养吕布，多见于乱世；后者更普遍，且往往在社会相对安定时期得到宗法伦理与王朝法律的支持。入赘拖油瓶之类尚未计入，如安禄山、朱温，底子都是大拖油瓶。

但这仅是典型的父宗视角，就母子关系之言，其实还存在着发育不完全的第三、四种类型，即一夫多妻制下的"母养"，与亲邻之间救孤恤幼的助养。

"母养"，指由生母之外的父亲的其他妻子乃至乳母负担哺育者、监护人，这种情况，经常发生在王公贵族之家尤其是

---

[1]《魏书》卷五十二《胡叟传》："叟不治产业，常苦饥贫，然不以为耻。养子字螟蛉，以自给养。每至贵胜之门，恒乘一牸牛，敝韦裤褶而已。作布囊，容三四斗，饮啖醉饱，便盛余肉饼以付螟蛉。"

皇室，之前我们也已注意到并专门展开讨论，从战国末期秦国的庶出王子秦异人即秦始皇的父亲因被嫡母华阳夫人认为养子而平移为继嗣，到三国曹操对失母诸子的抚养安排，包括名义的认养与实质性的哺育教养，均可列入。

秦异人的成功，乃是由吕不韦苦心导演的经典政治合作；如明宣宗孙皇后"阴取宫人子为己子"，则已沦为宫闱阴谋。上述两例，均属个案。曹操、孙权们后宫的"母养"安排，则是为解决诸子中生母早丧者的哺育问题做出的惯例性安排。

颠覆与质变，发生在北魏。

为预防母系部族干预或曰后权干政，北魏开国皇帝道武帝拓跋珪（371—409）在立太子时赐死其母，太子也不交其他后妃，而由乳母或称保母"母养"，并将此确立为一项制度。其后从明元皇帝拓跋嗣直到宣武帝元恪，前后历七帝，此制度一直被执行，直至事实上的末代皇帝肃宗元诩生母灵太后胡氏，才侥幸脱厄。也就是说，北魏王朝的绝大部分皇帝，都是被保母"母养"长大的特殊养子，由此，保母出身的太后连续出现在北魏，且权倾一时，这在其他王朝几乎是不可思议的。紧跟着，文明太后集保母、祖母于一身，长期干政，成为中国古代最成功有为且得善终的"女主"。由她"母养"出来的一代大帝——孝文皇帝元宏表现出典型的多重人格，"入戏"很深，卓有成就亦极具争议，是非常罕见的"圣徒"型大帝。在这个意义上，北魏堪称"养子王朝"。

统观北魏一朝，在皇室以外的统治阶层以至中下层社会，养子并非重要、活跃的社会现象和有生力量。盖北魏实质上是鲜卑贵族与中原门阀士族的联合统治，门阀士族特别讲究血统纯洁与阶层区隔，排斥异姓养子，皇帝之外，北魏政坛没有出现叱咤风云的大养子。当下，虽然战乱造成的流民问题仍相当严重，南北分裂又不免导致一些家庭流离、家族播迁，养子为

　　　　　　　　人中吕布：中国养子文化史

后、约为兄弟乃至近亲疏属间的互相救济等拟亲关系必然成为重要救济手段，但相关案例鲜见载籍。另一方面，因为当时法制相对疏阔，且养子问题对社会生活、王朝政治未发生重要影响，北魏的律令礼教虽从总体上抑制异姓养子，但也未予禁止。以此而言，亦可谓"北魏无养子"。

在此一"有"一"无"间，宦官是个活跃的异数。北魏是个靠武力征服、以占少数的游牧民族成功统治中原汉族的王朝，频繁战争与残酷统治为王朝后宫提供了大量以罪被刑的阉人，这些阉人中不乏出自世家宦族、有良好教养和能力者。加上皇帝缺乏血亲母爱与后宫干政严重等因素，高等宦官所受约束较少，普遍娶妻养子，多任职中枢或出为方牧。北魏末期，太监刘腾在与皇权、后权的斗争中大获全胜，长期实际控制朝政，而刘腾正是养子大户。李辅国、魏忠贤们的影子已经在这里晃动。

下文分而述之。

杀死天女

乌桓、鲜卑早期活动的区域多森林，是"出于森林草原的游牧部族"[1]。根据文献记载和拓跋鲜卑石室"嘎仙洞"等考古学证据，学者多认为拓跋鲜卑是由呼伦贝尔草原的北方迁到呼伦贝尔，再迁到大兴安岭南段的辽西赤峰一带。大约在东汉末年桓灵之时，拓跋人进行第二次长途迁徙，到达河套东北的内蒙古中部，即漠南阴山地区，与南面的汉族生活区直接毗邻，

---

〔1〕 王明珂：《游牧者的抉择：面对汉帝国的北亚游牧部族》，广西师范大学出版社，2008，第195页。

进入一个新的发展阶段，拓跋鲜卑历史也从此明朗起来。率部迁至阴山匈奴故地的首领是被拓跋人称为"圣武皇帝"的诘汾，关于他的继承人力微的出生，《魏书·序纪》有一段神话化的记述：

> 初，圣武帝尝率数万骑田于山泽，欻见辎軿自天而下。既至，见美妇人，侍卫甚盛。帝异而问之，对曰："我天女也，受命相偶。"遂同寝宿。旦，请还，曰："明年周时，复会此处。"言终而别，去如风雨。及期，帝至先所田处，果复相见。天女以所生男授帝曰："此君之子也，善养视之。子孙相承，当世为帝王。"语讫而去。子即始祖也。故时人谚曰："诘汾皇帝无妇家，力微皇帝无舅家。"

山野之间，自天而降的美妇人与部落首领一宿缱绻即"去如风雨"，隔年同一地，天女给诘汾抱来他的儿子，留下预言，又复随风而逝。诘汾与天女野合所生的儿子，就是后来被拓跋人称为"始祖"的力微皇帝，从他开始，拓跋鲜卑走上国家化的道路。同时，"诘汾皇帝无妇家，力微皇帝无舅家"的俗谚，也将母氏与后族的奇特缺位，以神示与先例的方式烙在拓跋鲜卑的国族创生史上。

与这样一个怪异神迹与俗谚对应的，是怎么样的生活形态与社会观念呢？更直接相关的问题，指向鲜卑部族的女性地位、婚媾繁殖习俗与拓展史。

因从东汉中后期起，鲜卑、乌桓部众多进入塞内居住，汉晋史籍对其部族、家庭和社会习俗开始有丰富记载。《后汉书》与王沈《魏书》都称鲜卑的言语、习俗与乌桓相同，根据《三国志·乌丸鲜卑东夷传》所载，乌桓、鲜卑部族中，女性的地位明显高于男性。主要表现，一是"贵少贱老，其性悍骜，怒则杀父兄，而终不害其母，以母有族类，父兄以己为种，无复报者故也"。其二，在婚娶习俗上，一是先私通后礼聘，二是以妻家为主："其嫁娶皆先私通，略将女去，或半岁百日，然后遣媒人送马牛羊以为聘娶之礼。婿随妻归，见妻家无尊卑，旦起皆拜，而不自拜其父母。为妻家仆役二年，妻家乃厚遣送女，居处财物，一出妻家。故其俗从妇人计，至战斗时，乃自决之。"此谓母亲来自另一部族，伤害母亲，会引起母亲之"族"（部落）的报仇，由岳家提供新婚夫妻的帐幕家当，则表示女性为此"帐"之主。此习俗强化了同母之兄弟姐妹间的联系（这与拓跋鲜卑的继承制度原为兄终弟及应有内在关联）。[1]这些信息，都显示女性在部落中的地位原初高于男性。

另一方面，变化也在发生。拓跋鲜卑在嘎仙洞、呼伦湖阶段属于森林草原部落，射猎为主，游牧为辅。在迁徙途中及到达内蒙古草原匈奴故地阴山一带后，逐渐转变为游牧为主亦及农耕。根据人类学的观察研究，在森林草原的狩猎游牧民族中，女人是生育劳动力的人，社会地位比较高。罗马神话中，最初的森林与自然之神是女神狄安娜（Diana），希腊神话中的月亮与狩猎女神阿尔忒弥斯（Artemis），又是繁殖女神。随着游牧、农耕程度的提高，女性地位会相应下降。

考古研究也表明，拓跋鲜卑在历尽艰难的长途迁移中，男性特有的劳动能力和战斗能力得到充分发挥，地位也随之上升。史称"九难八阻"的第二次迁移期间，拓跋鲜卑曾于大兴安岭南段东侧乌尔吉木伦河流域和蒙古西偏哈尔乌斯湖的科布多短期逗留。第一次逗留在内蒙古自治区巴林左旗南杨家营子以东一道土岭上留下居址和墓葬。通过对墓葬的分析，男女之

---

[1] 王明珂：《游牧者的抉择》，第213—214页。

间的分工和地位差别已经显示出来，父权制在家庭中已树立起权威。"大迁徙成为这个民族社会进步的有力杠杆。《魏书·序纪》自第二推寅（即制定第二次迁徙方案的献帝邻）以下开始有父子相承的明确记录，拓跋部的酋长世袭制也是在这次大迁移中实现的。"[1]

更有趣而复杂的民族融合历史图景被研究者梳理挖掘出来。拓跋鲜卑的第二次大迁移，正当北匈奴在汉军打击下离开蒙古草原西迁远走、鲜卑族杰出首领檀石槐在匈奴故地建立起强大军事联盟的时候。"檀石槐把他统治下的广阔的蒙古草原划分为东中西三部……鲜卑社会由此进入后期邑落公社阶段。这时鲜卑在族属内涵上也发生了很大的混杂，它以檀石槐的东部鲜卑为主体，不仅包括了十余万落鲜卑化的匈奴人，而且包括了后来兴起的宇文鲜卑、慕容鲜卑，以及一部分鲜卑化的乌桓与杂胡。从草原东北角远道迁来的拓跋鲜卑也加入在檀石槐的部落联盟内，其酋长第二推寅为西部大人之一。"[2]民族学的研究也表明，"大约在战国以前鲜卑有一支南下，后来加入东胡联盟，汉魏时又到处迁徙，所以辽东、辽西有鲜卑山，敦煌以南有鲜卑山，辽东塞外还有东胡破灭后鲜卑退保的鲜卑山"[3]。如此说来，拓跋鲜卑并非大迁徙的先行者，在当时已经雄踞蒙古草原的鲜卑族群中，更属后来加入的小兄弟。甚至有一种观点认为拓跋鲜卑的主体其实就是遗留在草原上的鲜卑化了的匈奴人："这一支原是匈奴的鲜卑因为统一了中国北部，便自命为真正的正宗鲜卑，把拓跋氏的起源传说作为鲜卑的起

---

〔1〕 杜士铎主编：《北魏史》，北岳文艺出版社，2017，第16页。

〔2〕 同上书，第7页。

〔3〕 同上书，《北魏史》，第15页。

人中吕布：中国养子文化史

源传说了。"[1]不管后一种观点是否更逼近历史真相，拓跋鲜卑与匈奴存在非常密切的关系则无疑问，因为"拓跋"的族名留下了证据。原来在乌尔吉木伦河到科布多的漫长旅途中，拓跋鲜卑人与残留在草原上的匈奴人频繁接触，通婚融合，拓跋乃秃发的音转，这个族名的含义并非如《魏书·序纪》所说"北俗谓土为拓，谓后为跋，故以为氏"，真实内涵为"鲜卑父胡母"，乃是鲜卑与匈奴融合的结果。[2]

回到天女传说。

古代帝王往往自神所出，惯用的手法是通过梦日、戏龙、人神交合等方式撰造天之所生的"天子"身份，但一般来说都是女主入梦承孕，像这种野降天女直接与部族首领交配受孕，隔年交付"成品"，前此后此隐而不见的故事，可以说绝无仅有。结合拓跋鲜卑建国前的部族发展史和由道武帝拓跋珪在北魏一开国就不惜代价铁血创设的立嗣杀母之制，这个传说所包含的至关重要而复杂多元的信息不言而喻。深层次解读天女传说，有利于我们理解立嗣杀母制为何代代相承难以废除，理解在北魏统治一百多年的大部分时间里包括后妃、乳母在内的后宫女性乃至太子的处境、行动策略与宿命，深刻理解文明太后与孝文帝的关系，乃至理解何以此制一废，死里逃生的胡太后就果真擅权乱政而至亡国。

我以为，"天降神女"即"天女"的身份，首先对应的是鲜卑部落源于森林草原狩猎游牧时代的女性地位的尊贵及其所背倚的母族的力量，对应于弑父无罪而母不可杀的部落古俗。

---

〔1〕 魏坚主编：《内蒙古地区鲜卑墓葬的发现与研究》，林沄《序》，科学出版社，2004，V。转引自王明珂：《游牧者的抉择》，第249页。

〔2〕 马长寿：《乌桓与鲜卑》，广西师范大学出版社，2006，第30—31、247—248页。

其次,《北魏史》编者的说法虽然简单天真,倒也未必全无巴鼻,放在拓跋鲜卑第二次迁移与匈奴族通过婚配不断融合的历史背景中,故事的原型很有可能是某次族帐通婚,或者种族杀戮加掠夺,即鲜卑族在迁移途中路遇滞留在草原上的匈奴族帐,或是促成一次皆大欢喜的偶合,或是发起一场战斗,杀戮异族男丁,夺其妇女以为配偶。其中有个非常美艳的匈奴女子,被献给首领诘汾,生下力微后逃走或被杀,如此,则拓跋鲜卑王室的血统直接就是"鲜卑父匈奴母"。众所周知,汉族士人出身的名臣崔浩因"国史案"在拓跋珪之孙太武帝拓跋焘时被杀,株连数千人,直接原因就是没替皇家遮羞,直笔实录拓跋鲜卑前期的历史。现在一般的说法是他把代王什翼犍在儿子死后娶儿媳即拓跋珪之母为妻的乱伦关系抖出来,搞得拓跋珪子不子孙不孙。神龙见首不见尾的"天女"传说,则提示我们拓跋鲜卑祖先这野合于草原之上的一半匈奴血统,也是北魏皇室必须掩饰改写的历史。

与杀母可能招致母亲所在部族报仇的古俗对应,侍卫甚盛的神女自天而降又如风而逝,与"诘汾皇帝无妇家,力微皇帝无舅家"俗谚的被强调,既渲染了女权——母(后)族的煊赫,又明确安排或规定了(强迫)其缺位。

我们可以从内外两方面来理解这个矛盾。

就拓跋鲜卑本部族而言,尽管父权制已在大迁移过程中树立起来,拓跋部的酋长世袭制也在迁移中实现,但女权——母(后)族的作用和影响仍然非常强劲,别忘了,当时的拓跋鲜卑本身就处于部落联盟阶段。

但当拓跋部迁移到蒙古大草原时,更大的变化呼啸而来,相对当时已经布满蒙古草原的鲜卑人,拓跋部只是其中一个后到的小部落,在檀石槐划分出来的东中西三部近五十个邑落十二部大人中,拓跋部酋长勉强位居西部五位大人之一。这个草原大联盟又很不稳定，檀石槐死后随即分裂，开始互相攻击吞并，拓跋鲜卑面临部族存亡的重大考验，要么成为强者，要么被吞并分拆。力微初为首领时，拓跋鲜卑即遭受西部鲜卑另一大人蒲头的攻击，部民离散，他本人只好投靠没鹿回大人窦宾。后参加窦宾对蒲头的战争，在溃败中勇救窦宾，窦宾嫁女与力微，许其收纳旧部，北居长川（今内蒙古察哈尔右翼前旗兴和县附近）。窦宾死后，他以铁血手段设诈吞并没鹿回部，势力才得以迅速发展，并成为鲜卑部落联盟大酋长，为拓跋鲜卑后来的帝业奠定基础。力微所建立的仍为部落军事联盟，在他之后，部落之间的关系仍非常重要而不稳定，后权——母族的力量依然非常活跃。力微的曾孙平文帝郁律就被其叔父桓帝猗㐌之妻惟氏害死，桓帝之子贺傉、纥那即惠、炀二帝，先后在惟氏主持下当国，时人谓之"女国"。郁律之子代王什翼犍初欲定都于灅源川，久议不决，也由郁律之后王氏拍板而止。北魏开国皇帝道武帝拓跋珪作为什翼犍之子拓跋寔的遗腹子，因代国为前秦所灭，从六岁起开始长达十年流亡生活，而后得以重回代地，复国称王，背后的总导演与操盘手无疑是他的母亲贺氏。什翼犍两任皇后来自慕容部，道武帝的亲祖母就是前燕王慕容皝之女，史称"后性聪敏多知，沉厚善决断，专理内事，每事多从"（《魏书·皇后列传》）。据李凭先生考证，拓跋珪随母流放阶段，在前秦都城长安给他提供庇护和教育并在淝水之战后把他带回代地的，正是比他长两辈的外亲慕容皝第五子慕容垂；回到代地后，给道武复国提供最大支持的，也是贺氏的娘家贺兰部。[1]

今天回过头读这段历史，我们不难掂量出，在这一系列事件里面，力微之时部众被击败溃散，他从流亡到吞并没鹿回部，

〔1〕 李凭：《北魏平城时代》，第一章。

是拓跋鲜卑起死回生侥天之幸的一着绝棋。当日"无舅家"的力微是如何下赢这着棋？《魏书·帝纪》没说，但《皇后列传》并未隐瞒：

> 神元皇后窦氏，没鹿回部大人宾之女也。宾临终，诫其二子速侯、回题，令善事帝。及宾卒，速侯等欲因帝会丧为变，语颇漏泄。帝闻之，知其终不奉顺，乃先图之。于是伏勇士于宫中，晨起以佩刀杀后，驰使告速侯等，言后暴崩。速侯等惊走来赴，因执而杀之。

初读这段记述，我惊得目瞪口呆。历史也是要过几百年回过神后——直到唐末五代，力微的传人才勉强出世，南方割据政权吴的开国君主杨行密如此诱杀怀有异图的妻弟朱延寿：

> 延寿者，行密夫人朱氏之弟也。额及仁义之将叛也，行密疑之，乃阳为目疾，每接延寿使者，必错乱其所见以示之。尝行，故触柱而仆，朱夫人扶之，良久乃苏。泣曰："吾业成而丧其目，是天废我也！吾儿子皆不足以任事，得延寿付之，吾无恨矣。"夫人喜，急召延寿。延寿至，行密迎之寝门，刺杀之，出朱夫人以嫁之。

《新五代史·吴世家》

本"无舅家"的力微靠血战救主攀上有力"妇家"，召集旧族重得立锥之地，又在某一天的早晨手刃其妇，并杀其弟，一口气将妇家灭门，重新回到神秘俗谚的界定之中，其干脆利落与愎狠坚忍无以复加。杨行密则手下留情，杀舅出妻，并允其嫁。两人均先瞒过妻子，并以妻为饵诱来其兄弟，相同一点是都深知此妻心向母族外家，无法合作，而一杀一嫁不同处置

　　　　　　　　　人中吕布：中国养子文化史

的关键之处，并非心肠硬软有异，而在于对"妇"的立场、能量不同的评估。朱延寿所部本来也辖属于吴，本人一死，余部无足大虑，其姐无复能为，且听其去。力微之时，窦氏强悍，且对没鹿回部有强大影响力，不仅难与同谋，其弟被杀她必报复，只好彻底解决，斩草除根。如果说神话传说中本为偶于诘汾而生力微的天女是自己"飞"回天去，力微的"天女"，则是他亲手所灭。

写到这里，我想起"杀神"。

西方学者对神话学和原始宗教的研究，也许可以另辟蹊径，给我们解读拓跋鲜卑这个从寒冷的森林草原洞穴走出来的古老民族的天女传说及其现实意义提供新的参照和启发。

英国著名人类学家J.G.弗雷泽在其关于原始人的宗教、巫术、仪式、心理的名著《金枝》[1]中，深入讨论了普遍存在于世界各地原始文化和信仰中的杀神风俗。森林草原游牧民族一般都会有林中之王或树神的崇拜，如欧洲雅利安人，"因为在历史的最初时期，欧洲大陆上仍然覆盖着无垠的原始森林"[2]。"格陵兰人相信风能杀死他们最有力量的神，神要是摸到狗也一定会死。"[3]证据表明，"在北欧有一个定期杀死林中之王的相应人物即化身为树精的风俗"[4]。古代墨西哥的阿兹台克人"那么普遍地、那么隆重地遵循以人代神作献祭的风俗"，他们不仅在一年中最大的一个节日要献祭一个扮作"众神之神"的年轻人，九月的另一个节日，还会把一个年轻的漂亮女奴奉为玉米女神契柯米柯胡阿特，在通宵的狂欢和一系列宗教仪式

〔1〕 ［英］J. G.弗雷泽:《金枝》，商务印书馆，2012，第188页。
〔2〕 同上。
〔3〕 同上书，第437页。
〔4〕 同上书，第483页。

后，"把她仰天推倒在谷物和种子堆上，割下她的头"，用她的血淋在女神木偶和谷物上，并"剥下她身上的皮，给一个祭司暂时披上"[1]。人们普遍认为神必须保持旺盛生命力以保证林木茂盛、谷物丰收，一旦发现代表神王的人出现衰弱的迹象，他（她）就必须被处死，而"神的死亡会立即带来神的复活"。[2]

《金枝》首章"林中之王"则讨论了另一类型的"杀神"或曰"杀死祭司"。在罗马郊外内米圣树林中供奉的是森林与自然之神女神狄安娜，她与其"希腊对应者"月亮与狩猎女神阿尔忒弥斯，都是主管生育与收获的女神，她们都需要一位男性伴侣。这个伴侣就是年轻的英雄希波吕托斯，他因拒绝其他女人的爱而被惊马拖死，狄安娜说服药神将其救活，并将其更名为维尔比厄斯，隐居到这片意大利丛林深处以躲避死神。"英俊的血肉之躯的青年们，为了和永生的女神们短暂的爱情欢乐总要付出自己的生命。"[3]"维尔比厄斯作为圣树林的建立者和第一任内米之王，显然就是祭司们的神话中的祖先或原型，那些祭司一代一代地以林中之王的头衔服侍狄安娜，并都像维尔比厄斯一样一个接一个地走向可怕的归宿。"[4]这个可怕的归宿，就是被他的继位者偷袭并杀死。

《金枝》所列存在于欧洲、美洲等地的诸多古代杀神风俗，与鲜卑的天女传说当然存在明显差异，不能硬套，但可以给我们很大启发。

第一，"天女"的原型或者说元意象，可能就是鲜卑人原始崇拜中的"林中女王"，原本有着不可侵犯的权威与神圣。

---

〔1〕 弗雷泽：《金枝》，第 914—919 页。
〔2〕 同上书，第 920 页。
〔3〕 同上书，第 18 页。
〔4〕 同上书，第 19 页。

第二，在大迁移路上与天女交合的鲜卑首领诘汾，其行为和身份更像林中女神狄安娜那英雄俊美的凡间男性伴侣，按照宿命，被克制被杀祭的本该是他。但这位凡间之王如今依靠智慧和毅力，引导部族成功走出丛林，他有理由希望并相信本人和他的部族已经从眼前一望无际风吹草低的旷野获得新的力量，以挣脱部族的古老神示，改写命运，所以一反故态，让天女随风而逝：不客气地把原来的"林中之神"送走。

拓跋鲜卑在迁移途中以及来到阴山脚下的大草原后，明智选择与遗留在草原的匈奴族帐通婚融合的双赢之道，壮大了力量。但以当时形势度之，匈奴强盛时击灭东胡，奴役乌桓、鲜卑，彼此先世为仇，且当时草原上鲜卑占据统治地位，不仅拓跋鲜卑希望掩饰此事以保持血统的纯洁，匈奴残落也愿意尽快融合到胜利者族群中以求得更好的生存发展空间，难怪后来北魏官修正史对"拓跋"族名要进行伪释。而假设当日与诘汾交合的"天女"真是匈奴贵族女子，则也以"送走"为宜。另一方面，在后檀石槐时代鲜卑诸部的兼并战争中，拓跋部肯定需要借重联婚等方式与强势部族多方联合，对女权—后族这把双刃剑的力量爱恨交加。当拓跋鲜卑坐稳部落联盟大酋长的位置并开始国家化的进程时，首先要解决的就是去平等化，不断弱化各部族的独立意识和力量，抹去国族发展史上"后家—母族"的影响，此逻辑一以贯之，集大成于后来道武帝所实行的"离散诸部"同于编民，再进而实现与中原汉族士族的合作。力微当日吞并没鹿回部，双手已经沾上妇家——"天女"之血，后来一次次的"立嗣杀母"，在鲜卑人眼中，实乃对这个传说—传统或者说禁忌的不断坐实、冲击：一次次"杀死天女"，一次次挣脱林中女王的控制和命运的诅咒。在政治现实中，如上所述，则是对出自森林草原游牧传统的强大女权基因——"女国"之魔一次一次的反制，是对部落联盟期的危难与不堪之忆的一次次涂抹消洗。但基因难改,宿命如癌,林中女王不可能被彻底杀死,她一次次复活并幻化出不同的替身:保母为后、文明专权,皆是。最后,杀不胜杀,防不胜防,稍不留神,本该被杀的"天女"——肃宗的生母灵太后一个漏网,毁灭性的报复就落到这个走出森林的王朝身上。诘汾——北魏死了。历史进一步伸延,其后北齐的娄太后,乃至隋文帝的独孤皇后,唐之武则天,都属"复活的天女"。

"拓跋氏将立其子为太子,则杀其母,夷狄残忍以灭大伦,亦至此哉!然其后卒以未杀之淫妪擅国而召乱以亡。"[1]数百年前,王夫之在《读通鉴论》中发出如是感慨。时代和理论工具的限制使这位大儒将评价标准局限在夷狄之分与人性之恶上,若提前让他读读《金枝》一类的神话学著作,船山先生必定眼前一亮,半晌沉吟,另开话头。

自噬式实验:"母养太子"

船山先生沉吟出来什么新观点,不好说。若文明太后复活,有个后辈会让她极不平,但也极得意,那就是武则天。

说起武则天,如今无人不晓,文明太后则知者寥寥。事实上,文明太后所推行的政治改革的意义及对中国历史的影响,比武则天有过之而无不及,但身后冷暖悬殊,这口气,她难咽。

武则天生前遇到的反对比文明太后强烈,为巩固地位,杀人作孽更多,寻欢作乐的顾忌也不少。更要紧的是武则天在垂老之年已地位不稳,男宠被杀,身被幽囚,死后更接连发生一

---

[1] 王夫之:《读通鉴论》,第579页。

人中吕布:中国养子文化史

系列宫廷政变，诸武遭清算，爱女太平公主被诛。文明太后则是个例外。她下手之狠之准不亚武则天，直接把非己出的儿子献文帝拓跋弘杀了，清算反对派同样大开杀戒；养男宠基本无所顾忌，还能让有作为的大臣与男宠合二为一（如李冲）；虐待起养孙＋傀儡皇帝元宏来，又关黑屋又打闷棍，差点儿没把人饿死。但她直至死前都没被逼宫，身后一片哀荣，元宏亲政后，对这位生前一直不让自己知道谁是亲生母亲的杀父害母双料仇人"狼外婆"恭敬不替，不仅如此，冯氏外家及男宠也基本无恙。可以说，文明太后是中外历史上极少数的摆脱荣辱轮回与政治清算的女主，是个奇迹，当然可以羞杀武曌，笑傲江湖。

但历史其实不存在侥幸，它受制于因果律，颦笑有因，报施有迹。文明太后生前身后的一切足令武则天吐血，孝文帝元宏"甘地式"的以德报怨，想必也让李隆基们不解。然而放在北魏的历史发展中，自有其顺理成章的内在逻辑，养子－拟亲文化，是解读兹事的最佳视角。

关于北魏立子杀母制度的实行与保母、太后干政具体情况，李凭先生专著《北魏平城时代》已用大量篇幅缕析辨疑，所论甚确。李凭论证北魏开国之君道武皇帝拓跋珪铁血实施立子杀母制[1]，以及他的继续人明元帝拓跋嗣接受崔浩建议，建立太子监国制，乃至第三任皇帝拓跋焘同样在自己非常年轻时就急于任命太子监国，除以此排除后权干政外，还有一个需要

---

〔1〕 现在一般根据《魏书·太宗本纪》中拓跋珪将立拓跋嗣为太子时引汉武帝故事赐死其母刘贵人的记述，将这一制度的创立归于拓跋珪，但《魏书·皇后列传·道武宣穆皇后刘氏传》谓"魏故事，后宫产子将为储贰，其母皆赐死。太祖末年，后以旧法薨"。《资治通鉴》也持此说，似谓道武所行乃"故事""旧法"，则前此应已有成法和先例。

强力扭转的传统，就是同样源于拓跋鲜卑部落联盟制与母权传统的兄终弟及继承制。在这上面，从道武帝到太武帝祖孙三代用心之苦、用力之猛、代价之高、最终结果之事与愿违，适足反证北魏与其鲜卑部族传统俱来的后族——母权（女权）力量之强大、观念之胶固。这是一场无形却让人窒息的战争，拓跋珪为此被弑[1]，而精力旺盛身体健康的拓跋焘与监国日久不免胁父的太子拓跋晃之间的矛盾不断激化，则导致父子相残，发生"正平事变"，结果是皇帝与东宫集团同归于尽，立嗣杀母制也彻底走向它的反面，为乳母干政至太后专权洞开大门。

现在看来，北魏以"立嗣杀母"为"祖宗之制"，历开国皇帝拓跋珪至元恪而不废，无形中为封建帝国的政治史提供了一个"母养"实验，即在生母制度性或曰人为缺位的情况下，怎么解决皇储的哺育抚养问题？能否达到提前干预、避免母权干政的目的？事实上可能出现什么样的结果？实验的结果或曰答案，就写在北魏历史中。

根据现有史料，第一个因儿子立为太子而被赐死的刘贵人来自独孤部，是部落大人刘眷之女。根据《魏书·皇后列传》，拓跋珪与刘贵人原来感情不错，让刘"专理内事"，且"宠待有加"。赐死刘贵人的具体时间，各传均未点明，以理推之，应在天赐六年，亦即永兴元年（409）或稍前，因为以后发生的一系列事件，即从太子拓跋嗣因日夜哭泣激怒拓跋珪而出走，到拓跋珪拟另立清河王绍而将杀其母导致政变，拓跋嗣在其叔父协助下夺位登基，前后机栝相扣接连发动，时间上不可

---

〔1〕 李凭根据《魏书》与《资治通鉴》关于清河王拓跋绍弑父后询问群臣的内容存在异文等资料，论证拓跋珪是在赐死刘贵人逼走长子拓跋嗣后，拟立拓跋绍为太子而幽禁其母，拟行赐死故事，激成此变。详见《北魏平城时代》，第107—112页。

人中吕布：中国养子文化史

能拉开过长间隙。永兴元年拓跋嗣已经十七岁，母子情深，自然绝难接受这样残酷的事实，也无法理解父亲的决定，以致激成连环惨变。但拓跋嗣继位后，并没有废除这一制度，而是继承下来并进行完善。根据自己惨痛的情感体验，他给此制度打上一个重要"补丁"，就是将新生皇子直接交给乳母哺育，与生母隔开，至少对最有可能立为太子的长子拓跋焘已经如此执行。拓跋焘生于天赐五年（408），至泰常五年（420）依故事赐死其生母杜贵嫔即密太后时，已经十三岁，而史称其"生不逮密太后"，可证母子生而分隔。即使如此，比起下一代太子拓跋晃的母亲敬哀皇后贺氏，杜贵嫔已经多活了十三年，因为贺氏在生下拓跋晃的当年就死了，应是被执行"旧制"，可见这个制度在一代代收紧。同时，一代代的北魏皇帝也越来越习惯于一出生就由乳母"母养"，把对母亲的情感完全投射到"保母"身上，日后也相应地视赐死本人所生长子之母为理所当然。问题是这个实验或许在北魏立国初期多少发挥延缓、阻止母族、后权干政的作用，但总体而言事与愿违，它证明再铁血的政治目的也不可能让人类灭绝天性到不需要母爱，这种极端的做法，不过为母爱的替身——集哺乳与养育于一体的乳母打开了顶包的通途。道武帝拓跋焘、文成帝拓跋濬均一即位就毫不犹豫地让乳母窦氏、常氏享受亲母待遇，破例将其封为太后，言听计从，荣其亲戚，崇其山陵，"皆如外戚"（《资治通鉴》卷一百二十七），都是明证。

进一步，当母爱被发现可以替代并能大卖后，乳母干政渐成常规，她们出于自身利益，必将反过来成为这一制度的有力维护者，甚至由不得年轻的皇帝做主。李凭怀疑文成皇帝拓跋濬的生母郁久闾氏之死与乳母常氏有关，而拓跋濬之子献文帝拓跋弘之母，就确凿无疑是被"太后（常氏）令依故事"赐死的。等到孝文帝，他一出世就被居为奇货，生母死得不明不白，而他自己连生母是谁的知情权都被长期剥夺，也无法废除旧制让自己的头生儿元恂之母活下来。文明太后不仅直接以祖母的身份"母养"孝文帝，甚至曾孙辈的元恂也一度纳入她的母养范围。

　　文明太后冯氏的上位与完胜，可以看作这一实验自觉优化的最高版本和顶级标本。乳母再厉害，毕竟只是"母养帝躬"，而"于先朝本无位次"（窦太后语），在权威与血缘上存在天生缺失。因此，窦、常两乳母都先封保太后，再尊为皇太后，都自觉为自己另选山陵。这种缺失，客观上也限制了她们专权的程度，若由非皇储生母但身为帝后者负责"母养"，岂非上下通吃，招牌过硬？文明太后看破此中玄机，并巧妙地用跨代"母养"取代保母，成功升级"储君母爱替代品"。有意思的是文明太后的上位，恰恰是在高宗拓跋濬保母常太后的设计与直接帮助下实现的[1]。一个关键的时间点，可以更好地说明问题。拓跋濬于正平二年（452）二月即位，时年十三岁，同年七月，太子出生，太子之母李贵人被幸怀孕当在高宗即位之前一年。史称冯氏在高宗即位之年始被选为贵人，因为前有李贵人怀孕生子，她实质上已基本避开因生皇子而被杀的危险。李贵人生子后，又是常太后下令遵旧制赐死，为冯氏清道。冯氏最高一着棋，乃是在迫于压力结束首次临朝，还政于非嫡生子献文帝拓跋弘而退居后宫之后，直接把母养嫡皇孙拓跋宏的权利从乳母手中收回，从而使自己成为集皇太后与"母养者"于一体的人，不仅在后来与献文帝的斗争中获得主动，更集皇后权威与对储君的教育引导、情感控制于一身，为击败献文，再次听政并始终控制拓跋宏打下坚不可摧的基础。

---

〔1〕　参阅李凭：《北魏平城时代》，第214—237页。

北魏举一朝之力进行的"母养实验"或者叫"保母实验"，在后人看来，显然使北魏付出惨重代价，而以不可挽回的失败告终。一千多年以后，清人赵翼在《廿二史札记》中以"保太后"为题，给出一份关于这个"实验"的比较全面的"结题报告"：

　　《礼记·曾子问》篇，子游问曰："丧慈母如母，礼欤？"孔子曰："非礼也！古者男子外有傅，内有慈母，君命所使教子也，何服之有。"鲁昭公少丧母，有慈母良，及死，公欲丧之，有司以为非礼，公乃以练冠丧慈母。丧慈母自鲁昭公始也。然但练冠以居，而孔子已以为非礼。按慈母亦有不同。或子幼母死，父命妾长育之者，父卒而遭此妾之丧，尚有三年之服，以重父命也。若但父使之保抱，则不过保母而已。《晋书·顾和传》，成帝以保母周氏有保育之劳，欲假以名号，和奏谓古无此例。惟汉灵帝以乳母赵娆为平氏君，此末世之私恩，非先王之令典，乃止。是古未有崇奉保母之制也。乃后魏自道武创例，立太子则先杀其母，以防母后预政，自是遂著为令，而帝即位皆无太后，于是转奉保母为太后。太武帝保母窦氏，本以夫家坐事没入宫，明元帝命为太武保母。太武既立，尊为保太后，后又尊为皇太后。太后登崞山，谓左右曰："吾母养帝躬，死必不为贱鬼。然于先朝无位次，不可违礼从葬园陵。此山之土可以终托。"故殁后遂葬崞山，从其志也。文成帝乳母常氏，亦有勤劳之功，文成即位，尊为保太后，再进为皇太后。是时文成妃李氏生献文，后将立献文为太子，常太后依故事令李氏条记在南兄弟，付托其宗兄洪之，痛哭而死。以保母而能主宫闱之政，赐死太子之母，则当日之尊竟同皇太后可知也。文成帝又极尊奉，封太后之兄英为辽西王，弟喜带方公，三妹皆县君，妹夫皆公侯，又追赠太后祖为公，父为王，母为王太妃，可谓滥矣。亲母则必赐死，保母转极尊崇，魏法之矫枉过正，莫不善于此。[1]

子游与鲁昭公所谓的"慈母"，特指非所生但由其保育者，包括父之妾妇与仅负责哺乳养育的保母。赵翼所列汉代假其乳母－保母以名器的皇帝名单尚有遗漏。后汉安、顺两帝时，乳母－保母就成为宫廷斗争重要角色。汉安帝封乳母王圣为野王君，顺帝幼时，其母李氏为阎皇后所害。延光三年（124），即安帝崩驾前一年，"安帝乳母王圣、大长秋江京、中常侍樊丰谮太子乳母王男、厨监邴吉，杀之"（《后汉书·孝顺帝纪》），并废太子，后来顺帝在宦官帮助下复位，野王君当然人头落地。皇帝乳母杀太子乳母，说明两个乳母都不是省油的灯。

赵翼特意指出保母有不同类型，第一种是"或子幼母死，父命妾长育之者"，又一种是"但父使之保抱，则不过保母而已"，细心的读者可以注意到孔子也是从"君命所使"即父权框架下来定义"慈母"的地位作用的。这第一种，其实就是我们在本书前面的章节已经讨论过的以三国曹操后宫为代表的"母养"安排，即在父权主导下解决幼年丧母或贱出诸子的保育问题，一般不会导致后宫干政——不包括在北魏的实验之内。后一种本亦常见，但从幼儿一出生就故意杀母或将其与生母隔绝，则唯北魏如此。它的连续执行，事实上可能导致上一任皇帝保母的权势突破下一任皇帝的控制而专权，即发展成为父权不可控制的力量，而走向制度设计的反面，北魏是也。

---

[1] 赵翼：《廿二史札记》，中华书局，1984，第299—300页。

　　　　　　　　　　　人中吕布：中国养子文化史

"结题报告"出来晚，但世人早已看清，这笔学费算没白交。北魏之后，再没哪朝哪国把保母封为太后，听任"亲母则必赐死，保母转极尊崇"的傻事发生。要知道，北魏之前，如何对待有哺乳保育之劳的"慈母"，也即"保母"，就是个一直存在的困扰。孔子的学生已经提出疑问，孔子认为鲁昭公待保母之丧过礼；汉安帝保母王圣实事上已属专擅，汉灵帝假保母以名号，破了例，有识者目为末世私恩，不可法。拓跋鲜卑以外族入主中原，知其一不知其二，急着把年老的汉武帝偶然的过举当先例，拿去解决本身部族分裂势力与女权痼疾，没承想后面跟着的"保母"会成为新型病毒，不仅一代代扩散，很快便与当初想清除的母后专权合二而一，落得一声长叹："魏法之矫枉过正，莫不善于此。"

　　但更严重的后果证明这是个远远超出控制的诡异自噬式实验。矫枉过正的"母养太子"不只让保母成为太后，奶妈杀死亲娘，更给汉族血统的乱世奇女子冯氏掌控北魏最高统治权打开通道，继而用汉族儒家文化"母养"出一位人格分裂却坚决汉化的鲜卑大帝：元宏，不妨戏称之为"文明"的圣徒。

"文明"的圣徒："四不像"养子孝文帝

　　元宏，北魏献文帝拓跋弘长子，皇兴元年（467）冬生于北魏首都平城。

　　元宏一出生就与生母分隔，为非血亲的嫡祖母文明太后冯氏"母养"，五岁时其父献文帝内禅，他继位为帝。五年后，文明太后杀献文帝，再次听政，他成为傀儡，其间数度面临被废危险，曾遭虐待迫害，十五年后文明太后去世，元宏始亲政。孝文帝元宏在文明太后死后没有报复清算，尽孝极哀的同时，继续坚定推进并加快文明太后倡导的系列政治改革，迁都洛阳，全面改易拓跋旧俗，与中原汉族士族紧密合作，加速鲜卑汉化，有力推动民族和文化融合，为中国南北重新统一奠定了基础。站在中华大历史发展的视角上，元宏无疑是一位雄才大略卓有作为的大帝。

但历史上孝文帝却是一个颇有争议的复杂人物，功过是非各有评说。

清人赵翼《廿二史札记》卷十四《魏孝文迁洛》条云：

> 盖帝优于文学，恶本俗之陋，欲以华风变之，故不惮为此举也。然国势之衰实始于此……盖徒欲兴文治以比于古帝王，不知武事已渐弛也。

北魏在孝文帝元宏之后更历二帝仅数十年，被"渐弛"在原代国故地的北方六镇发生暴动，一发不可收拾的连续动乱导致国家先分裂后灭亡。站在拓跋鲜卑国族发展与社会文化情势上，从北魏兴亡的角度来评价孝文帝的迁都和改革，史家普遍认同赵翼之说。

赵翼的批评基于事功，清初另一个大儒王夫之的非议，则直究心性，语意凌厉，而角度略显奇怪：

> 拓跋宏（即元宏）之伪也，儒者之耻也。夫宏之伪，欺人而遂以自欺，久矣。……自冯后死，宏始亲政，以后五年之间，作明堂、正祀典……听群臣终三年之丧，小儒争艳称之以为荣。凡此者，典谟之所不道，孔、孟之所不言，立学终丧之外，皆汉儒依托附会、逐末舍本、杂谶纬巫觋之言，涂饰耳目，是为拓跋宏所行之王道而已。……汉儒附经典以刻画为文章，皆不诚之政也。……乃毕行之

　　　　　　　　　　　人中吕布：中国养子文化史

以欺天下后世者唯宏尔。[1]

政治措施以外，王夫之更指摘元宏平居同样以伪欺民，例如因求雨三日不食："人未有三日而可不食者……其食也，孰知之？其不食也，孰信之？"说到绝食，不仅求雨，文明太后崩，元宏曾"哭于永固陵左，终日不辍声，凡二日不食"（《资治通鉴》卷一百三十七）。绝食三日，其实大多数人还是扛得住的，连哭二日不停声，上哪找如此顶用的声带？套用王夫之的句式诘难：谁在听？你信吗？但你若不信，申包胥七日哭秦廷怎么破？按王夫之的非难再挖，大伪还在后面。《魏书·皇后列传》说，元宏为文明太后服丧，"绝酒肉，不内御者三年"，意即三年不幸嫔妃，戒绝女色。谁监督？太监吗？这甚至让人想起杨广为皇子时为欺骗父母，制造不荒湎酒色的假象，侍姬产子多溺杀之事。说起来，中国古史为符合孝道礼法标准而自作或人传的类似伪事或者说伪的表达颇多，王夫之何以独独揪住元宏不放？大概因为在船山先生看来，元宏是系统、一贯的"伪"，且以夷狄出身的帝王而跟着汉儒作伪，不可不论以破之。

王夫之站在儒家诚意修身的伦理政治高度，弃事功而攻行为，虽抓住了元宏人格矛盾的突出特点，但他没有且亦应无意深究这种矛盾人格形成的原因。李凭也觉察到这个特点，并将元宏之"伪"与文明太后联系起来："孝文帝的性格'宽慈'，似乎与文明太后'猜忍'的性格截然相反，其实不然，在他们的性格中都有十分虚伪的一面。"[2]李凭讨论的重点在太后干政，亦未暇于此深探款曲。

元宏一出生就被"母养"，但又完全不同于明元帝以后北

〔1〕 王夫之：《读通鉴论》，第616—617页。
〔2〕 李凭：《北魏平城时代》，第258页。

魏诸帝，母养他的人非普通乳母，而是祖母，这个祖母和他没有血缘关系，却是法定的嫡祖母：一位出身异族，有深厚家世背景、文化素养与丰富政治经验的太皇太后，而且这种"母养"基本是独占的、封闭式的。以祖母辈分"母养"其孙，有个跨代的问题；以汉族女子"母养"鲜卑皇子，实质上又发生了种族、文化的跨越。拓跋宏可谓"养子"中的四不像，这么奇特的身世和成长经历，在中国历代帝王中基本找不出第二个。因此，要客观、完整地理解拓跋宏性格养成、文化取向与行动策略，离不开鲜卑文化与北魏社会，离不开那个恐怖而愚蠢的"祖宗之制"，更具体地说，离不开从一出生就把他"母养"起来的文明太后，离不开控制了他半辈子的"拟亲"环境。换言之，养子–拟亲文化是一个不可或缺的视角。

母权与杀父的传统，先需再予讨论。

鲜卑、乌桓旧俗，男子怒则杀父兄，但不敢杀母，因为杀母会遭到来自母族的报复。女子地位在鲜卑处于原始部落时代时就比较高，应与这一族群原来生活在森林草原地带，属于森林游牧民族有关。拓跋鲜卑经过二次大迁移来到阴山匈奴故地，汇入原先由檀石槐建立的鲜卑部落联盟，生产方式向游牧农耕转变并开始国家化，虽然男姓世系已经确立，"杀死天女"这样的神话传说已经镶嵌到力微皇帝的降生史中，但部落仍是鲜卑族群基本单位，它们之间的关系仍处于松散的军事联盟阶段，母权主导下的"兄终弟及"，也仍是主要的继承方式。公元4世纪初，桓帝之妻惟氏杀死在位的什翼犍之父平文皇帝郁律，部落大人十数人同时遇害，惟氏先后立其子为惠、炀二帝，自己当国主政，当时正是十六国初期，人目其为"女国"。这段时间持续近十年，公元329年，各部大人才重新拥立平文之子翳槐为代王。"女国"历史的结束，可能是因为惟氏去世，没有史料显示惟氏在生前就受报复被推翻，其子炀帝也没被杀，仅出奔宇文部，后来在宇文部支持下再次复辟，赶走烈帝。数年后，烈帝在后赵石虎支持下复国，炀帝再次流亡，这次是"出居慕容部"，这或者从一个侧面说明桓帝一系与鲜卑各军事部落的关系比思帝（平文之父）一系更深厚。要之，拓跋鲜卑的"母权"前有古老传统的渊源，后有部落军事联盟的支持，而直至拓跋珪开创帝业，主要依靠的仍是其母所出部族的支持。拓跋先世这段"女国"历史，并未因崔浩修史案而尽遭删削，说明鲜卑人不以此为大讳。文明皇后杀非己出之子献文帝拓跋弘，与惟氏非常相似。

不仅母权严重如此，弑父弑君同样频发，《廿二史札记》卷十五"后魏多家庭之变"条开了个清单：

> 穆帝为其子六修所弑，昭成帝为其子实君所弑，道武帝为其子清河王绍所弑，太武帝为中常侍宗爱所弑，献文帝为其母文明太后所害，孝明帝亦为其母胡太后所害。统计后魏诸帝，不得令终者凡六人，而祸皆出于家庭之间，盖刚戾性成，其俗固然也。

"刚戾性成，其俗固然"，把源头直接追溯到鲜卑旧俗。而我们也就可以理解为什么文明太后杀献文帝拓跋弘这种在儒家文化传统中很难让人一直心安理得的事，在文明太后死后，被包括献文帝亲子拓跋宏在内的北魏君臣集体遗忘。

与"母权"传统相应的，是拓跋鲜卑——北魏社会女性地位之高与贞操观念的淡薄。

大家也许还依稀记得，当初代王什翼犍欲定都灅源川，筑城郭，起宫室，变游牧为定居，久议不决，以其母一言而止。从代国旧俗直至东西魏分治之后的邺都风尚，妇人当家主外事，高调参加社会活动，都属正常现象。颜之推《颜氏家训》

卷一《治家篇》谓:"河北人事,多由内政,绮罗金翠,不可废阙。""邺下风俗,专以妇持门户。争讼曲直,造请逢迎。车乘填街衢,绮罗盈府寺。代子求官,为夫诉屈。此乃恒代之遗风乎?"著名的乐府民歌《木兰辞》大约产生于北魏平城时代,而史实中也闪现着花木兰身影,如北魏名将杨大眼的庶妻潘氏:

> 大眼妻潘氏,善骑射,自诣军省大眼。至于攻陈游猎之际,大眼令妻潘戎装,或齐镳战场,或并驱林壑。及至还营,同坐幕下,对诸僚佐,言笑自得,时指之谓人曰:"此潘将军也。"
>
> 《魏书·杨大眼传》

妇人"代子求官,为夫诉屈",在史料中也常有其例。如宦官抱嶷初以其弟老寿为后,即以弟为养子,后来又养太师冯熙子次兴为后,"嶷死后,二人争立。嶷妻张氏致讼经年,得以熙子为后"(《魏书·阉官列传·抱嶷传》)。显然张氏更喜欢冯次兴这个异姓养子,而不待见小叔。

中国几千年封建社会都实行一夫多妻制,尤其是王侯将相富贵人家,多则姬妾盈庭,少亦三妻四妾,硬要禁止老公纳妾,得有敢到皇帝面前喝毒酒的胆气,但北魏几乎成为例外。

《魏书·太武五王列传》收录了太武帝曾孙临淮王元孝友一封上奏,让我们知道北魏男人非常"无趣"、压抑的一面。元孝友说,按照礼教的要求,"广继嗣,孝也;修阴教,礼也"。但当时的情况一反古制,"举朝略是无妾,天下殆皆一妻"。而"父母嫁女,则教之以妒;姑姊逢迎,必相劝以忌。持制夫为妇德,以能妒为女工。自云不受人欺,畏他笑我。王公犹自一心,已下何敢二意"?谁要想违反,往往弄得"家道离索",

人中吕布:中国养子文化史

天下共怪。他要求朝廷按照古礼和当朝《官品令》，在"一周之内"强行"恢复"王公以至品官妻妾配置，特别对"其妻无子而不娶妾，斯则自绝，无以血食祖、父，请科不孝之罪，离遣其妻"。元孝友措辞激烈的奏折就像一颗小石子扔进湖中，引不起什么波澜："诏付有司议奏不同。"

元孝友认为造成这种现象的原因是"将相多尚公主，王侯亦娶后族，故无妾媵，习以为常"。显然只是问题的表层，不论哪个朝代，皇室与后族的女子都不可能"多尚平民"，凭什么就北魏的公主、后族能让丈夫普遍不敢多娶？"母权"传统才是答案所在。但元孝友却无意指出了当时与阴盛阳衰、妻忌夫弱并存的另一种社会现象，就是女子贞操观念的普遍薄弱与通奸淫乱的高发："妻妾之礼废，则奸淫之兆兴"。北魏是个通奸高发的时代，不计帝、后宫闱淫乱，《魏书》所记诸王至臣民间的奸通淫乱事件数十起，并体现出几个重要的特点：

1. 诸王公主是通奸高发人群，且乱伦现象严重。

广阳王拓跋建之孙元深与城阳王元徽之妃于氏通奸，元徽乃恭宗拓跋晃的曾孙，于元深为侄辈；阳平王拓跋新成第三子拓跋钦淫于从兄拓跋丽之妻崔氏；北海王元详"蒸于安定王燮妃高氏"（《魏书·献文六王列传》），元燮于元祥为从父辈；又安定王元休第三子元愿平"裸其妻王氏于其男女之前，又强奸妻妹于妻母之侧"（《魏书·景穆十二王列传》）；等等。皇室公主与外臣通奸之事亦时有所闻，如《魏书·尉古真传》谓尉显业"与太原公主奸通，生子彦"；《魏书·裴骏传》谓裴骏之孙裴询"美仪貌，多艺能，音律博弈，咸所开解。……时太原长公主寡居，与询私奸，肃宗仍诏询尚焉"。

2. 女性在性关系中显得比较张扬、主动；律法与社会舆论对通奸、性乱的容忍度较高，对女性更宽容。

上述两位皇室公主与外臣奸通，显然都是主动、自愿的选择，是对幸福和爱情的自觉追求，其后一生子，一成婚，结局也都不错。《魏书》说城阳王元徽"不能防闲其妻于氏"，就是说元徽管不住老婆，于氏公开给老公戴绿帽。《魏书·郑義传》说：郑義之孙郑严祖与宗氏从姊奸通，为御史中尉綦俊所劾，"人士咸耻言之，而严祖聊无愧色"，事实上，这件事也没有影响他的仕途。郑義的从孙郑幼儒，娶高阳王雍之女为妻，"幼儒亡后，妻淫荡凶悖，肆行无礼"，听口气也是公开乱搞的角色。

抱老寿换妻案更是典型。这个抱老寿，就是前面我们提到的宦官抱嶷之弟，后来他通过不断上诉终得袭兄爵，被封积射将军。史称"老寿凡薄，酒色肆情"，竟与军人出身的洛州刺史石荣玩起异地换妻。御史中尉王显劾奏说，抱老寿"方恣其淫奸，换妻易妾。荣前在洛州，远迎老寿妻常氏，兵人千里，疲于道路……男女三人，莫知谁子。人理所未闻，鸟兽之不若"，建议将抱老寿"免官付廷尉理罪，鸿胪削爵"。虽然圣旨准奏，但显然并没有对当事人及其家庭造成多少实质损害，抱老寿死后，其妻常氏"收纪家业，稍复其旧，奴婢尚六七百人，三女并嫔贵室"（《魏书·阉官列传·抱嶷附抱老寿传》），即是家道继续隆兴，女儿照样高嫁。这也间接说明换妻事件的女主角常氏是个很有主见、能力的女强人，换妻显非被迫。朝代参差的南朝，贵族王室尤其是刘、齐二代帝女专横宣淫、宫闱秽乱亦几成风气，但主要原因是刘宋皇室出身本来粗鄙，社会舆论对此并不支持，结局也多不好，如山阴公主、齐废帝郁林王萧昭业之后何氏与妃霍氏等俱被杀。

在这样一种传统习俗与社会风气中来解读文明太后，可以为我们呈现一个新的视角，即文明太后在第二次亲政后，逐渐使私生活与王朝政治、社会舆情取得某种和谐，这不仅使她生前统治稳固，改革措施得以施行，也是她能不因此令孝文帝以至大臣、民众强烈的反感和仇恨，死后避免清算的一个重要原因。前此后此，中国古代再没有任何一个想尽享男色的女主能做到。这既是文明太后的胸襟、见识和手腕的体现，更得力于北魏的传统、风俗与社会风气。

文明太后再次当政后的两个主要男宠，一个是王叡，另一个是李冲。李冲乃敦煌公李宝少子，当然出身贵胄；王叡六世祖为张轨参军，也算有些来头。换句话说，就是文明太后选男宠还是有门槛的，是内可当情人外可为大臣的人。相比之下，武则天就跌份儿了，二张兄弟只是绣花枕头，薛大和尚更明火执仗，除去淫之一字，实无其他说辞。吕后的男宠辟阳侯审食其，说白了就是昔日老公的同乡小跟班，生活助理越位上床，还帮着吕后害人，难怪汉惠帝和淮南王刘长都要杀他。而李冲则是一代名臣，治道儒术，匠作巧思，虚实并济，更难得的是他竟能完全不以身兼太后情人为耻为累，不因此心虚自惭，而有猥琐诣媚之容，而是"明目当官，图为己任，自始迄终，无所避屈"（《魏书·李冲传》），成为文明太后政治改革的优秀设计师和得力操盘手，后又支持孝文帝迁都，一肩挑起洛阳新都市政建设重任。为人方面，他用坦荡胸襟去化解仇怨，敦睦九族，提携沦屈，不仅取得同僚、民众的认同，更得到孝文帝发自内心的信赖、尊重。

王叡才德虽远不及李冲，但也解天文卜筮，且为文明太后之夫、文成帝拓跋濬之父恭宗拓跋晃府邸旧人，有政治渊源。得幸于文明太后之后，他"内参机密，外豫政事"，颇显干用。他临难有胆气，曾执戟为太后、孝文勇御逸虎；沙门法秀谋逆一案，一言而活千余人，积了阴德；临终上疏，尚以治要为念。要之虽名列恩幸传之首，而远非奸恶之人，尚不致为女主招怨积恣。

在处理私生活与公共政治的关系方面，文明太后更像个活得通透的大玩家，用现在的话说，叫用游戏精神和娱乐手法，把滥恩私爱与统战亲民融合到一块。

文明太后讨情人开心，总请"老干部"和"基层群众"来陪玩同乐，一起打赏。"太后外礼民望元丕、游明根等，颁赐金帛舆马。每至褒美叡等，皆引丕等参之，以示无私。"（《魏书·皇后列传》）"大臣及左右因是以受赏锡，外示不私，所费又以万计。"小灶当然是要加的，如何加？静悄悄地加，捉迷藏一样地加，小惊喜大发财地加。爱王叡，除枕上私赠，"率常以夜帷车载往，阉官防致，前后巨万，不可胜数……"（《魏书·恩幸列传·王叡传》）。宠李冲，则"密致珍宝御物以充其第，外人莫得而知焉。冲家素清贫，于是始为富室"（《魏书·李冲传》），真所谓"暗中偷负去，夜半真有力"（苏轼《寒食雨二首·其一》），"昧者不知也"（《庄子·大宗师》）。今天读来，是不是颇具娱乐精神和小心思？文明太后还非常善于处理男宠之间的关系，让王叡与包括李冲之兄在内的李氏望族结女儿亲家，自己差不多与王叡公开当起翁婆来，"时人窃谓天子、太后嫁女"。后来王叡因病早逝，下葬之日，"假亲姻义旧，衰绖缟冠送丧者千余人，皆举声恸泣以要荣利，时谓之义孝"。虽说人情浮薄人心势利，此事类同笑话，但也从另一角度说明王叡未多招民怨，而且民间对太后的私生活其实已经达成谅解，而取一种娱乐、嘻哈的态度。同样，不管出于真实感情还是表面文章，孝文帝对王叡也始终保持尊重的姿态，文明太后死后，孝文仍让其子王袭随侍左右，只是"礼遇稍薄，不复关与时事"（《魏书·恩幸列传·王叡传》）。

最后，也是最本质的一点，文明太后之所以能把本有杀父灭母血仇的元宏"母养"成情感上主动隐忍消弭仇恨、政治上坚定贯彻自己路线的"圣徒"式忠实继承者，根本所在，是她通过"母养"，成功地用汉文化的乳汁"哺育"元宏，把汉族的心魂植入鲜卑血统的储君身上。这对名义为祖孙实质如母子的搭档站在同一条汉化之船上，要把这条船从鲜卑旧俗的湍急浊流撑入"汉水"中流，非捐个人仇怨，合全力以击水挽舟，不足以济。在这个角度上，还是赵翼更懂孝文帝，《廿二史札记》卷十四"魏孝文帝文学"条说：

> 古今帝王以才学著者，曹魏父子、萧梁父子为最。然皆生自中土，绩学少年。惟魏孝文帝，生本北俗，五岁即登帝位，此岂有师儒之训，执经请业，如经生家所为，乃其聪睿夙成，有不可以常理论者。……可见帝深于文学，才藻天成，有不能自讳者，虽亦才人习气，然聪睿固不可及已。其急于迁洛，欲变国俗，而习华风，盖发于性灵而不自止也。

《魏书·高祖纪》说得更详细：

> （帝）雅好读书，手不释卷。《五经》之义，览之便讲，学不师受，探其精奥。史传百家，无不该涉。善谈《庄》《老》，尤精释义。才藻富赡，好为文章，诗赋铭颂，任兴而作。有大文笔，马上口授，及其成也，不改一字。自太和十年已后诏册，皆帝之文也。自余文章，百有余篇。爱奇好士，情如饥渴。

其实，天下无不根之木，无源之水。孝文帝的启蒙老师，无疑是文明太后。文明太后家世本出汉族，为北燕贵族，她幼年因父亲冯朗降魏后坐事被诛入宫。其姑冯氏为北燕王冯文通季女，早在太武帝拓跋珪时已为其父贡献入魏，时为左昭仪，她一入宫，就得到姑母的"抚养教训"，文化的承传昭然有序。而昔年孝文帝身边的大臣如李冲、王叡、高闾、游明根、崔光、宋弁、刘芳等人也大都出自汉族名门望姓，或为自南朝流寓北来的通儒。这些人都与孝文帝或师或友，如刘芳就曾应诏与邢产一起入授皇太子经。这种精神、文化、人格上深层次的认同，应是孝文帝在文明太后死后仍发自内心信任、尊敬，甚至可以说在一定程度上依恋李冲等老臣的原因。太和二十三年（499）春，也就是孝文帝死前不久，他因重病从南征前线回驾，到洛阳，"过李冲家……时卧疾，望之而泣；见留守官，语及冲，辄流涕"（《资治通鉴》卷一百四十二）。人之将死，其哀也诚，可以说这里头已基本没有"伪"的成分。尽管他对文明太后并非全无怨恨——文明太后死后诸多场合的言行可以看出这一点，急于迁都多少也带有摆脱文明太后阴影的成分，但真正使精神上已经汉化的年轻皇帝浑身不自在的，是野蛮落后的代国旧俗，在这一点上，他与"拟母"文明太后高度一致。感情上再有疙瘩，政治上，他必须充分利用文明太后开创的政治"文明"和改革班子，若清算私恨家仇，首先违拗的是自己的"性灵"，"欲变国俗，而习华风"也无从实现。他在确定迁都大策时就急迫强调："国家兴自朔土，徙居平城，此乃用武之地，非可文治……"并告诉诸王与鲜卑旧贵族说，迁都变俗的目的，是使他们的子弟免于面墙。一到洛阳，他即亲自安排几位弟弟的婚事，让他们分别与中原几大望族如荥阳郑家、博陵崔家等联婚，接着从选官用人、姓氏葬俗、语言服饰等方面全面推行汉化，可谓不遗余力。这个过程，始终是在以李冲为代表的汉族官员和以元丕为代表的亲汉鲜卑贵族即原来的文明太后团队支持下进行的，他哪里有工夫、有力量来清算文明太后？再说了，文明太后毕竟从小把他"母养"大，倾注了感情和心血，在短暂的废立犹豫过后，就不再动换人的念头，身体力行培养指导孝文帝，没有搞备胎，因此文明死后，孝文接班可以说没有任何阻力和危险，这也是"圣徒"可以不究前怨的原因。

其实，跳出政治清算这个轮回魔咒的，不仅是文明太后、孝文皇帝这对情仇纷错的拟亲"母子"，曾为先太后男宠的李冲何尝不是？"立太子必先杀其母"这个恶政催生的"母养"怪胎，在加入诸多历史的必然与偶然因素后，跳出三界外，结成了一颗"四不像"的文化大甜瓜。这颗甜瓜竟然用汉文化之"甜"，击垮了鲜卑建立的北魏，这才是更大尺度的历史清算和天道轮回。

悲螟蛉：养子打包记

在文明太后和她一手培养的"圣徒"孝文帝元宏的时代，北魏经历了天翻地覆的变化，但紧接着就是江山翻覆。太和二十三年，元宏在迁都洛阳五年后去世。仅过24年，即他的孙子孝明帝元诩在位的第九年，沃野镇民破六韩拔陵领导的饥民起义爆发，随后北方六镇尽叛。临淮王元彧征讨失利，北魏朝廷急忙起用前此因孙子与城阳王元徽之妃于氏通奸而被罢职还第的广阳王元深为北道大都督，与柔然南北合剿。元深此前曾任肆州、桓州刺史，恩信颇行，算是深知边镇积弊的人。他在出征前上书，痛论六镇从开国皇帝拓跋珪时备受重视，"盛简亲贤，拥麾作镇……当时人物，忻慕为之"，而竟废坏沦落为"自非得罪当世，莫肯与之为伍"的沉滞之乡、"匪人"之地，直指转折的关捩是太和改革，并点名归罪李冲："太和在历，仆射李冲当官任事，凉州土人，悉免厮役，丰沛旧门，仍防边戍。"丰沛旧门，是以西汉开国那帮跟汉高祖打天下的沛县乡亲，比喻北魏建国之初拓跋鲜卑部落贵族。

归罪李冲实质上就是归罪太和改革，归罪文明与孝文。元深之论，代表了当时大部分朝野人士共同的忧虑与看法，也发后世赵翼等史家批评之先声。李冲出身陇西，家世显赫，本人原为敦煌公李宝少子，当然是所谓陇、凉大族士人的代表，但元深指责他假当权之机照顾故人，不惜厚此薄彼至于颠覆败坏军镇，则显涉虚诬，没有说出问题的实质。

先插播一个"凉州士人"及其养子的辛酸案例。

胡叟出身安定临泾（今甘肃省镇原县）著姓大族。临泾地属秦陇，凉州、秦陇诸大族名儒，大致在太武帝拓跋焘西平赫连勃勃和沮渠牧犍后相继仕魏，文化地理上属同一拨儿。天下胡姓出安定，三国胡遵、西晋胡奋，乃至后来把北魏彻底玩坏的胡太后，皆是。胡叟生于十六国后期，活动能力强，但脾性难偶，怀才不遇。后秦亡时（417）他大约二十岁，其后入汉中，投仇池，客沮渠，均不得意，"孤飘坎壈，未有仕路"。年约四十时，他在北凉亡国（439）前归魏，"朝廷以其识机，拜虎威将军，赐爵始复男"（《魏书·胡叟传》）。按《魏书·官氏志》，男爵在北魏五等之爵中属末等，虎威将军于九品官制中列五品。又《食货志》：北魏至太和八年（484）之前，百官无俸，朝廷以在战争中掳掠分给生口奴婢为赏赐臣下主要方式，对降国之臣、投效之士，则视其归顺先后与功勋大小待以客礼。匈奴拥部大人活拨在道武帝拓跋珪平慕容宝时归顺，"为第一客"（《魏书·宇文福传》）；献文帝拓跋弘初年，刘宋徐州刺史薛安都以城投魏，"子侄群从并处上客，皆封侯，至于门生无不收叙焉。又为起第宅，馆宇崇丽，资给甚厚"（《魏书·薛安都传》）；兖州刺史毕众敬同时降魏，其弟毕众爱"随兄归国，以勋为第一客，赐爵钜平侯"（《魏书·毕众敬传》），可知第一客大致等于上客。青州刺史沈文秀因反感魏兵掳掠，坚守东阳至城破被俘，恕死，"待为下客，给以粗衣蔬食"（《魏书·沈文秀传》）。胡叟虽较早投魏，但其在敌国原非高位，只身入魏未立奇功，应属"中客"一列，未授牧守实职，赐奴起宅，大概不过给些田产，只能"蓬室草筵，惟以酒自适"，甚至不免"短褐曳柴，从田归舍"，但他出身好，成名早，资格老，脾气大，虽穷，倒也穷出态度，穷出风格，一个养子和一口大布囊，成为他出行做客的标配：

> 叟不治产业，常苦饥贫，然不以为耻。养子字螟蛉，以自给养。每至贵胜之门，恒乘一牸牛，敝韦袴褶而已。作布囊，容三四斗，饮啖醉饱，便盛余肉饼以付螟蛉。见车马荣华者，视之蔑如也。
>
> 　　　　　　　　　　　　　　　　　　《魏书·胡叟传》

螟蛉，古称义子。典出《诗经·小雅·小宛》："螟蛉有子，蜾蠃负之"。螟蛉，泛指稻螟蛉、棉铃虫、菜粉蝶等多种鳞翅目昆虫的幼虫。蜾蠃是一种寄生蜂，它常捕捉螟蛉存放在窝里，把卵产进它们身体，孵化后的幼虫就拿螟蛉作食物，古人误认为蜾蠃不产子，喂养螟蛉为子，因此用"螟蛉子"比喻义儿。这个误会，后来被比胡叟晚生约半世纪的南朝博物家陶弘景（456—536）用观察戳破，那是后话。胡叟直接把养子命名为螟蛉，简直就像官府黥字，把小伙子的身份大书于脸。按照诸史包括《魏书》表述的习惯，若养同姓或亲戚之子为后，会有说明，可以推测螟蛉为异姓养子。

胡叟赴宴，或者叫蹭饭时总带着养子螟蛉，干吗？打包。

南北朝时，炙烤是肉类食品主要加工方式，胡俗尤然。饼为各种面制品及部分米制品的泛称，深受南北不同阶层人们的喜爱。"无论南方还是北方，上至宫廷宴会，下至庶民百姓的日常饮食，都缺不了饼。"当时人们已掌握发酵技术，除了胡饼，更有汤饼、水引饼、蒸饼、乳饼、髓饼、白环饼、截饼、豚皮饼等品种，干湿齐全，乃至那时馒头也叫饼——馒头馅饼，不过"当时的馒头与今天的不同，相当于今天的肉馅大包子"。[1] 这种以肉与饼为主食的饮食习惯至唐未变，韩愈《赠刘师服》诗开首即云："羡君齿牙牢且洁，大肉硬饼如刀截。"白居易《寄胡饼与杨万州》也有"胡麻饼样学京都"之语。而养子螟蛉这只打包袋，竟然大到可容三四斗，大约能装二十公斤的肉和饼，放在今天仍然天下无敌，举世无双，螟蛉简直是个干苦力的。当日胡叟带螟蛉上"贵胜之门"蹭饭，就是明摆着你们不但要让我这老同志醉饱，还得顺带解决我全家一周口粮。养父胡叟这个举动，无意中让可怜的养子螟蛉成为中国古代打包饭菜第一人，而且是劳模。

放在今天，若有一对父子在吃请时坚持如此打包，估计早已成为"饿了么"的网红代言，也不枉当螟蛉脸皮厚力气大，但在那时则只能说是中国古代养子史上一大悲摧：遍观北魏近一百五十年历史，基本找不出哪个异姓养子建功立业出人头地的记述，好不容易出个"生而非男"的仇洛齐，以国舅身份成为大宦官，当初也是以外甥身份被舅家所养的。螟蛉打包，竟成为北魏异姓养子最出彩的镜头。

更悲摧的是被养父如此贴标签剥面皮当乞汉干苦力的螟蛉竟然很没福气，没扛到老头归天就死了，袭爵之事当然免谈。胡叟虽命途不达，却高寿，一直活到八十岁。《魏书·胡叟传》说："叟元妻敦煌宋氏，先亡，无子。后庶养者，亦皆早夭，竟以绝后。"听起来他的养子也可能不止一人。前面这一"庶"字，意味着螟蛉即使活到胡叟去世，也不一定会让他袭爵，因为北魏一朝看起来特别不待见养子。"令文云：诸有封爵，若无亲子，及其身卒，虽有养继，国除不袭。"（《魏书·李冲传》）

---

〔1〕 朱大渭、刘驰、梁满仓、陈勇：《魏晋南北朝社会生活史》，中国社会科学出版社，2005，第92—101页。

可知当时律令甚至连同姓养子都剔除在袭爵资格之外，虽然多个例子证明事实上没能得到严格执行，但对像螟蛉这样无出身与来历的异姓养子，显然不利。

回到本节开头广阳王元深对李冲的指责上来。虽然胡叟是李冲前辈，他的颠踬潦倒也与李冲没有直接关系，但北魏一朝异姓养子最经典的造型竟是"螟蛉打包"，则与北魏远自开国皇帝拓跋珪以至文明太后、孝文帝一路发展下来的治理思路尤其是太和改革——简言之，即汉化的路径及趋势——有直接的因果关系，这后面是强势的汉族文明逆行融合、吞噬异族文化的宿世孽缘。

让我们再用一节文字稍作梳理，让历史的逻辑透过养子的纠结银瓶乍破。

度世之诚

北魏一朝，养子尤其是异姓养子之能出人头地名登载籍者为何少到近乎空白？一言以蔽之：门阀士族政治使然。门阀士族依靠婚姻的对等与血统的纯洁保持其垄断地位，以此排斥寒门混入，养子等拟亲形式当然更在抑制之列。

文明太后死后不久，孝文帝发出一道诏谕，在引经据典论述一番儒家忠孝礼义框架下的婚姻之义、夫妇之道后，作为皇帝兼兄长，他亲自给六位皇弟安排了合适的政治婚姻：

> 长弟咸阳王禧可娉故颍川太守陇西李辅女，次弟河南王干可娉故中散代郡穆明乐女，次弟广陵王羽可娉骠骑谘议参军荥阳郑平城女，次弟颍川王雍可娉故中书博士范阳卢神宝女，次弟始平王勰可娉廷尉卿陇西李冲女，季弟

北海王详可娉吏部郎中荥阳郑懿女。

《魏书·献文六王列传》

如果用章鱼来打比方，六位亲王的婚姻就像章鱼那附满吸盘的软腕，伸向当时中原、关陇最重要的数个高姓大门，把元魏政权与汉族门阀紧紧联结起来。这当然是北魏政权与汉族士族联合这一基本国策的延续发展，亦是孝文帝全面推行汉化政策的一项配套举措。这封诏书集中传递了一个信息，即元魏对中原汉族地区的统治，主要是通过与汉族门阀士族的合作来实现的。宗室联婚仅是一个方面，一整套以门第定品取士选官的品官制度，也是在孝文皇帝迁洛后最终确立并被严格执行。

太和定制，虽称改革，实乃前此北魏诸帝汉化路线的继续发展。早自西晋末年，晋朝对拓跋鲜卑实施离间政策的具体执行者——晋征北将军卫瓘帐下牙门将代人卫操就带着宗室乡亲入代，反为桓、穆二帝所用。代王什翼犍时，代地名族燕凤、许谦等"将家归附"，并"授献明帝（拓跋珪之父）经"（《魏书·许谦传》）。拓跋珪复国建魏，南征北战，为其所用的张衮、崔玄伯、崔模等人已俱为汉族高门大族，如崔玄伯属清河崔氏，家世名宦，六世祖为魏司空崔林，本人少号冀州神童。永兴五年（413）拓跋珪分遣使者"巡求俊逸"，并明确规定俊逸的对象是"豪门强族为州闾所推者""有先贤世胄、德行清美、学优义博、可为人师者"（《魏书·太宗纪》）。至第三任皇帝拓跋焘，遂于431年下诏大规模征士，各州郡征举发遣至代都的士人多至数百，知名当时者有"范阳卢玄、博陵崔绰、赵郡李灵、河间邢颖、勃海高允、广平游雅、太原张伟等"，皆"贤俊之胄，冠冕州邦"（《魏书·世祖纪》），中原望族，搜罗将尽。这批人中的不少优秀者进入北魏政权中枢，历事数帝，且带动整个家族乃至宗人出身入仕，并力织起一张鲜卑贵族与汉族士族联合统治之网。遍观《魏书》及《北史》中北魏一朝传记，无显赫出身门阀背景的传主，所占比例极小。

北魏以这样一条路径来实现对地域与人口均远倍于本族的中原地区的统治，并由此逐渐汉化，实乃历史发展与当时情势使然。

拓跋鲜卑由部族联盟实现跨越式发展，建国乃至一统中国北方，正承汉末魏晋豪强地主向门阀士族迅速发展，九品中正制根深蒂固之时，用王夫之的话来说，已经发展到"士大夫之流品与帝王之统绪并行，而自为兴废"，其时"江左则王、谢、何、庾之族显，北方则崔、卢、李、郑之姓著，虽天子莫能抑焉，虽夷狄之主莫能易也"。[1]偏安南方的东晋就是典型的门阀士族政权。北方大乱，十六国兴亡相继，未南迁的名门望族若得保全，势必依靠结坞自保，发展武装力量，成为名副其实的地方豪强，反而得以进一步脱离统一政权的限制，加强宗族自治的规模和力量，所谓于帝王统绪之外"自为兴废"，王夫之将其归美为"三代遗风"，实在是儒家的自说自话。这种情势决定了北魏以少数民族入主中原，必须与汉族豪强和坞堡屯聚的力量妥协结合，其早期的形式就是宗主督护制。"平城时代（指北魏定都平城的时期），北魏统治的根据之地在于京畿，对于京畿以外的地区实行羁縻的政策。针对草原游牧部落，有所谓领民酋长制；针对中原汉族地区，则有宗主督护。""宗主督护是北魏前期实行的以宗法关系为其维系纽带的、具有部分行政职能的生产与自保相结合的基层社会组织。""宗主不是通过国家的行政权力去任命的，而是依据宗法关系中的嫡长制原则在强宗大族中产生的。"[2]换句话说，"宗主督护"就是北魏

---

[1] 王夫之：《读通鉴论》，第565页。
[2] 李凭：《北魏平城时代》，第365—373页。

政权承认汉族门阀豪强的"自为统绪"，统者，血统也；绪者，嫡长继嗣制也。进而，当北魏政权经由迁都使统治中心到达中原核心河洛之地，并相应地以三长制、均田制等逐步升级，取代宗主督护，将行政权力延伸到基层时，就必须进一步以确保豪强门阀血统的社会分层制与可以垄断政治资源的品官制来安抚、获取汉人强宗世族的配合。

社会分层即血统的纯洁性，对外通过婚姻、教育的限制来保护，对内则主要借由嫡长继嗣制来维护。

孝文以前，北魏政权已多次发布诏令，严禁高门氏族与平民、卑姓通婚，甚至禁止下层民众接受学校教育，违犯可致死罪。如太平真君五年（444）诏令："今制自王公已下至于卿士，其子息皆诣太学。其百工伎巧、驺卒子息，当习其父兄所业，不听私立学校。违者师身死，主人门诛。"（《魏书·世祖纪》）和平四年（463）诏令："今制皇族、师傅、王公侯伯及士民之家，不得与百工、伎巧、卑姓为婚，犯者加罪。"（《魏书·高宗纪》）文明太后再次临朝听政的第二年即太和二年（478）五月重申："又皇族贵戚及士民之家，不惟氏族，下与非类婚偶。先帝亲发明诏，为之科禁；而百姓习常，仍不肃改。朕今宪章旧典，祗案先制，著之律令，永为定准。犯者以违制论。"（《魏书·高祖纪》）具体执行中，婚宦是选举的重要依据："朝廷每选举人士，则校其一婚一宦，以为升降，何其密也。"（《魏书·韩麒麟传》）

现实中，原来出身相同者因婚姻门第高下之异造成士庶之别，不乏其例，如公孙轨之子公孙睿与其从兄弟公孙邃，《北史·公孙表传》：

> 邃、睿为从父兄弟。睿才器小优，又封氏之男，崔氏之婿。邃母雁门李氏，地望悬隔。钜鹿太守祖季真多识

　　　　　　　　　　人中吕布：中国养子文化史

北方人物，每云："士大夫当须好婚亲。二公孙同堂兄弟耳，吉凶会集，便有士庶之异。"

同样，嫡长继嗣与爵位承袭，终北魏一朝都受到严格维护和控制。

皇权继承方面，北魏自开国皇帝拓跋珪开始，即不惜以立储杀母、太子监国等方式强力改变兄终弟及的母系部落遗俗，其后基本遵循立嫡以长制度，期间曾有献文帝拓跋弘为抗拒文明太后擅权而拟让位与其弟，因大臣反对而止。

宗室诸王无子绝后，或以兄弟之子为嗣袭爵，或绝封，如道武帝之子河间王拓跋修、广平王拓跋连、恭宗拓跋晃之子广平王洛侯等早逝无后，均以兄弟之子为后。想废嫡立庶，可不是父亲一个人说了算，要经过"宗议"。恭宗之孙安南王元英长子早卒，次子元熙依次当立，但轻躁浮动，"英深虑非保家之主，常欲废之，立第四子略为世子。宗议不听，略又固请，乃止"（《魏书·景穆十二王传》）。

宗室以外，大臣士族也基本遵循此制，鲜有违反。个别例外，史为特书，如建安王陆馛之立第五子陆琇为世子（《魏书·陆馛传》）。

司法层面上，无正当理由违背此原则者，一般不会得到支持，若发生诉讼，久后必予纠正。

元弼为济阴王小新成长孙，"以世嫡应袭先爵"，但因叔父干扰，"夺弼王爵，横授同母兄子诞"（《魏书·景穆十二王列传》）。他死后，其子元晖业坚持上诉，终得绍袭。

崔邪利先生二女，其一嫁刘休宾，生子刘文华，其后崔又生下庶子崔法始。"二女侮法始庶孽，常欲令文华袭外祖爵临淄子"（《魏书·崔邪利传》），但没成功。盖法始虽为庶出，毕竟仅此一男，而文华是外甥，已属异姓，"莒人灭鄫"之戒言犹在耳。前文谈到宦官抱嶷始以其弟抱老寿为后，后又养冯太师之子，抱死后，其妻支持冯姓养子袭爵，老寿坚持上诉，终获改判。以弟为子虽不伦，但毕竟同宗同姓；冯氏子虽属国戚，仍犯异姓不养之大忌。

北魏一朝，由于南北对峙，因战争掳掠或叛逃由南入北者，上至南朝王室大臣将领，下至普通百姓，成为当时社会一个特殊而重要的阶层。《洛阳伽蓝记》云："时朝廷方欲招怀荒服，待吴儿甚厚，褰裳渡于江者，皆居不次之位。"[1]赐妻赠宅，率为常事，洛阳城南归正里，民间号为"吴人坊"，就是"南来归化者"的聚居区。这批人在南朝多已娶妻生子，入北之后，王族多尚主，其次则多赐妻。刘义隆第九子义阳王刘昶入魏，先尚武邑公主，岁余薨，再尚建兴长公主，又薨，更娶平阳长公主。为示重北轻南，同时预先防止混乱争讼，北魏规定"前妻虽先有子，后赐之妻子皆承嫡"。毕众敬之子毕元宾是个典型，他的第一个妻子刘氏生有四儿，后赐妻元氏，又育二儿，虽然刘氏所生之子毕祖朽居长，但因元氏具有法定嫡妻资格，嫡子地位仍属元氏所生的次子毕祖晖。祖晖未袭而亡，爵位就顺次落到他的儿子即嫡孙毕义允头上（《魏书·毕敬众附毕元宾传》）。

庶出之兄在继承序列中后于嫡生之弟，在这一时期得到更广泛的认同，庶母尤其是奴婢所生之子受到"非子"对待的事，同样间有发生。

范阳大族卢玄为崔浩外兄，生了五个儿子，卢度世并非长子，但只有他是嫡妻所生。后来崔浩国史大狱起，牵连甚广，卢度世的庶兄们多方挖坑，想借机置这个将他们排除在袭爵资

---

[1] 尚荣译注：《洛阳伽蓝记》，第174页。

人中吕布：中国养子文化史

格以外的异母弟于死地，没得逞。卢度世对此心有余悸，恨之入骨，自己成家生子后，就一再训诫其子卢渊兄弟，别在正妻之外再养育妾婢所生之子，以免以后庶嫡相害之事重演。卢渊兄弟谨记"度世之诚"，但管不住下半身，搞大"婢贱"肚子不认："婢贱生子，虽形貌相类，皆不举接，为识者所非。"（《魏书·卢度世传》）这批因为爷爷的训诫而被血亲生父对面遗弃的无辜孽孙，真是"庶孽千万重"中最不幸的那一重了。

前面提到的名将杨大眼，乃氐王杨难当之子，但因属侧室所生，不为宗族所重，早年不免饥寒，后靠过人武艺，成为南北知名的大将，以功封安成县开国子，食邑三百户。他的妻子潘氏，可谓不改性别的真人版花木兰，夫妻可连辔上战场。二人所生三个儿子甑生、领军、征南，也都武勇有父风，可惜潘氏是庶妻，三子当然都是庶子。其后潘氏在留居洛阳时与人通奸，为另一侧室所生之女夫赵延宝告发，遭幽杀。杨大眼后来另娶继室元氏，元姓女子想必属北魏宗室，位居正妻。杨大眼死于营州任上，"大眼之死也，甑生等问印绶所在。时元始怀孕，自指其腹谓甑生等曰：'开国当我儿袭之。汝等婢子，勿有所望！'"（《魏书·杨大眼传》）。结果惹爆火药桶：潘氏三子从营州扶丧回洛，出城不久，半路射杀赵延宝为母报仇，挟着父亲的尸体南奔襄阳，叛归南齐。

北魏宦官养子袭爵的情况，亦须一提。

宦官在东汉中后期人数与势力迅速扩大，并突破异姓养子不能袭爵的限制，此后一直是养子活跃群体，且通常多为异姓养子。北魏以军事征服中原，刑罚严酷，攻伐俘获或父祖因罪被戮者，幼童往往被阉入宫，不少阉人原出官宦大族，受过良好教育，胜任文案吏事，加以宫中后权严重，每需倚重宦官，大宦官们便迎来了他们的黄金时代。北魏一朝，除宗爱弑君、刘腾专权外，宦官群体总体上比较本分勤快，在任用上却几乎没有内外朝的限制，多任吏部选曹要职，州郡牧守、中正等显位。大宦官可以在宫外建立家宅，或家居养老，如王琚得赐宫人为妻，"内外妇孙百口"，娶妇养子的拟亲生活过得非常招摇滋润。即使如此，多数宦官在养子上仍遵循养同宗为后的原则。《魏书·阉官列传》传主25人，其中未述及养子者，有宗爱、段霸、剧鹏、苻承祖、王质、秦松、白整、贾粲、孟鸾、刘思逸十人；不清楚所养之子是否为同宗者为王琚、孙小、张祐、杨范、王温、刘腾六人；明确所养为兄弟同宗者七人：赵黑养族弟赵奴第四子炽为后，张宗之养兄子袭绍爵，王遇养弟子厉，李坚以弟子昙景为后，成轨养弟子仲庆，平季以兄子叔良为后，封津养兄子长业，袭爵。仇洛齐勉强可计入，但存疑。他本姓侯，养于舅氏，改姓仇，"还取侯家近属"仇俨养为子。关系较密切的亲属即可谓"近属"，如舅甥，不能肯定就是同姓。总之，可以确定的养同姓为后的人数，比例明显偏高。《阉官列传》外，宦官养子也偶见记述，如封磨奴，为封玄之之侄，因受牵连被刑为宦官，后"以族子叔念为后"（《魏书·封懿传》）。

当时宦官养子，有不止一人者。孙小"所养子息，驱驰鞭挞，视如仇雠"，"子息"听来不是单数；王琚七十来岁时有内外妇孙百口，计除奴婢，可以列入家庭成员的总不下几十，内外，则说明既养子亦养女；刘腾后期软禁胡太后，控制皇帝，实际上把持了朝政，从宦官到外官，都争着巴结他，除有养子二人，"中官为义息，衰绖者四十余人"。宦官杨范"为王琚所养，恩若父子，往来出入其家"，也说明大小宦官之间以养子方式互相提携结纳，北魏时已存在。

遍地中正下中原

上文所论，包括对婚姻的阶层限制、嫡长继嗣制的维护等，目的是从血统上维护门阀士族的社会分层，这同时是抑制以异姓养子为主的拟亲关系的一只手。与此配套的另一只手，是垄断政治资源的品官制，也在这里做个简单讨论。

九品中正制（或称"九品官人法"）创于曹魏，历两晋南北朝，入隋始废。对此一涉及数朝的选举用官制度，相关研究已非常详尽。一提九品中正制，人们首先想起的总是曹魏两晋。立足本书研究重点，我们可以发现一个有趣的现象：以孝文帝太和定品为标志，定品与任官无缝结合，即全面评定族姓门第并以此作为选官用人唯一标准这样一个完整制度的确立及完全落地，在北魏。负责"甄别士庶""定选举"[1]的中正成为州郡标配，州设大中正，郡邑设中正，可谓遍地中正下中原。此制既沿承魏晋，实质上也是鲜卑国家的行政权力对前期部落领民与宗主督护制的替换升级，因而，北魏朝廷的惯例是选派地方强宗大族的代表人物出任本州郡中正，有的并兼行政长官，"本州之荣"一身二任。不少名宦大族，同时也是"中正世家"，如：

李顺出身赵郡平棘李姓大族，历事拓跋珪至拓跋焘三帝。其孙李宪曾任定州大中正，其子李骞曾任殷州大中正。又其族人李秀林曾任定州大中正，秀林之子李景义又任殷州大中正。李顺从父兄李灵的曾孙李瑾、侄孙李宣茂，都曾任殷州大中正。

---

〔1〕《魏书·寇猛传》："自以上谷寇氏，得补燕州大中正，而不能甄别士庶也。"又《魏书·穆崇附穆亮传》："于时，复置司州。高祖曰：'司州始立，未有僚吏，须立中正，以定选举。然中正之任，必须德望兼资者。世祖时，崔浩为冀州中正，长孙嵩为司州中正，可谓得人。公卿等宜自相推举，必令称允。'尚书陆睿举亮为司州大中正。"

勃海高祐为司空高允从祖弟，其父高说曾任冀、青二州中正，本人复任冀州大中正。

南凉国君秃发傉檀之子源贺入魏，其子源怀、孙源子雍先后任凉州中正。

王肃及其侄子先后为扬州大中正。

灵太后时，宦官范杨曾为华州大中正；庄帝时，宦官平季曾任幽州大中正。

……

与中正品官制相配套，是教育资格的限制。如郡国立学，"学生取郡中清望、人行修谨、堪循名教者，先尽高门，次及中第"（《魏书·高允传》）。北魏中后期，朝廷设中书学生作为官员的训练和预选梯队，选择范围，主要是"侍郎、博士之子"中的"秀俊者"（《魏书·李孝伯传》）。

人有定品，品有定官，取人唯论门户，这一原则，甚至连身居宰辅亲王者都难以违反。

王国舍人应取八族及清修之门，但咸阳王元禧取任城王隶户担任此职，受到其兄孝文帝的严责。

《魏书·景穆十二王列传》记述了另一个引起激烈冲突的例子：

> （任城王元顺）后除吏部尚书，兼右仆射。……时三公曹令史朱晖，素事录尚书、高阳王雍，雍欲以为廷尉评，频请托顺，顺不为用。雍遂下命用之，顺投之于地。雍闻之，大怒，昧爽坐都厅，召尚书及丞郎毕集，欲待顺至，于众挫之。顺日高方至，雍攘袂抚几而言曰："身，天子之子，天子之弟，天子之叔，天子之相，四海之内，亲尊莫二，元顺何人，以身成命，投弃于地！"顺须鬓俱张，仰面看屋，愤气奔涌，长歔而不言。久之，摇一白羽扇，

徐而谓雍曰："高祖迁宅中土，创定九流，官方清浊，轨仪万古。而朱晖小子，身为省吏，何合为廷尉清官！殿下既先皇同气，宜遵成旨，自有短垣而复逾之也。"雍曰："身为丞相、录尚书，如何不得用一人为官？"顺曰："庖人虽不治庖，尸祝不得越樽俎而代之。未闻有别旨，令殿下参选事。"顺又厉声曰："殿下必如是，顺当依事奏闻！"雍遂笑而言曰："岂可以朱晖小人，便相忿恨。"遂起，呼顺入室，与之极饮。顺之亢毅不挠，皆此类也。

高阳王元雍态度的转折服软，关键是他自知理亏。元顺敢硬顶，亦因得理。但两人争论的所引以为据的"理"，都在如此用人是否违背孝文帝创定的"九流清浊"品官制，与朱晖本人才能如何，是否胜任廷尉评一官全不搭边。北魏末期，出身陇西李氏的外戚李神俊任吏部尚书，当时尔朱荣已权势灼天，他"有所用人，神俊不从"（《北史·序传》），尔朱荣一怒，李神俊怕了，自请解官。对这件事，《魏书·李宝附李神俊传》有更详细介绍："神俊意尚风流，情在推引人物，而不能守正奉公，无多声誉……天柱将军尔朱荣曾补人为曲阳县令，神俊以阶县（悬）不用。"李神俊之抗命，并非用人唯贤，理由仅是"阶悬"——拟任职位与被推荐者的流品严重不符。中正品官制度执行的结果，就是州郡贡察，唯"检其门望……徒有秀、孝之名，而无秀、孝之实"（《魏书·韩麒麟附韩显宗传》）。有吏才有大靠山的寒士都很难突破品官的壁垒，异姓养子还能有戏？

北魏迁洛以后，孝文倡汉化，重文治，以代地旧族和军人为主的北方六镇迅速被边缘化，一个重要的表征就是武人被轻视，受冷落。相应的，在品官系统中，武浊文清，文重武轻，甚至影响阶层区分。《北史·循吏·明亮传》关于明亮廷争官品清浊的材料，也属典型：

> 明亮，字文德，平原高昌人也。有识干，历员外常侍。延昌中，宣武临朝堂，亲自黜陟，授亮勇武将军。亮进曰："臣本官常侍，是第三清；今授臣勇武，其号至浊。且文武又殊，请更改授。"帝曰："九流之内，人咸君子，卿独欲乖众，妄相清浊，所请未可。"亮曰："今江左未宾，书轨宜一，方为陛下投命前驱，拓定吴会。官爵，陛下之所轻；贱命，微臣之所重。陛下方收所重，何惜所轻？"因请改授平远将军。帝曰："运筹用武，然后远人始平。卿但用武平之，何患不得平远乎？"亮乃陈谢而退。

这场廷争以皇帝的坚持告终。宣武帝元恪指责明亮的请求是在九流之内"妄相清浊"，但实质上却道出当时的真相和舆情，别具史料价值，此事因此为《北史》《魏书》所录。

张彝的悲剧

元雍霁怒为笑，明亮"陈谢而退"，官品制似乎得到不打折扣的执行，但事实并不理想，结局相当惨烈。

首先，婚配环节上早已出现混乱，而这是支持"九流之内"即清流上品群体纯洁性的重要基础。高宗拓跋濬时，皇子诸王破坏"礼限"的情况就非常严重，从高允的谏章中可以看出：

> ……今诸王十五，便赐妻别居。然所配者，或长少差舛，或罪入掖庭，而作合宗王，妃嫔藩懿。失礼之甚，无复此过。往年及今，频有检劾。诚是诸王过酒致责，迹

人中吕布：中国养子文化史

其元起，亦由色衰相弃，致此纷纭。今皇子娶妻，多出宫掖，令天下小民，必依礼限……

高允的进谏显然没什么效果。赵翼总结"魏齐诸帝皆早生子"（《廿二史札记》卷十五），文明太后以罪入宫而其后得立为皇后，均与此种淆乱有关。

另一方面，即使有清流九品的僵化标准，门阀品官制实质上仍然不能禁止买官鬻爵与吏治腐败。当时负责选举的吏部（选部）主官常由亲王、高门大族出身的大臣，甚至宦官担任，卖官鬻爵、任人唯货之事经常发生，甚至公行无惧，如汝阴王元天赐第五子元脩义"累迁吏部尚书。及在铨衡，唯专货贿，授官大小，皆有定价"。元顺之侄元世俊于魏出帝时"居选曹，不能厉心，多所受纳"（《魏书·景穆十二王列传》）。宣武帝时，宗室元晖"迁吏部尚书，纳货用官，皆有定价，大郡二千匹，次郡一千匹，下郡五百匹，其余官职各有差，天下号曰'市曹'"（《北史·魏诸宗室列传》）。元晖如此声名狼藉，不但未受贬责，孝明帝时竟再次主持吏部选举。所谓"门尽州郡之高，才极乡闾之选"（孝文帝延兴二年诏书）未免一厢情愿，"中正所铨，但存门第，吏部彝伦，仍不才举"（《魏书·世宗纪》）才是实际情形。到孝文帝的继任者宣武帝末期，情况已相当糟糕："法开清浊，而清浊不平；申滞理望，而卑寒亦免。士庶同悲，兵徒怀怨。中正卖望于下里，主案舞笔于上台，真伪混淆，知而不纠，得者不欣，失者倍怨。"（《魏书·孙绍传》）而窃冒军功几至法不责众。《北史·卢同传》说："明帝（即肃宗元诩）世，朝政稍稀……（卢）同阅吏部勋书，因加检核，得窃阶者三百余人。"实际情况更严重，"明知隐而未露者，动有千数"（《魏书·卢同传》）。

贱薄军镇轻视武人的情况也愈演愈烈。

早在高宗拓跋濬时，源贺奏请"减过误入死罪者充卒戍边"（《读通鉴治》卷十五），"已后入死者，皆恕死徙边"（《魏书·源贺传》）。当时以为得计，拓跋濬曾因此在群臣面前赞扬源贺。王夫之直斥其"以行伍为四裔"，害国至大，导致后来"拓跋氏之坐制于六镇而以亡"[1]。与此相应的是昔日让人忻慕的六镇兵将居民形同"匪人"，"少年不得从师，长者不得游宦"，"自非得罪当世，莫肯与之为伍"（《魏书·太武五王传》元深表奏语）。即便是随孝文迁洛的代地旧人，虽说境遇和机会比留在代地强多了，但若不自觉汉化，习儒就学，仍为武人，则入流上品的资格同样受到很大限制，出仕晋身之途狭窄。六镇起义天下大乱之后，北魏皇帝才想起来任用和安抚代地旧人，为军功开辟上升途径[2]，但为时已晚。

张彝父子的悲剧，蕴藏着一个他们至死没有明白的道理。这个道理，百世同归。

张彝出身清河东武城，曾祖在南燕慕容超时为东牟太守，后"率户归国"。祖父为青州刺史，是山东地面的赫赫强宗，如假包换的中原门阀。他本人袭爵入仕，"性公强，有风气，历览经史"，所谓根正苗好业务好。这哥们儿因此自豪骄傲得不得了，朝会时"出入殿庭，步昒高上，无所顾忌"，就是说百官皇帝都不放眼里，被文明太后当面批评，仍不改。平居则"爱好知己，轻忽下流，非其意者，视之蔑尔"，这里的所谓"下

---

〔1〕 王夫之：《读通鉴论》，第 580—581 页。

〔2〕《魏书·山伟传》："时天下无事，进仕路难，代迁之人，多不沾预。及六镇、陇西二方起逆，领军元又欲用代来寒人为传诏以慰悦之，而牧守子孙投状求者百余人。又欲杜之，因奏立勋附队，令各依资出身。自是北人悉被收叙。"又《魏书·孝庄纪》："又以旧叙军勋不过征虏，自今以后宜依前式以上，余阶积而为品。其从舆驾北来之徒，不在此例。悉不听破品受阶，破阶请帛。"

　　　　　　　　　　　　人中吕布：中国养子文化史

流"，非指品格，乃是指不入品流或品流卑下者，换句话说就是不把士族高品以外的士庶当人瞧。他这个做派和观念，直接传给儿子。当时朝野有识之士已认识到武人和北镇问题是个可怕的火药桶，延昌（宣武帝元恪最后一个年号，512—515）年间，孙绍上表，即预言"今强敌窥时，边黎伺隙，内民不平，久成怀怨，战国之势，窃谓危矣。必造祸源者，北边镇戍之人也"（《魏书·孙绍传》）。数年后，在情势越发严重的神龟（孝明帝元诩第二个年号，518—520）元年或二年初，张彝"第二子仲瑀上封事，求铨别选格，排抑武人，不使预在清品"。这火上浇油的提案，彻底激怒了当时洛阳的武人核心群体，这些人可不像当年文明太后对待他爸张彝那样"文明"，这回，父子三人付出了二命一伤的代价：

> 神龟二年二月，羽林虎贲几将千人，相率至尚书省诟骂，求其长子尚书郎始均，不获，以瓦石击打公门。上下畏惧，莫敢讨抑。遂便持火，虏掠道中薪蒿，以杖石为兵器，直造其第，曳彝堂下，捶辱极意，唱呼嗷嗷，焚其屋宇。始均、仲瑀当时逾北垣而走。始均回救其父，拜伏群小，以请父命。羽林等就加殴击，生投之于烟火之中。及得尸骸，不复可识，唯以髻中小钗为验。仲瑀伤重走免。彝仅有余命，沙门寺与其比邻，舆致于寺。远近闻见，莫不惋骇。

张彝临死口占上启，还认定其子所提建议"益治实多"。死于火中的大儿子张始均也不算太冤，他死前著《冠带录》，正在一心一意辨别族姓，分别士庶。

张彝父子没明白一个简单的道理：任何社会，阶层固化都将导致其活力渐失，怨毒郁结，若不及时疏导改革，最后势必生出暴力情绪，酿成动乱革命。从这个意义上，北魏中后期选举吏治腐败导致的流品混淆军功冒滥等乱象，恰如长堤蚁洞，是对门阀统治造成的社会阶层固化的一种冲击和破坏，虽未能治本，但其在微调与缓和社会矛盾方面来说，有着一定的积极作用。张仲瑀反而公开建议朝廷当局严抑，无异要将政策调整的正道与具体执行的后门一起堵死，绝望的群体起而宣示暴力，这把火要烧的是门阀统治和品官制，也让人清晰地看到北魏的末日。北齐开国皇帝高欢当日身为函使公干至洛，由于身份卑贱犯禁受笞，又正好目击这场暴乱与朝廷无原则的息事宁人，轻判了事，由此料定天下必乱，回代地后开始散财结客，正式迈出乱世枭雄第一步。

山深闻鹧鸪

"青山遮不住，毕竟东流去。江晚正愁予，山深闻鹧鸪。"此词之所以魅力常新，是因为它说明了一个道理：万山应许一溪奔。虽说北魏一朝门阀政治远比魏晋严重，以异姓养子为主要表征的拟亲关系——社会阶层的破壁机制——受到更严重的抑制，不仅乱世枭雄级别的异姓养子没能露头，相关记述也鲜见史籍，零星的碎片仍然包含了丰富的信息，为我们勾勒出暗夜中群山奔涌的轮廓。

本节简单做个梳理。

其一，与养子继嫡相关的法条规制，《魏书·刑罚志》未有专节介绍，零星见于人物传记，亦不过数条，如：《李冲传》在讨论元拔、穆泰谋逆案中涉及对养子的处置；《源贺传》所引源贺关于断狱依据与尺度把握的上书，让我们知道北魏若干关于养子的律令，包括"谋反之家，其子孙虽养他族，追还就

　　　　　　　　　　人中吕布：中国养子文化史

戮”，“诸有封爵，若无亲子，及其身卒，虽有养继，国除不袭”，等等，从中已能感受到北魏法律对继养关系不予鼓励。对照史料，可以看出上述律文在实际执行中并没那样严格，同姓为后一般得袭爵位，但也有个别案例显示此种情形需得到朝廷特批，如于忠临死上表，自陈：“臣薄福无男，遗体莫嗣，贪及余生，谨陈宿抱。臣先养亡第四弟第二子司徒掾永超为子，犹子之念实切于心，乞立为嫡，传此山河。”灵太后特旨批准。因出养别籍而免于连坐的例子也有，如南安王元熙起兵反对刘叉专权失败被杀，熙异母弟元义兴以先出后叔父，得不连坐。元熙一案，在当时应属谋反。再如《毕众敬传》：“前妻虽先有子，后赐之妻子皆承嫡。”涉及当时因为处理南北关系衍生出来的专门规定，等等。

这一时期前承十六国战乱，北魏本身对外对内也一直在进行大大小小的战争，应该说民间伤痍创痛未能得到充分恢复，一直到文明太后第二次听政时，诏书政令还经常出现“民为人后者”的提法，“以皇太子立，诏赐民为人后者爵一级，为公士”。类似提法，十六国时已频频出现，也许同样意味着当时因为战乱丧子无后者多，对民间养子无法严格要求同宗同姓，只能笼统而名，宽纵待之。

其二，部分出于与上述所论同样的原因，“少孤”仍是比较常见的情况，对“少孤”的抚育救济也与前相似。代人叔孙骨“为昭成母王太后所养，与皇子同列”（《魏书·叔孙建传》）。叔孙骨来历不明，很可能是遗孤。拓跋珪晚年为确保太子继位，大力清除有威胁的宗室和功臣，卫王拓跋仪即在其列。根据李凭先生的考证，卫王拓跋仪其实是拓跋珪的亲兄弟[1]，在拓跋

---

〔1〕　参阅《北魏平城时代》第二章第五节“拓跋烈是道武帝的同母弟”。

部族"兄终弟及"继承传统中最具继位资格。拓跋仪死后，其子拓跋纂年仅五岁，"太祖命养于宫中……恩与诸皇子同"（《魏书·昭成子孙列传》）。

赡赈宗人收恤孤寒，在当时是宗族的一项重要职能，宗族领袖或先达者亦多乐意为之，并因此得到好评和拥戴。宗族的概念在当时外延很广，自子侄至于同姓疏属，皆在范围之内。有"圣人"之称的北魏好人、名臣高允就是这方面的表率："显祖（拓跋弘）平青齐，徙其族望于代。时诸士人流移远至，率皆饥寒。徙人之中，多允姻婿，皆徒步造门。允散财竭产，以相赡赈，慰问周至，无不感其仁厚。收其才能，表奏申用。"（《魏书·高允传》）那时高允已是年近八十的老人，而且是北魏朝野一致尊重的老臣，仍一一徒步拜访流移宗人中诸多有姻亲关系者，从救济到荐用，可谓尽心竭力。李冲富贵之后，"积而能散，近自姻族，逮于乡闾，莫不分及"（《魏书·李冲传》），也为人所称道。河东闻喜人裴修之祖封闻喜侯，其父裴骏被目为"三河领袖"，"乡里宗敬焉"。裴修早孤，却能抚养训育二弟三妹，"爱育孤侄，同于己子"（《魏书·裴骏传》）。袁翻的例子，更能说明宗族特殊的纽带功能。袁翻之父袁宣曾任刘宋青州刺史沈文秀府主簿，他在北魏对刘宋的战争中以降民身份入魏，叛逃北魏的刘宋亲王刘昶时为大将军，是朝廷的红人，刘昶"每提引之，言是其外祖淑之近亲，令与其府谘议参军袁济为宗。宣时孤寒，甚相依附"（《魏书·袁翻传》）。王肃之侄王衍笃于交旧，有故人为尔朱仲远所害，"其妻子饥寒，衍置之于家，累年赡恤，世人称其敦厚"（《魏书·王肃附王衍传》）。刘昶与王衍之为，或可谓去国变俗，南方的风气似乎淡薄得多。《南史·王懿传》：东晋末，太原人王懿兄弟自北入南，居于彭城，"北土重同姓，并谓之骨肉，有远来相投者，莫不竭力营赡。若有一人不至者，以为不义，不为乡邑所容。仲德闻王愉在江南贵盛，是太原人，乃远来归愉。愉接遇甚薄"，只好改投桓玄。南朝不重疏属宗人，但高门甲族内部之同宗近亲关系非常密切，教养提携，盖"门户"所寄，须人才代出。

民间济困恤孤的行为也常受官方表彰，武邑武强人马八龙"轻财重义。友人武遂县尹灵哲在军丧亡，八龙闻即奔赴，负尸而归，以家财殡葬，为制缌服。抚其孤遗，恩如所生。州郡表列，诏表门闾"（《魏书·节义传》）。

从严格意义上说，北魏没有厉害的异姓养子，却有"赵氏孤儿"。本朝最风光的外戚——文明太后的亲兄冯熙就算一个。其父冯朗入魏不久因罪被诛，按律女子入掖庭，若有子，长则杀，幼当阉，文明太后即因此入宫，而冯熙显然逃脱了。《北史·外戚·冯熙传》说："熙生于长安，为姚氏魏母所养。以叔父乐陵公邈因战入蠕蠕，魏母携熙逃避至氐羌中抚育。"冯邈入蠕蠕可能是叛逃，或即带着冯熙。魏母可能原是他的乳母，也当是冯熙得以逃脱的关键人物，因为氐羌与蠕蠕接壤，她带着冯熙避居氐羌，后来一直把他带大。冯熙本人则"事魏母孝谨，如事所生。魏母卒，乃散发徒跣，水浆不入口三日。诏不听服，熙表求依赵氏之孤"。不听服孝，说明魏母生前并没有正式成为冯熙的养母，而冯熙的请求，则指向当日在历经艰险的逃亡中结成的恩过亲子的救济养育关系。

北魏版的赵氏孤作，冯熙并非孤例，《魏书·节义传》中汲固的故事更典型：

> 汲固，东郡梁城人也。为兖州从事。刺史李式坐事被收，吏民皆送至河上。时式子宪生始满月，式大言于众曰："程婴、杵臼何如人也！"固曰："今古岂殊。"遂便潜还，不复回顾，径来入城，于式妇闺抱宪归藏之。及捕者收宪，属有一婢产男，母以婢儿授之。事寻泄，固乃携

宪逃遁，遇赦始归。宪即为固长育至十余岁，恒呼固夫妇为郎婆。后高祐为兖州刺史，嘉固节义，以为主簿。

其三，此期间，主官与属吏同于父子的拟亲关系一方面发生戏剧性的"泛化""下沉"，另一方面又不可逆转的淡化，渐趋消解。

顺着汲固的故事，我们可以发现一个有趣的现象，即盛行于两汉魏晋的宗师主官与门生属吏之间的拟亲关系，到北魏时期每每与收恤孤寒合并，成为基层官员辖下豪民的自觉行动。《魏书》之《孝感传》《节义传》《良吏传》记述了数宗类似事迹，如：

河东闻喜人吴悉达"每守宰殡丧，私办车牛，送终葬所"。（《孝感传》）

太平真君（太武帝拓跋焘年号，440—451）初年，蒲坂县令黄宣死于任上，单贫无亲，石文德之祖父石苗以家财殡葬，为黄宣持服三年，奉养宣妻二十余载。"自苗逮文德，刺史守令卒官者，制服送之。"

元承贵曾为河阳令，"赴尚书求选，逢天寒甚，遂冻死路侧。一子年幼，停尸门巷，棺敛无托"。邑人张安祖"悲哭尽礼，买木为棺，手自营作，敛殡周给"。（《节义传》）

常山郡九门县令齐罗丧亡，无亲属收埋，邑人杜纂"以私财殡葬"。（《良吏传》）

另一方面，真正的主官与属吏之间的拟亲关系却已动摇淡薄。公孙邃为青州刺史，死于任上，"时百度唯新，青州佐吏疑为邃服"，意思就是作为佐吏该不该为刺史服孝？服到什么规格？那时大家已开始迷糊，不认为天经地义，孝文帝特为此下诏，谓："专古也，理与今违；专今也，太乖曩义。当斟酌两途，商量得失"（《魏书·公孙表传》），折中了事。

这两种现象看似矛盾，实则有内在呼应。一方面，此例行之数朝，业已沉淀为一种观念、习惯，而"泛化""下沉"到民间。推动这种观念泛化的另一个重要原因是北魏初期百官无俸，朝臣尤其是基层官员若廉洁则不免饥寒，甚者至于孤苦无依，不能自存。另一方面，北魏的清流品官制以门阀婚宦为依据，更为严格规范士人的流品和仕阶，相应地也限制了主官辟举属吏的范围和权利，即使亲王（咸阳王元禧）、权臣（如尔朱荣）都难以越阶用人，这实际上为隋朝将选官权力全部收归中央做了铺垫。另一个极端情形在后期出现：洛阳羽林火烧张彝父子，武人们用八颗人头撞开所谓清流高品的门槛[1]，主持吏部的崔亮为解决僧多粥少难题，创设专以年资为断的"停年格"。上述种种，都在不可逆转地淡化主官与僚吏的关系。

其四，"约为兄弟""约为父子"等拟亲关系继续在政治结盟和斗争中若隐若现。

一段《晋书·载记》等十六国史籍所未载的"异姓兄弟"关系，在《北史》《魏书》中显露出来。邓彦海祖父邓羌为前秦名将，慕容垂奔投苻坚后，两人结为异姓兄弟。淝水之战后慕容垂叛于苻坚，包围邺城，就用这段关系来劝降邓彦海。这段隔代才被提起的拟亲关系，提示其时文臣武将间建立拟亲关系者可能不少，但史多失载。

曾被皇帝"拟兄"的人则往往凶多吉少。《魏书·奚牧传》说：代人奚牧，原在另一部落首领刘显帐下，因将刘显加害之

---

[1]《魏书·张彝传》说，纵火事件发生后，"官为收掩羽林凶强者八人斩之，不能穷诛群竖，即为大赦以安众心，有识者知国纪之将坠矣"。又《北史·崔亮传》："时羽林新害张彝之后，灵太后令武官得依资入选。官员既少，应选者多，前尚书李韶循常擢人，百姓大为怨。亮乃奏为格制，不问士之贤愚，专以停解日月为断，虽复官须此人，停日后者终于不得。庸才下品，年月久者灼然先用。"史称"停年格"。

谋告诉拓跋珪，立了大功，"太祖（拓跋珪）宠遇之，称之曰仲兄"，但最终为太祖所戮。

"假父"之称，《魏书》一见。尉庆宾之从祖尉古真原为拓跋珪之母贺兰后所在贺兰部人，曾救过拓跋珪，有大功于国。尉庆宾为肆州刺史，尔朱部落的封地北秀容正在肆州境内，朱尔荣兵袭肆州，拘囚尉庆宾而不害，呼为假父，后放回洛阳。

其五，在战争前线、部伍行间，乃至在治剧之州，部曲、养子军团、养士结客、假子等拟亲关系或曰拟亲组织因现实的需要，挣脱主流体制的抑制，业已得到较好发育。

《魏书·陆馛传》说，陆馛任相州刺史时，"简取诸县强门百余人，以为假子，诱接殷勤，赐以衣服，令各归家，为耳目于外。于是发奸摘伏，事无不验。百姓以为神明，无敢劫盗者"。

《魏书·裴延俊附裴庆孙传》："庆孙任侠有气，乡曲壮士及好事者，多相依附，抚养咸有恩纪。在郡之日，值岁饥凶，四方游客常有百余，庆孙自以家粮赡之。"江悦之先仕南朝，由宋入齐，"有将略，善待士，有部曲数百人"（《魏书·江悦之传》）。后拟投北魏，为南齐将领尹天宝所围，正是靠有私军性质的忠诚部曲血战保全南郑，得以城归魏。若干年后，在南朝的梁、陈两朝易代之际，名将周文育的经历，倒是为历史提供了一个武将养子的完满案例[1]。

北魏名将李崇为扬州刺史守寿春，地处南北对峙前线。

---

[1]《南史·周文育传》："周文育，字景德，义兴阳羡人也。少孤贫，本居新安寿昌县，姓项氏，名猛奴。年十一，能反覆游水中数里，跳高六尺，与群儿聚戏，众莫能及。义兴人周荟为寿昌浦口戍主，见而奇之，因召与语。文育对曰：'母老家贫，兄弟姊并长大，困于赋役。'荟哀之，乃随文育至家，就其母请文育养为己子，母遂与之。"

人中吕布：中国养子文化史

《魏书·李崇传》说："崇沉深有将略，宽厚善御众。在州凡经十年，常养壮士数千人，寇贼侵边，所向摧破，号曰'卧虎'，贼甚惮之。"此已带有颇强的"养子军团"色彩。

还是请漏杀"天女"之人——北魏最后一任听政太后灵太后的情人杨白花[1]的父亲、那位前此我们已数次提及的氐王后人杨大眼出来为鲜卑一朝养子史打个煽情而漂亮的"潘氏结"吧！杨南伐凯旋，在名列《龙门十二品》的《杨大眼为孝文皇帝造像题记》中自叙功烈，谓"摧百万于一掌"。这位常胜将军如何治兵练卒？《北史·杨大眼传》说，杨"抚巡士卒，呼为儿子，及见伤痍，为之流泣。自为将帅，恒身先兵士，冲突坚陈，出入不疑，当其锋者，莫不摧拉"。此锋之刃，养子淬之。

---

[1] 《南史·王神念附杨华传》："时复有杨华者，能作惊军骑，亦一时妙捷，帝深赏之。华本名白花，武都仇池人。父大眼，为魏名将。华少有勇力，容貌瑰伟，魏胡太后逼幸之。华惧祸，及大眼死，拥部曲，载父尸，改名华，来降。胡太后追思不已，为作《杨白花歌辞》，使宫人昼夜连臂蹋蹄歌之，声甚凄断。华后位太子左卫率，卒于侯景军中。"

《杨大眼造像记》

人中吕布：中国养子文化史

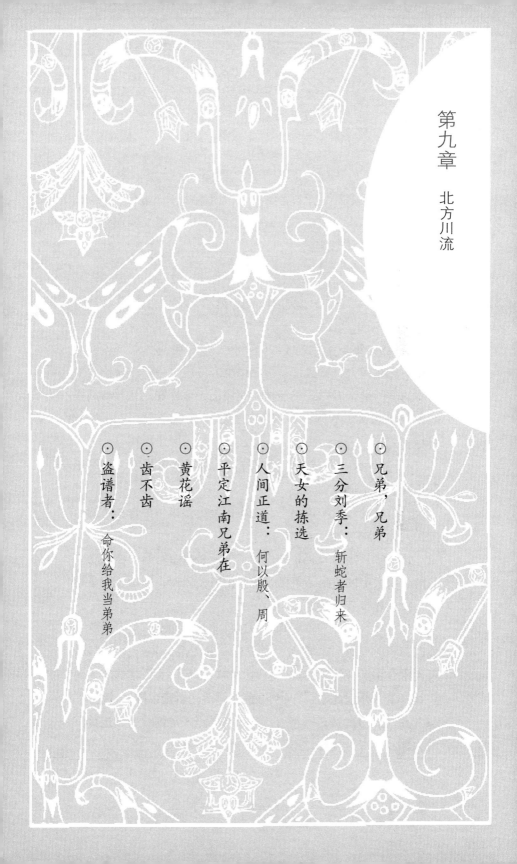

第九章　北方川流

兄弟，兄弟

公元533年是南北朝（420—589）中后期的一个冷热不均的年头。在南方，梁武帝萧衍已稳坐帝位三十一年，这位七十多岁的开国皇帝看样子仍然精力充沛，天下晏安。北方却剑拔弩张危机四伏，享国一百多年的北魏王朝已奄奄一息，气数将尽。

9月的一天，孝武帝元脩的特使从首都洛阳出发，快马驰往长安。

这位特使带着一道诏书，将雍州刺史贺拔岳都督军事的范围扩大到关陇等处二十州。

诏书中肯定另有秘密的内容，可能是皇帝写给这位战功卓著的封疆大吏的一封亲笔信，或只由特使口授，因为，除了诏书，特使还带着一杯血。

这杯血，既非刑牲割耳所得，也非啮指而来，皇帝自称是他以刃自割所取"心前血"。《北史·贺拔岳传》："永熙二年，孝武密令岳图齐神武，遂刺心血，持以寄岳。"《资治通鉴》卷一百五十六亦记此事："又割心前血，遣使者赍以赐之。"

齐神武乃高欢，多年后，其子高洋正式篡魏建齐，追尊其父为神武皇帝，故称。

人中吕布：中国养子文化史

此前一年，高欢刚刚击溃军阀尔朱荣残部，拥立元脩，本人位居北魏丞相，控制朝政。元脩天性好武，虽然明白使自己"不劳尺刃，坐为天子"的人是高欢，自言"所谓生我者父母，贵我者高王"（《北齐书·神武帝纪》），却不能安分地当傀儡。当时在中国北方，举天下可以勉强抗衡高欢的武装力量，只有贺拔岳。贺于永安三年（530）西征，平定万俟丑奴起义，收复三秦、河、渭诸郡，已基本控制关中地区。元脩由是把扳倒高欢的希望寄托在贺拔岳身上，并用刺心赐血的方式来背书。

读史至此，大家也许有些吃惊。

饮血诅誓，本是古人结盟的主要方式，割胸取血则是其中最庄重或者说严肃的方式。前此最著名的例子发生在春秋：周敬王十四年（前506），吴人攻破楚国郢都，尾追楚昭王到汉水边上的随国，楚昭王让长相酷似自己的侄子子期割破胸前皮肤，取血与随人盟约，以换取他们的保护："王割子期之心以与随人盟。"（《左传·定公四年》）子期是个替身，楚王并没有真让自己的胸膛裸露在刀尖之下。孝武帝元脩再傀儡也是现任皇帝，与臣下订盟诅誓，听来已纡尊降贵，自刺心血而千里"持寄"，更等君臣为兄弟，同谋谟于乞怜，大失底线。在汉末三国的传说中，汉帝以血写衣带诏付董承使谋曹操，诏书还是诏书，血也不过啮指而得。以帝王之尊，自刺心血远寄臣下，前无古人。

但让人更吃惊的跌份之事还在后面：元脩寄出的心血，不只一份，另一份的收件人，却是高欢！

这两份心血当日是否同时发出，无法确定。根据《北齐书·帝纪》和《北史·齐本纪》的记述，元脩早有不平之心并开始布局，他与高欢的关系在"寄心血"的第二年即北魏永熙三年（534）夏天严重恶化，高欢将发兵晋阳，元脩屡阻不效，愤而翻脸，"据胡床，拔剑作色"，口授诏敕，起首一句，便谓"前持心血，远以示王，深冀彼此共相体悉，而不良之徒坐生间贰"。在一番恩怨信疑交缠纠结的痛述之后，诏敕在兄弟、忠臣的关系错乱中作结：

> 王（高欢）既以德见推，以义见举，一朝背德舍义，便是过有所归。本望君臣一体，若合符契，不图今日，分疏到此！古语云："越人射我，笑而道之；吾兄射我，泣而道之。"朕既亲王，情如兄弟，所以投笔拊膺，不觉歔欷。

我甚至怀疑身为皇帝的元脩还曾主动向另外一个大臣司空高乾奉上第三份心血。

高乾，渤海蓚人[1]，家世为山东（战国以来泛称崤山、函谷关以东地区）豪右。关于高乾家族、兄弟行藏及其与北魏、高齐政权的关系，后文还将论。先需简要了解的背景是高乾本为高欢集团的重要人物，正是高乾兄弟的支持，使高欢轻取冀州，积聚了打败尔朱兆的力量，但高欢控制朝政后，仅让高乾保留司空的虚衔。元脩大概看出高乾心怀悒怏，可以争取，有一次君臣宴罢，单独留下高乾，并又说出一番推心置腹"私房话"：

> 司空奕世忠良……今日复建殊效……相与虽则君臣，

---

[1] 北魏渤海郡在冀州北境接近瀛州处，郡治为南皮（今河北南皮以北，沧州以南，清河东岸）。蓚县即今河北景县，在冀州中部，清河北岸，大约是信都到渤海的中间。冀州与齐、青二州以黄河为界，济水在黄河之南。河济之间大致是由齐州北部到青州西北部一带狭长区域，即今山东省西北部。另青州境内复有勃海郡，郡治在济河以南。见谭其骧主编：《中国历史地图册》（第四册），中国地图出版社，第48—51页。

义同兄弟，宜共立盟约，以敦情契。

《资治通鉴》卷一百五十六

"虽则君臣，义同兄弟"——多么耳熟的话！"朕既亲王，情如兄弟"，自称"朕"的元脩曾希望通过这样的改写，设一个二元的关系，让"高王"放松警戒，收敛野心，多给面子，让他看起来真像个皇帝，甚至于找到机会，像此前孝庄帝杀尔朱荣那样猝然翻盘。元脩当日独留高乾，突然改口以兄弟相称，主动提议结盟，并"殷勤逼之"。结合他对贺拔岳、高欢均持寄心血"远程诅盟"的做作，可以猜想"殷勤逼之"中最狠一招，可至割胸刺血，这足以让身为人臣的高乾非常震惊，一时呆掉，乱方寸，失立场。高乾当时没有坚拒，事后又没告诉高欢，埋下了杀身之祸，这是后话。回到元脩送往长安的那份"心血"的语境中，当日特使必另携密诏，内中元脩照例会主动与贺拔岳以兄弟相称。永熙三年年底，元脩狼狈入关，北魏分裂为东、西魏。在长安，他积愤复发，隔三岔五"弯弓""推案"，不久被宇文泰所弑，肝脑心血一齐涂地。

元脩的过度表演和悲剧结局，让人想起此前不久发生的一个类似笑话。

尔朱荣从弟尔朱弼为青州刺史。尔朱集团在永熙元年韩陵之战中惨败于高欢，尔朱弼退回青州，要投奔南梁，怕部下不愿意，心中无底，"数与左右割臂为约"（《南史》的说法是朱已投南梁，梁朝派他带本部回攻北魏）。帐下都督冯绍隆骗尔朱弼说："现在大家就要一起离开家乡奔投远方了，主公仅和帐下几个亲随割臂盟约还不够，应该当心沥血，示众以信。"尔朱弼信以为真，大集部下，自踞胡床，解衣袒胸，让冯绍隆操刀沥血。不料冯绍隆假戏真做，一刀直入，"推刃杀之，传首京师"（《魏书·尔朱彦伯传》）。尔朱弼本非武勇之人，大概没有"自刺"的胆力手段，需假手他人，因此轻易丧命。梁末陈初的名将张彪也曾中此计，但他毕竟武夫大盗出身，竟能侥幸不死，绝境翻盘。《南史·张彪传》说，有个赵棱，初为侯景伪政权的山阴令，后投张彪，却又怀异心，"伪就彪计，请酒为盟，引刀子披心出血自歃，彪信之，亦取刀刺血报之。刀始至心，棱便以手案之，望入彪心，刀斜伤得不深。棱重取刀刺彪，头面被伤顿绝。棱谓已死，因出外告彪诸将，言已杀讫，欲与求富贵。彪左右韩武入视，彪已苏，细声谓曰：'我尚活，可与手。'于是武遂诛棱。"元脩的刺心血，却基本是闭门自演独角戏，弄杯鸡血鸭血冒充也说不定。他借乱世之隙偶登大宝，却对历史和命运没有清醒的认识，屡为"拔剑作色"的匹夫之勇，而又动辄声称"自刺出血"，与臣下称兄道弟私搞盟誓，幻想以此麻痹权臣，分化敌人，同样是找死。

元脩之为虽可笑，但也有个背景，就是那时大家动不动就搞歃血盟誓约为兄弟。这种事，高欢就没少干。

高欢与贺拔岳、宇文泰一样起于六镇之乱，后跟从世居秀容川的契胡酋长尔朱荣南下洛阳，摧破北魏，深得尔朱荣信任，被委以重任。尔朱荣被诛后，高欢为脱出其侄尔朱兆的控制，以并、肆饥荒为名，要求统率所领鲜卑"就食山东"。尔朱兆的长史慕容绍宗谏阻，尔朱兆回答说，我与高欢"香火重誓，何所虑邪？"，因为早前高欢与他并力大破纥豆陵步蕃，"兆德欢，相与誓为兄弟"（《资治通鉴》一百五十四）。慕容绍宗说："亲兄弟尚难信，何论香火！"不久尔朱兆知为错举，率部自追高欢，至襄垣（今山西长治襄垣），恰逢漳水暴涨冲坏桥梁，把追军隔在水北。尔朱兆伪示诚意，只马渡河，甚至自己把头伸到刀下让高欢斫，高欢的演技也不错，当场大哭，两人又一次"誓为兄弟"：

兆投刀于地，遂刑白马而盟，誓为兄弟，留宿夜饮。

第二天尔朱兆归营，回头来召高欢，高欢没上当，朱于是撕下伪装，隔水肆骂。有道是：昨夜兄弟今日谬，誓杀白马空断头。

元脩千里寄血，隔空盟约，高欢为麻痹贺拔岳，也干过类似的事。《资治通鉴》卷一百五十六说：

初，贺拔岳遣行台郎冯景诣晋阳，丞相欢闻岳使至，甚喜……曰："贺拔公讵忆吾邪！"与景歃血，约与岳为兄弟。

高欢与冯景歃血，约为兄弟的对象却是贺拔岳，此亦隔空大法。如此创意，非大奸之人不能为。冯景陪他出血演戏，回来告诉贺拔岳："欢奸诈有余，不可信也。"贺拔岳虽然视高欢为劲敌，但显然为其所麻痹，提防不足，果被暗算。

盟誓不可信而且往往适得其反，古人并非不明白。东晋史学家孙盛早已有精辟论析："闻五帝无诰誓之文，三王无盟祝之事，然则盟誓之文，始自三季，质任之作，起于周微。夫贞夫之一，则天地可动，机心内萌，则鸥鸟不下。况信不足焉而祈物之必附，猜生于我而望彼之必怀，何异挟冰求温，抱炭希凉者哉？"(《三国志》卷二十四《高柔传》裴注引)

如孙盛所言，背盟之事，南北朝经常发生。《北齐书·段韶传》：天保五年（554），北齐军队包围宿预，诱梁将东方白额开门请盟，因而斩之。《周书·元定传》：天和二年（567），北周大将军元定被陈朝军队围困于郢州城外，陈人"知定穷迫，遣使伪与定通和，重为盟誓，许放还国"，继而背盟，周军束手被俘。皆是。

真正值得我们关注和思考的问题是：北魏末期，伴随着沥血结盟甚至自刺心血、伸颈引刀等极端的行为或曰表演，大家何以不约而同地对"约为兄弟"这样的猫捉老鼠套路非常入戏，乐此不疲？我认为，它正是特定历史背景——因乱世引发的对传统社会的破坏力量积聚到一定程度后，血缘宗族的联结已无法满足现实政治军事斗争与战略合作的需要之背景下，在社会关系组合方式的变化上释放出来的强烈信号，亦是隋唐至五代异姓养子大行其道之先声。

用借刀杀人的办法成功割下隔空结拜的异姓兄弟人头的高欢万未算到，杀了贺拔岳，引出来一个更厉害的对手宇文泰。元脩以九五之尊自刺赐血虽基本成为笑柄，但他一亲不成再拟一亲，及时发现贺拔岳的特使宇文泰是个厉害角色，许诺将女儿嫁给这位政治新星，勉强为自己找了条不归的退路。永熙三年年底，元脩仓皇入关，北魏正式灭亡。从此，在大分裂时期的中国北方，由一对曾经间接歃血"约为兄弟"的对头所缔造的两大军事政治集团分庭抗礼争战不息，分别历东魏、西魏、北齐、北周，复合而为隋，统一中国。他们同出北方六镇之武川，由于先天基因的不同与资源、环境等方面的差异，在你死我活的严酷竞争中分头走出差异明显的发展路径，泾清渭浊而川流不息。虽然孰优孰劣历史早已分判，从拟亲—养子文化的视角进行比较分析，仍能给我们诸多新的启发与发现。

三分刘季：斩蛇者归来

北齐有个"神武龙飞纪念馆"，或叫"领袖故居"。

说馆，夸张；称居，亦大，乃一"团焦"。团焦何物？圆形草屋也。明人方以智《通雅·宫室》："团焦，团标也……标音瓢，今人曰团瓢，谓为一瓢之地也。"《北齐书·帝纪一》：
"（高欢）后从（尔朱）荣徙据并州，抵扬州邑人庞苍鹰，止团焦中。"《北齐书·蔡俊传》则谓"高祖客其（庞苍鹰）舍，初居处于蜗牛庐中"，更见其甚小而陋。但高欢发迹后特意保留这个团焦，"以石垩涂之，留而不毁"，并于此地建行宫。高欢此举，主要目的并非忆旧或想留个地方卧薪尝胆，这可是个有故事的所在，可以佐证高欢乃真龙天子。

据《北齐书·帝纪一》所记，高欢住进如此团焦后，怪异之事连接发生：

> （高欢）每从外归，主人遥闻行响动地。苍鹰母数见团焦赤气赫然属天。又苍鹰尝夜欲入，有青衣人拔刀叱曰："何故触王！"言讫不见。始以为异，密觇之，唯见赤蛇蟠床上，乃益惊异。因杀牛分肉，厚以相奉。苍鹰母求以神武为义子。

杀牛分肉之外，对这个主动求认的"义子"如何厚以相奉？《北齐书·蔡俊传》有交代："割其宅半以奉高祖。"

这让人遥想起数百年前另一桩佳缘美事：周瑜与孙策的定交。

孙坚北伐董卓时，其子孙策徙家舒城，江东豪族青年周瑜与孙策同龄，"独相友善，瑜推道南大宅以舍策，升堂拜母，有无通共"（《三国志·周瑜传》）。历史总是惊人相似而又悄焉有异，孙策"升堂拜母"，即是与周瑜结为异姓兄弟，苍鹰之母则"求以神武为义子"。在周、孙关系中，周瑜明时局，识俊杰，不需要母亲提醒或孙策妆神，及时，主动，真诚，到位。而显然庞苍鹰作为丧乱之际并州城中一个喜欢"交游豪侠，厚待宾旅"的小东道，一开始不过把高欢作为有些交谊的普通军人甚至准难民来收留。正因此，日后周瑜成为与孙策并肩作战的东吴开国元勋，庞苍鹰则大不如，在高王真成帝业后，他并未进高齐政权核心圈子，仅弄了个美官而已。

高欢于北魏孝昌元年（525）初从杜洛周起义，不久叛附葛荣，继而转投尔朱荣，随入并州，这一阶段屡经危难困踬。史称其叛投葛荣，追兵严逼，他弯弓欲射屡次落牛的尚在襁褓中的长子高澄，为部下所救。《北齐书·文宣纪》："初，高祖（高欢）之归尔朱荣，时经危乱，家徒壁立，后（娄昭君，高洋之母）与亲姻相对，共忧寒馁。帝（高洋，高欢第二子）时尚未能言，欻然应曰'得活'，太后及左右大惊而不敢言。"可证初投尔朱氏时，高欢生活非常窘迫，家人甚至有饿死之忧。其时庞苍鹰能腾出个牛棚收留故人，属有情义。不久高欢时来运转，经故交、秀容贵族刘贵的推荐，被尔朱荣接见，并逐渐取得信任，地位迅速上升，这应该是庞家对他改敬的真实原因；赤气属天、青衣人、赤蛇蟠床等，不是编造，就是传讹。《蔡俊传》所言就较平实："苍鹰母数见庐上赤气属天。苍鹰亦知高祖有霸王之量，每私加敬，割其宅半以奉高祖，由此遂蒙亲识。"但显然赤气、蟠蛇之类的故事后来广为传播，高欢也把并州庞家当作龙兴之宅。

而据《北史》《北齐书》所记，比庞母更早，六镇乱起之前，一位莫知所来的盲母已在子虚之地"回泽"直呼高欢为"大家"（皇帝），并通过摸骨"暗相"，预言同行"诸人"日后皆由高欢而贵：

> （高欢）与怀朔省事云中司马子如及秀容人刘贵、中山人贾显智为奔走之友，怀朔户曹史孙腾、外兵史侯景亦相友结。刘贵尝得一白鹰，与神武及尉景、蔡俊、子如、贾显智等猎于沃野。见一赤兔，每搏辄逸，遂至回泽。泽

中有茅屋，将奔入，有狗自屋中出，噬之，鹰兔俱死。神武怒，以鸣镝射之，狗毙。屋中有二人出，持神武襟甚急。其母两目盲，曳杖呵其二子曰："何故触大家！"出瓮中酒，烹羊以饭客。因自言善暗相，遍扪诸人皆贵，而指麾俱由神武。又曰："子如历位，显智不善终。"饭竟出，行数里还，更访之，则本无人居，乃向非人也。由是诸人益加敬异。

《资治通鉴》慎言怪力乱神，未载此事，对这个小集团人员身份和结交背景却有颇为清楚的交代。之前高欢为函使送信入京，受贵人笞辱，更目睹洛阳羽林烧劫张彝父子，知天下将乱，回来后散财结客，遂"与怀朔省事云中司马子如、秀容刘贵、中山贾显智、户曹史咸阳孙腾、外兵史怀朔侯景、狱掾善无尉景……特相友善，并以任侠雄于乡里"。胡三省注：省事，镇吏也。史，亦吏职也。这些信息说明这个小集团与西晋八王之乱前听荒鸡而起舞的刘琨、祖逖们一样，"思中原之燎火，幸天步之多艰"。他们一起出猎，泰半是变相的军事训练，在这个过程中逐渐推选出领头者，并进而合作编造得天命的神迹。当然，一些内容也可能是高欢龙飞之后追加的。

天下虽大，南北一理。类似的神迹，早在一百来年前的南方水滨实景上演，时间节点也是在天下将乱、改朝换代的前夕，主角是南朝的启幕人刘裕。《南史·宋本纪》记述刘裕发迹前新洲砍柴的奇遇：

> 后（刘裕）伐荻新洲，见大蛇长数丈，射之，伤。明日复至洲，里闻有杵臼声，往觇之。见童子数人皆青衣，于榛中捣药。问其故，答曰："我王为刘寄奴所射，合散傅之。"帝曰："王神何不杀之？"答曰："刘寄奴王者不

死，不可杀。"帝叱之，皆散，仍收药而反。又经客下邳逆旅，会一沙门谓帝曰："江表当乱，安之者，其在君乎？"帝先患手创，积年不愈，沙门有一黄药，因留与帝，既而忽亡，帝以黄散傅之，其创一傅而愈。宝其余及所得童子药，每遇金创，傅之并验。

《南史》意犹未尽，又在《宋书·符瑞志》补出一段"奇奴而寄"故事，且把"见龙"之所换到旅馆，让王谧的门生充当目击证人：

> 宋武帝居在丹徒，始生之夜，有神光照室；其夕，甘露降于墓树。皇考以高祖生有奇异，名为奇奴。皇妣既殂，养于舅氏，改为寄奴焉。少时诞节嗜酒，自京都还，息于逆旅。逆旅姬曰："室内有酒，自入取之。"帝入室，饮于盎侧，醉卧地。时司徒王谧有门生居在丹徒，还家，亦至此逆旅。逆旅姬曰："刘郎在室内，可入共饮酒。"此门生入室，惊出谓姬曰："室内那得此异物？"姬遽入之，见帝已觉矣。姬密问："向何所见？"门生曰："见有一物，五采如蛟龙，非刘郎。"门生还以白谧，谧戒使勿言，而与结厚。

兹事亦不见《资治通鉴》。不仅如此，《资治通鉴》并对《宋书》《南史》所撰刘裕为"汉楚元王交之二十一世孙"的光荣谱系不屑一顾，让他出生即出场，惊悚成生而失母差点儿被弃的幸存者，相应地详细交代了"寄奴"的经过：

> 初，彭城刘裕，生而母死，父翘侨居京口，家贫，将弃之。同郡刘怀敬之母，裕之从母也，生怀敬未期，走往

救之，断怀敬乳而乳之。及长，勇健有大志。仅识文字，以卖履为业，好樗蒲，为乡间所贱。

《资治通鉴》卷一百一十一

这刘裕，岂不活脱脱是早百来年投胎到南方的另一个高欢吗？

高欢同样亦属"寄奴"，他生而母死，"养于同产姊婿镇狱队尉景家"，哺乳的问题怎么解决，没讲，但其姐常山君手掌结着昔年为养育幼弟汲水干活磨出来的老茧。高欢感情上是拟姊为母的，对姐夫尉景的优容尊纵，非同一般长辈戚属。尉景兵败不问责；贪渎残民，曾一场私猎导致三百丁夫丧命，他也一笑置之。后来世子高澄出来帮老爸澄清吏治，动了一下真格，尉景干脆躺倒。高欢一听眼泪就掉下来，说"臣非尉景，无以至今日"，上门赔罪，"为之屈膝"，更当面杖责高澄给姐夫看。

刘裕乳于从母（或舅母）与高欢养于胞姐，均属贫家寒门因灾害疾困导致幼儿失怙早孤，由亲戚部分承担起养育责任，是基于亲属关系的一种自发互助与救济。它不属异姓收养；不同于帝王之家带制度式安排性质的"母养"，如秦国王子异人或三国曹魏后宫；不是北魏皇室因立子杀母导致的"保母之养"；不是随父入赘或从母改嫁，也有别于完全出养外家、舅氏之类，可视为民间救济式的"准养子"，它也能给被养者以特殊的成长环境与经历、磨炼，造成一定程度的养子人格与成长烙印。

刘、高两人的成长和教育情形亦甚相近。

高欢祖父高谧犯法徙居怀朔，沦为镇兵，其父高树又"性通率，不事家业"，也就是流氓混混，家境更趋破败。其所居处常见光怪，人谓不宜，其父处之自若，实乃所居僻陋并一任残破而已。

刘裕"仅识文字，以卖履为业，好樗蒲，为乡间所贱"(《资治通鉴》卷一百一十一)，曾因负赌债被势家所缚；交游甚密者如刘毅，更是出名的赌徒。若《南史》《宋书》所言不虚，刘裕真有宗室血统，祖为太守父为郡功曹，则何至于母亡即欲弃婴？虽然《南史》常见中下层官吏生活不免清苦饥寒的记述，却也没有"母亡即欲弃婴"的。

不妨比较二刘：刘备与刘裕。刘备之为"中山靖王之后"，去时未远，循有谱序，宗族为豪门，本人其实鲜衣怒马，有经济能力远从大儒求学。刘裕才真是个卖履伐薪者。

刘裕与刘备的本质区别在家世，就是一个有真实的宗室血统且亦有相关的社会资源可凭依，一个事实上完全出身下吏寒门（比较准确的说法是东晋时期北来侨户中的下层寒族），家道甚至中落到近于贫民。在这一点上，刘裕与高欢更相类。高欢祖父犯法徙边，本人身为镇兵役徒几近赤贫的身份，更无从掩饰。

如何破解这个绝境？刘、高二人的思路、办法惊人一致：编造神迹，自神其出，自为天子！换句话说，就是给自己找个真龙天父。两人于此都非常明确而自觉，独白能力超强，持续不懈催眠自我与他人，故事一贯成系列。

早在回泽（大意谓诸水回环潴注之湖沼陂地，非具体地名。如南朝谢灵运《山居赋》："山岨下而回泽，濑石上而开道。"故亦可谓子虚之地）奇遇之前，高欢为函使（送信的差使），"尝乘驿过建兴，云雾昼晦，雷声随之，半日乃绝，若有神应者。每行道路，往来无风尘之色。又尝梦履众星而行，觉而内喜"。此事非自言谁能知？

刘裕没有妇家可凭，全凭战功起家，之前似也没有一个较有身份的小圈子陪他玩，天子之戏基本靠自编自演。不过，他射蛇得药的新洲却确有其地。《资治通鉴》卷一百一十二胡三省注：“新洲在京口西大江中，意即今之珠金沙是也。”北府军军头、刘裕的上司刘牢之为玄桓所败，即自缢于新洲。缺乏小圈子合编故事造神迹的刘裕无条件创造条件也要上，找寺僧，借门生，拉相士，上墓地，假同侣，大概都是些神秘的场所和难以对证的人群。新洲射蛇之外，他已被屡次“见龙”，连秦始皇要镇压的东南王气也拿来作托。《南史·宋本纪》如是说：

> （刘裕）尝游京口竹林寺，独卧讲堂前，上有五色龙章，众僧见之，惊以白帝，帝独喜曰：“上人无妄言。”皇考墓在丹徒之候山，其地秦史所谓曲阿、丹徒间有天子气者也。时有孔恭者，妙善占墓，帝尝与经墓，欺之曰：“此墓何如？”孔恭曰：“非常地也。”帝由是益自负。行止时见二小龙附翼，樵渔山泽，同侣或亦睹焉。及贵，龙形更大。

高、刘如此“自为天子”并居然假戏做真，有没有模本？背景是什么？

“对账”至此，答案自现。

除了风雷大泽中刘媪与神龙野合这样茁壮的场景实难再现，中国第一位平民天子汉高祖刘季“自为帝子”的主要关目，包括见龙、赤气云瑞、田父相人、东南王气等，都在高欢、刘裕这儿又一次宫样新呈。“回泽杀狗”“新洲射蛇”也一北一南分别摹写了“大泽斩蛇”。

细心的读者也许发现了，有一笔小账还没对上：《史记·高祖本纪》说刘季“左股有七十二黑子”，哪里去了？

不急，在的，分给了高欢的同乡、对头、西魏权臣、北周缔造者宇文泰，长他背上去了：

（太祖）背有黑子，宛转若龙盘之形，面有紫光，人
望而敬畏之。

《周书·文帝纪》

南朝争痣有新招，派出仙家做代表，《南史·隐逸·陶弘
景传》说，陶弘景"细形长额耸耳，耳孔各有十余毛出外二寸
许，右膝有数十黑子作七星文"，漫画风格明显，可为一喜。

账既对上，我们接着讨论第二个问题：汉高祖身后六七百
年，在东晋折入南朝、北魏即将分崩的大分裂时期的中国南北，
白徒平民而为天子的旷世传奇，何以又在刘裕、高欢这里再次
成功上演？答案是，南北朝中后期，具体地说，是南方的东晋
与北方的北魏末期，门阀贵族的统治已极端僵化腐朽，社会矛
盾异常尖锐，原生的力量在社会底层不断积聚、奔突，势将冲
决涤荡。

以南朝而论，早在刘裕之前，陶侃、桓温等一批所谓"老
兵"的身影就频现于东晋政坛，他们一方面因出身寒门小吏而
为王、谢诸等高门甲族所轻，另一方面东晋帝国的苟安又不得
不建立在"老兵"们过人的文韬武略上。淝水之战险胜，谢玄
所赖，就是以刘牢之等为将领的北府军。等到孙恩、刘循乱起，
高门士族再也抵挡不住，彻底崩溃，北府军于是站到历史前台，
刘裕以刘牢之参军的身份闪亮登台，手挥长刀，攻坚陷阵，勇
往直前，曾创下"独驱数千人"[1]的孤胆战例，成为"王者不死"
的绝好注脚。设无刘裕，江南黎民或皆奉五斗米矣。士族残余

---

〔1〕《资治通鉴》卷一百一十一："刘牢之击孙恩，引裕参军事，使将数十人觇
贼。遇贼数千人，即迎击之，从者皆死，裕坠岸下。贼临岸欲下，裕奋长
刀仰斫杀数人，乃得登岸，仍大呼逐之，贼皆走，裕所杀伤甚众。刘敬宣
（刘牢之之子）怪裕久不返，引兵寻之，见裕独驱数千人，咸共叹息。"

　　　　　　　　　　　　　人中吕布：中国养子文化史

力量为自保，对这个像从石头缝中蹦出来的京口大兵也只好支持到底。

北魏末期中国北方的情形，亦属物极必反。

如前所论，北魏实质上是鲜卑政权与中原汉族豪门的结合。孝文帝迁都洛阳后，大力推行汉化，同时建立起更严格的门阀选官制度。代地尤其是北方六镇则被不断边缘化，乃至成为刑徒、军人集结之所，社会阶层调整上升的通道基本堵死，留在六镇的鲜卑人沦于社会底层，而尚武桀暴旧习仍在。他们的反扑清算，是六镇之乱燎火中原的根本原因。高欢与贺拔兄弟、宇文泰同时并起于武川，前者出身镇兵役徒，唯靠自神其出、自为天子来为自己背书，并不断为北齐政权的合法性提供神授的支持。贺拔、宇文之先俱为部落大人，父祖亦位居镇将，尚属贵胄，自然不需要那么辛苦的"自神其出"。所以，宇文泰对汉高的"遗产"所求不多，一串盘龙黑痣，足为水印矣。同理，十六国的创立者多数原为部族酋长、首领，也犯不着像前辈刘季和时代差同的刘裕、高欢们那样辛苦，不过略微渲染一下其母怀孕时梦日扪虹，本人长得日角隆准之类神迹就够了，只有奴隶出身的石勒在这方面颇为用功费力，不过他是真文盲，汉化程度又浅，编起故事来原创草根味十足，既简单又粗糙，比高欢、刘裕明显逊色。

天女的拣选

"蝉鸣空桑林，八月萧关道。出塞入塞寒，处处黄芦草。"（王昌龄《塞上曲》）

534年，元脩入关，北魏亡。中国北方分裂为东、西魏，分别由高欢、宇文泰控制。

550年，北齐代东魏，都邺城。几年后，北周代西魏，都长安。

577年，周武帝长驱入邺，统一北方。

从元脩入关到北周灭北齐，在不到半个世纪的时间中，高欢、宇文泰两大军事政治集团，展开你死我活的缠斗，旷日持久，强弱渐易，宇文集团最终胜出。

东西魏分裂之初，东魏无论疆域、人口、社会财富、战力等方面都具明显优势，高欢雄心勃勃，志平关陇，多次亲率大军进攻西魏，直到大统十二年（546）的玉壁之战，西魏才扭转劣势。即使如此，高演（北齐孝昭帝，560—561年在位）即位时，范阳豪族卢叔武献策，仍谓"今大齐之比关西，强弱不同，贫富有异，而戎马不息，未能吞并，此失于不用强富也"（《北齐书·卢叔武传》）。然而，"强富"之不用，优势之自废，问题首先出在文化、制度与行政治理上。虽同起北镇武人，却左右分判，基于出身、教养与环境、成长路径、族群意识等方面的差异，高欢集团表现出对拓跋珪至文明太后以来的汉化政策，特别是孝文改革的强烈的反动，鲜卑部族传统与文化中顽固的基因也因之沉渣泛起，幽灵重现。与野蛮狂欢相伴的，是自食其果式的惨烈反噬。

在本书第八章"杀死天女"中，我们讨论了拓跋卑鲜族群源自早期草原游牧生产方式与部落联盟组织结构的强大母权文化，以及其在国家化、汉化过程中对这种传统的负面因素的深切恐惧与多方破解、防范，从"诘汾皇帝无妇家，力微皇帝无舅家"的传说，力微杀妻并没鹿回部的历史，到北魏建国后长期执行的"立子杀母制"，脉络宛然。

历史自有其内蓄的势能，善为大尺度隐伏，而不以个人、族群乃至国家意志为转移。北魏的"立子杀母制"异化为两位保母与身兼祖母、保母双重身份的文明太后先后干政专权的方便法门，而此制一废，北魏即亡于"漏刃天女"胡太后之手。更具反讽、更为吊诡的是，由文明太后培养出来的几乎完全汉化的孝文帝元宏（467—499）死后不出两年，那被一次次杀死的"天女"已拣选出她在即将渐次启幕的新朝即东魏与北齐的新一代替身——娄昭君（501—562），这位日后经自主择偶成为高欢原配的新一代"天女"，悄然降生在代郡平城。

无端想到王昭君，那位比娄昭君早生约五个世纪出塞和亲的汉族女子。而在两三百年后唐朝边塞诗人王昌龄笔下，鲜卑龙兴之地即北魏六镇所在的幽、并，仍然黄草极天，尘沙扑面，出塞入塞的征马行人在寒风中时时回首来路。如果王昭君芳魂还乡，她会不会也走这条路呢？

娄昭君生于代地豪富之家。祖父娄提，《魏书》有传；《北齐书·娄昭传》则谓娄提"家僮千数，牛马以谷量……魏太武时，以功封真定侯"。姚薇元《北朝胡姓考》考证"太武"为"太和"之误[1]，两娄提实即同一人。娄昭为娄昭君之弟，娄昭君另有一姐一妹，姐嫁段荣，家世以豪族徙北边，其父段连为安北府司马；妹适窦泰，曾祖为魏统万镇将，父为军镇将官，本人后来成为高欢手下名将，战败为东魏所杀。

按理，娄昭君也当嫁个代地将二代或富家子，但她不!《北齐书·皇后传》说：

> 神武明皇后娄氏，讳昭君，赠司徒内干之女也。少明悟，强族多聘之，并不肯行。及见神武于城上执役，惊曰："此真吾夫也。"乃使婢通意，又数致私财，使以聘己，

---

[1]　姚薇元：《北朝胡姓考》，中华书局，2007，第99—100页。

父母不得已而许焉。

从天而降倒贴妆奁的富家女娄昭君，马上改变了这位筑城役徒（镇兵）的地位和形象：

> （高欢）长而深沉有大度，轻财重士，为豪侠所宗。目有精光，长头高颧，齿白如玉，少有人杰表。家贫，及聘武明皇后，始有马，得给镇为队主……自队主转为函使……及自洛阳还，倾产以结客……自是乃有澄清天下之志。
>
> 《北齐书·帝纪一》

《北齐书·皇后传》也说：

> 神武既有澄清之志，倾产以结英豪，密谋秘策，后（娄昭君）恒参预。及拜渤海王妃，闺闱之事悉决焉。

故事讲到这儿，读者也许又会猛然想起刘季。刘季不也正是因为娶了沛县县令的贵客单父人吕公的女儿，得到岳家的有力资助吗？比起来，刘裕可又少了高欢那一份福气。

但是，且慢替高欢高兴，一个本质的区别毋庸忽略。刘季是由吕公发现并做主让女儿下嫁，而北魏末年的代地鲜卑女子娄昭君，却不仅自主择偶，打破阶层，且用策略和行动达成自己的意愿。

"邺下风俗，专以妇持门户。争讼曲直，造请奉迎。车乘填街衢，绮罗盈府寺。代子求官，为夫诉屈。此乃恒代之遗风乎？"多年以后，身经梁、北齐、北周三朝的颜之推在《颜氏家训》中如是实录邺都的民风习尚。娄昭君的择夫传奇，既是榜样，也为注脚。

高欢"长而深沉有大度，轻财重士，为豪侠所宗"。《高祖神武帝本纪》开篇如是说，仿佛高欢生来如是，然而，高欢原来乃一介役徒镇兵，几近赤贫，何财结士，何来豪侠？这一切变化其实发生在遇见娄氏之后；无娄氏，则无高欢。北齐政权亦如一部鲜卑族群发展史，启自大荒回泽，兴于"天女"妇家。然而，成也娄氏，败也昭君，"天女"之魇对北齐中后期皇位继承安排上的直接干扰，反倒成为帝国迅速衰败覆亡的一个主要原因。

一个梦与一个预言，浓缩了这段历史因果。

《北齐书·废帝纪》说：

> 初，文宣（高洋）命邢邵制帝名殷，字正道，帝从而尤之曰："殷家弟及，'正'字一止，吾身后儿不得也。"邵惧，请改焉。文宣不许曰："天也。"因谓孝昭帝（高演，高欢同母弟）曰："夺但夺，慎勿杀也。"

电光石火，忧久亟发。高洋解读太子名字中暗藏的死亡密码，预言身死之后儿不得立，并直指将来的篡夺者为其弟高演，并非臆说。

在高欢诸子中，高演虽排行第六，但与排行第九的高湛同为娄太后所生，即在嫡子序列中，高演排位仅次于高洋。

殷家弟及，正字一止。高洋死后不久，高演果然在母亲娄太皇太后的直接支持下，联手同母弟高湛发动政变，杀大臣，夺帝位。高演才雄却寿促，在位年余而崩，他深知高湛势大难抑，虽已立儿子百年为太子，仍传位于这位同母弟。高湛深戒前迹，一面残杀多位有威胁的兄弟[1]，一面急急忙忙传位于其子高纬，自当太上皇，以此破解"身后儿不得"的魔咒。饶是如此，他死后，次子高俨又凭恃母亲胡太后的骄纵，发动宫廷政变，几欲以弟篡兄。

北齐经此一番折腾，朝纲大紊，元气屡伤，周军一举，土崩瓦解，而乱局的推手正是娄昭君。《北史·后妃传》说：

> 太后（娄昭君）凡孕六男二女，皆感梦。孕文襄（高澄）则梦一断龙；孕文宣（高洋）则梦大龙，首尾属天地，张口动目，势状惊人；孕孝昭（高演）则梦蠕龙于地；孕武成（高湛）则梦龙浴于海……

梦之真假且不论，至少可做娄昭君真实意愿的注脚，或者代表世上明眼人的一个预判。据称由梁入齐的陆法和，早在高洋在位时就预言"一母生三天，两天共五年"，"说者以为娄太后生三天子，自孝昭（高演）即位，至武成（高湛）传位后主，共五年焉"（《北齐书·陆法和传》）。此或可说明北齐自高欢死后，娄氏独大，诸弟狼顾，母权之势以成，不但高洋有不祥之预感，来自南朝的旁观者也门儿清。

《北齐书·杨愔传》说，文宣皇帝高洋病重，临终前，"以常山、长广二王位地亲逼，深以后事为念"。所谓亲逼，就是同为嫡母所生，母健在，杀之大难。有一回高洋发怒，让侍卫用刀环乱筑高演，差点儿把人打废。高演卧床不食，娄氏日夜啼泣，高洋惶恐不知所为，只好放过。高洋乃史上有名暴君荒

---

[1] 高洋在位时已杀异母弟高浚、高涣，高湛在位的河清三年（564），高淹（高欢第四子）、高淑（高欢第五子）俱死，前者疑被鸩，后者被盗杀于家，盗实高湛所使。

主，何其雄猜忍毒，他接连酷杀雄健的异母弟高浚、高涣，若非顾忌娄氏，"位地亲逼"的同母弟肯定早被收拾。

高洋死后，娄氏随即站到前台，干预废立：

> （高洋死后）尚书令杨愔等受遗诏辅政，疏忌诸王。太皇太后密与孝昭及诸大将定策诛之，下令废立。孝昭即位，复为皇太后。孝昭帝崩，太后又下诏立武成帝。
>
> 《北齐书·皇后传》

如高洋所言，娄氏之举，实质是以"殷道亲亲"的兄终弟及制破坏、取代"周道尊尊"的嫡子继续制，而"兄终弟及"正是与早期鲜卑社会严重的女权传统相伴而生的痼疾。"李凭先生专著《北魏平城时代》……已论证北魏开国之君道武皇帝拓跋珪铁血实施立子杀母制，以及他的继承人明元帝拓跋嗣接受崔浩建议，建立太子监国制，乃至第三任皇帝拓跋焘同样在自己非常年轻时就急于任命太子监国，除以此排除后权干政外，还有一个需要强力扭转的传统，就是同样源于拓跋鲜卑部落联盟制与母权传统的兄终弟及继承制。在这上面，从道武帝到太武帝祖孙三代用心之苦、用力之猛、代价之高、最终结果之事与愿违，适足反证北魏与其鲜卑部族传统俱来的后族——母权（女权）力量之强大、观念之胶固。"此语前已引述于本书上一章第二节。时隔二朝，北镇鲜卑的复辟貌似成功，但北齐帝国的墓碑，同样铭刻着高洋"殷家弟及，身后不儿"的哀叹。

北周代西魏之后，也连续经过一段"兄终弟及"的时期，但原因、环境、动机与北齐有本质的区别，关键是与母权的遗存没有关联，结果也截然不同。

宇文泰死时，诸子俱幼，只好把辅佐之任交付给"地则犹子"的侄儿宇文护。宇文护取得于谨等重臣支持，讽魏帝退位，扶立元皇后所生嫡子宇文觉，顺利完成政权代迭，本人位居监国，实际控制朝政。宇文觉谋除宇文护，被废，改立宇文泰长子宇文毓，不久宇文护又毒杀宇文毓。宇文毓忍死口授遗诏，舍子立弟："朕儿幼稚，未堪当国。鲁国公邕，朕之介弟，宽仁大度，海内共闻，能弘我周家，必此子也。"当时倒有大臣根据周道立嫡原则，建议改立宇文毓之子[1]。也许是遗诏明确坚决，群臣所知，加上宇文邕一向低调内敛，成功麻痹了宇文护，得以继位。建德元年（572），宇文邕设计诛杀宇文护，收回大权，终为其兄报仇。而后励精图治，强军秣马，数年积聚，一鼓灭齐。若地下有知，宇文护一定会为当初不以"周道子及"的祖宗之法来否决遗诏改立幼君而悔青肠子。

历史的吊诡总让人猝不及防。回过头，摆脱傀儡命运的宇文邕取得灭齐的胜利统一北方，却真正面临太子宇文赟失德不才的问题，大臣如王轨等多次冒死提醒[2]，他自己也"识嗣子之非才"，却因诸子中再没合适人选而未另立继承人。假如他能学习其兄宇文毓，把皇位传给战功卓著而又忠诚无二的弟弟齐王宇文宪，北周就不致迅速众叛亲离，杨坚既当不了国丈也没有机会受北周皇帝禅让，中国历史就不会有隋朝什么事了。

---

〔1〕《周书·崔猷传》："世宗崩，遗诏立高祖。晋公护谓猷曰：'鲁国公禀性宽仁，太祖诸子之中，年又居长。今奉遵遗旨，翊戴为主，君以为何如？'猷对曰：'殷道尊尊，周道亲亲，今朝廷既遵《周礼》，无容辄违此义。'护曰：'天下事大，但恐毕公冲幼耳。'猷曰：'昔周公辅成王以朝诸侯，况明公亲贤莫二，若行周公之事，方为不负顾托。'事虽不行，当时称其守正。"

〔2〕《周书·王轨传》："轨后因侍坐，乃谓高祖曰：'皇太子仁孝无闻，复多凉德，恐不了陛下家事。'"后又曾"因内宴上寿，又捋高祖须曰：'可爱好老公，但恨后嗣弱耳。'高祖深以为然。但汉王次长，又不才，此外诸子并幼，故不能用其说"。宇文赟继位后，王轨与齐王宪俱被诛。

总而言之，兄终弟及或父死子承，同为古代帝制国家继嗣制度，经过长期发展与比较，后者被证明更为优越并早已被确定为常规、合法的路径，但前者作为补充一直存在。在非常时期或者绝嗣、嗣子孱幼失德等情况下，兄终弟及与养宗室子为嗣可能是更合适的解决方案，优于异姓养子，如北周前期的兄终弟及，宇文邕出于其兄宇文毓意愿继了位。而高洋兄弟更立，伴随着背叛与骨肉相残，造成国族深创，盖因这一双兄弟的更立并非时势所需和共同意愿，而是笼罩在"天女"魔魇与母权阴影中的宫廷阴谋，是制度上的倒退与文明上的"返祖"，必有余殃。

回头再说娄昭君。《北齐书》本传，似对这位自主择夫并成一国之母的代北奇女子的妇德称誉有加，说她既能助高欢"密谋秘策"，又俭朴不妒忌，"慈爱诸子，不异己出"，乃至为国家计，支持高欢娶蠕蠕公主，主动让出正室之位。但从北齐后期诸多事件，并证之《北史·后妃传》，我们可以看到"天女同身"娄氏的另一面：工于谋略，隐忍腹黑，伐刻贪残而昧于大义。

而更本质的处境是，北土代地尤其是游牧民族女权本强，娄氏并非没有对手，或者换句话说，斯时斯地，天下何处无娄氏？高欢生前，至少有两个女人可能对她的地位产生威胁，一个是大尔朱，即尔朱荣的大女儿，原嫁魏孝庄帝元子攸。尔朱败，大尔朱与其妹小尔朱同归高欢。尔朱荣家世为秀容川领主，本人破葛荣，残魏室，宰朝政，实乃一代枭雄。若非为魏帝暗算，高欢只有听命的份儿；何况大尔朱前已位登北魏皇后。高欢在她面前，虽自豪，亦自卑，娄氏虽为结发，与她一比，自是黄面婆、乡巴佬。

如果说尔朱氏家族是失路豪门，属于过去式，另一个竞争对手即蠕蠕公主则完全是现在时、实力派。北方游牧民族蠕蠕借六镇之乱坐大，兵力强盛，复在东西两魏之争中坐收渔利。

高欢采取联婚策略，迎娶蠕蠕公主，送亲的蠕蠕使者甚至留在邺城不走，说要等蠕蠕外孙出生，言下之意，这个外孙是要来接管高氏家业的。如宇文泰娶元脩女儿虽晚，但以其帝女身份必为嫡妻，所生第三子自为嫡子。蠕蠕公主一来即居正室，这事其实由不得娄氏。更严重的问题是，前皇后与现公主都是一身好武艺的红颜射雕手，请看：

> 彭城太妃尔朱氏，荣之女，魏孝庄后也。神武纳为别室，敬重逾于娄妃，见必束带，自称下官。神武迎蠕蠕公主还，尔朱氏迎于木井北，与蠕蠕公主前后别行，不相见。公主引角弓仰射翔鸥，应弦而落；妃引长弓斜射飞鸟，亦一发而中。神武喜曰："我此二妇，并堪击贼。"
>
> 《北史·后妃传》

如果说娄氏对自己的处境有清醒认识，也一直韬晦求存，那时为世子的长子高澄则显然缺少危机意识，照常乱性无顾忌，连老父的腥也偷吃，差点儿为母亲和自己引来倾舟之祸。《北史·后妃传》记述了这次危机及其化解：

> 冯翊太妃郑氏，名大车，严祖妹也。初为魏广平王妃，迁邺后，神武纳之，宠冠后庭，生冯翊王润。神武之征刘蠡升，文襄蒸于大车。神武还，一婢告之，二婢为证。神武杖文襄一百而幽之，武明（娄昭君）后亦见隔绝。时彭城尔朱太妃有宠，生王子浟，神武将有废立意。文襄求救于司马子如。子如来朝，伪为不知者，请武明后。神武告其故。子如曰："消难（马司消难，子如之子）亦奸子如妾，如此事，正可覆盖。妃是王结发妇，常以父母家财奉王，王在怀朔被杖，背无完皮，妃昼夜供给看疮。后避葛贼，

　　　　　　　　　人中吕布：中国养子文化史

同走并州。贫困，然马屎，自作靴，恩义何可忘？夫妇相宜，女配至尊，男承大业，又娄领军勋，何宜摇动？一女子如草芥，况婢言不必信。"神武因使子如鞠之。子如见文襄，尤之曰："男儿何意畏威自诬？"因教二婢反辞，胁告者自缢，乃启神武曰："果虚言。"神武大悦，召后及文襄。武明后遥见神武，一步一叩头。文襄且拜且进，父子夫妻相泣，乃如初。神武乃置酒曰："全我父子者，司马子如。"赐之黄金百三十斤，文襄赠良马五十匹。

打一百杖然后关起来，对高欢来说，已算格外手下留情，须知高欢胞弟高琛当初就因与小尔朱通奸而被杖杀。上天也还算有眼，暗助发妻娄氏，让司马子如巧解死结，也没让蠕蠕公主给高欢生下子嗣。否则，除非蠕蠕内乱衰亡，高澄即使不偷父亲的女人，这个世子的位子也得让出来。蠕蠕公主后来倒是生了一个女儿，父亲是谁？高澄。不过这回不是通奸，是高欢去世，高澄身为长子，忠实履行义务，"从蠕蠕国法，蒸公主，产一女焉"（《北史·后妃传》）。联系到大尔朱后来虽为尼独居，也在高洋发酒疯时被奸，谁知道这里头有没有娄氏的纵容与指使？再有一宗，娄氏收拾起非己出的儿子毫不手软，高欢排行第十一的小儿子高湜，就被她活活杖死："高阳康穆王湜，神武第十一子也……以滑稽便辟，有宠于文宣（高洋），常在左右，行杖以挞诸王。太后深衔之。"高洋死后，因其"吹笛"，"击胡鼓为乐"，"太后杖湜百余，未几薨。太后哭之哀，曰：'我恐其不成就，与杖，何期带创死也！'"（《北齐书·高祖十一王传》）。天女报仇，十年不晚！

高湜也算罪有应得。而我想说的是，以鲜卑传统与代北旧俗，女权与乱性、行杖之类的野蛮、色情、暴力无处不在，即使没有娄氏，也很可能会有别的"天女""下凡"作祟。齐后主的乳母陆令萱，就活脱脱是北魏保母常太后们的转世，她的手法更出奇，直接将被宠有孕的宫婢黄花养为己女，自做太姬，并与盲宰相祖珽一唱一和。祖珽直接将她比附为"魏帝皇太后"，公称"太姬虽云妇人，实是雄杰，女娲已来无有也"（《北齐书·祖珽传》）。

人间正道：何以殷、周

"于是土崩瓦解，众叛亲离，顾瞻周道，咸有西归之志……"《北齐书·帝纪八》如是描状北齐末期蠹败的政治与涣叛人心。周道，西归，指向北周。周道包含两层意思，一指北周所绍述的成周正统；二指社会治理的通途正道，即"周道如砥"（《诗经·小雅·大东》），亦董仲舒所谓"道者，所由适于治之路也"。

"殷家弟及，正字一止。"高洋对太子制名的诡异解读言犹在耳。在这悲剧的预言中，"正"被腰斩，"道"则弃置，或者说变正为殷。

一兴一亡，历史已经证明宇文泰带领他的团队走上了周道或曰正道，而高齐集团则背周就殷，违戾灭裂。

那么，斯时斯世，何为正道？

拓跋鲜卑以尚处于草原游牧部落联盟阶段的少数异族崛起代北，入主中原一百多年，直到北魏王朝分崩，始终面临的两大问题，第一是剔除母权影响，真正从部族制向专制王朝转型；第二是如何正确稳妥地处理鲜卑与汉族族群之间的关系，包括与儒家文化、汉人豪族的和解与合作，北魏一朝成败盛衰均系于此。六镇之乱是对太和改革以后过度、过速汉化而又无视留居代地的鲜卑武人集团的存在与利益诉求的大反弹、总清

人中吕布：中国养子文化史

算，史家对此已有定论。

高欢与宇文泰两大军事集团乱中取胜瓜分了北魏，同时必须继续面对并解决这两大基本问题。解决得当，周道如砥；否则，"正字一止"。

概言之，高齐集团代表极端的鲜卑野蛮传统与种族主义，基本否定太和改制，奴视汉人，仇恨、蔑视、排斥汉族的文化与礼制。北齐诸君自高欢到高纬一脉相承，虽不得不假借汉族豪族的力量，但在合作与利用之后多方抑制、不惮羞辱，甚至非罪屠戮汉族精英，肆意撕裂族群关系，而鲜卑文化中原始混乱、野蛮血腥、母权干政的因素随之沉渣泛起，失控失序，以至于败亡。对北齐亡国，撰史者甚至发出"生民免夫被发左衽，非不幸也"（《北齐书·恩幸传》）的幸叹。

宇文集团反其道而行之，依托关陇儒家学术，绍述成周正统，建立文化自信与制度约束，并多方运用拟亲策略接近抚远，取得关陇豪族和基层民众普遍的支持合作。其在族群弥合方面更是用心良苦，通过普赐胡姓与府兵制的结合，表面恢复鲜卑旧制，实则曲径通幽，有效消泯族群对立，"融合胡汉文武为一体"（陈寅恪语）[1]，凝聚有生力量，转弱为强，一举灭齐，更可谓拟亲策略的创造性运用。"正道"在是。

多歧路，今安在？上溯"基因"与"血统"，可以找到分道扬镳背后更本质的区别。

高欢与贺拔岳、宇文泰虽皆出身北镇，但不属同一社会阶层，家世背景颇异。与此相关，其军事政治集团形成的路径、基本班底、兵员结构与集体记忆大有区别。

高欢出身六镇底层社会，祖父犯法徙怀朔，到他这一代

---

[1] 陈寅恪：《隋唐制度渊源略论稿》，第235页。

已沦落为几近赤贫的镇兵役徒，成年后虽得妇家之助，跻身下层军官，交游之辈也不过若干代地中下层吏史与富人势家。北魏孝武帝传檄方镇，即直斥高欢"出自舆皂，罕闻礼义"（《北史·周本纪》）。

贺拔、宇文先世，为与北魏并起的部落乃至部落联盟的首领。"贺拔氏本高车部落之一"，"高车归魏极早，惟其强犷，皆别为部落"。[1]贺拔兄弟的祖父尔头以军功封侯，父度拔为武川军主，高欢早年即视贺拔允为"北士之望"（《北齐书·贺拔允传》）。宇文泰曾祖宇文陵为后燕玄菟公，归魏后同样赐爵封侯，以豪杰迁武川。破六汗拔陵乱起，其父宇文肱"纠合乡里"，攻斩强寇，足见身份、实力与社会影响。

北魏孝昌二年（526），贺拔岳率部讨平北海王元颢之乱，宇文泰此时已隶贺拔岳："太祖与岳有旧，乃以别将从岳"（《周书·文帝纪》），说明两人本属同一社会阶层与社交圈。像宇文泰这样出身六镇豪门将家，有名于乡间，在六镇之乱中积极应变求存，后辗转投归尔朱荣，复率亲从乡人从贺拔岳征战并随同入关者颇有人在，如念贤、赵贵、独孤信等人均是，这是后来西魏设置八柱国十二大将军、实行府兵制的最初形态，也是宇文泰虽长期位居宰相，而赵贵、独孤信等人一直视其为等夷的原因。换言之，宇文泰从贺拔岳手中承接的这个核心团队，集中了一批六镇贵族精英。

与核心人物的社会阶层相联系的，是部伍构成与兵员的来源、共同经历，乃至与之相关的集体记忆。

贺拔岳在尔朱荣被诛前已率部入关讨伐万俟丑奴，这支征讨军总数不过三千，却屡破强敌。主要原因，应是战斗成员多

---

[1] 姚薇元：《北朝胡姓考》，第117页。

人中吕布：中国养子文化史

为贺拔岳及其故交如宇文泰等北镇豪族、军将的亲旧乡人，为鲜卑人或早已鲜卑化的他族人，凝聚力、战斗力很强。其后新增兵员主要来自战俘，如贺拔岳以千骑破擒万俟丑奴行台尉迟菩萨，仅此一战即获骑士三千，步卒万余。万俟丑奴本人虽为鲜卑族牧民，其所拥秦、陇之众，则承自早前敕勒族酋长胡琛所领导的关陇人民起义，成员有汉、羌、氐、鲜卑、匈奴、敕勒等，并非单一鲜卑族。由此可以推知贺拔岳的鲜卑军团在西征途中，族群的单一性、地域性即被新增兵员逐渐稀释而趋多元，族群仇恨与分层对立也相应地不断减弱。其后宇文泰初继贺拔岳统军，孝武帝元脩催其率部还东洛以图高欢，宇文泰上表推宕，其中一个理由就是"军士多是关西之人，皆恋乡邑，不愿东下"（《周书·文帝纪》）。此虽有托辞成分，也说明西征军的迅速本土化。这为宇文泰日后推行弥合族群区隔的政策奠定了群众基础。

高欢举义山东所籍部伍，另是一种情形。

"葛荣众流入并、肆者二十余万，为契胡陵暴，皆不聊生，大小二十六反，诛夷者半，犹草窃不止。"（《北齐书·帝纪一》）这是葛荣为尔朱荣所破，其众大部投降尔朱荣若干年之后的情形。正是这种情形让尔朱荣之侄尔朱兆焦头烂额，问计于高欢，而给高欢以建牙立军收编葛荣旧部的机会。早前尔朱兆为与高欢联合抗击纥豆陵步藩领导的河西牧民起义，已"割鲜卑隶高祖（高欢）"（《北齐书·慕容绍宗传》）。葛荣所部，主体无疑也是六镇鲜卑，当时尚流离失所者，多是原处社会底层的镇兵饥民。"为契胡凌暴"，契胡者何？或谓羯人别种，或曰实为稽胡也即匈奴族。尔朱荣为契胡部族酋长，契胡时称"国人"（《资治通鉴》卷一百五十四）。可以想见，随着尔朱集团的军事胜利，契胡在当时并、肆一带成为头等民族，得对鲜卑兵卒与流民公行凌暴，更别说汉族。代地鲜卑人在屈辱与仇恨中，亦自更视种族分层与压迫为当然之事。高欢脱离尔朱兆控制南下山东，策划倒戈易帜，曾设计了几个虚假信息来恐吓部属，激怒群情，坚定反意，头一条就宣称并州的契胡政权要将鲜卑人"配契胡为部曲"。高欢发表演说，开口就打乡情牌："与尔俱为失乡客，义同一家。"接着约法三章，第一条便是"不得欺汉儿"（《北史·齐本纪》）！

《资治通鉴》卷一百五十五载有高欢此通"起兵讲话"，胡三省于"失乡客"后注："高欢亦镇户，故云然。"此一注将高欢打回原形，并与晋阳建牙收兵相印证，说明这些被收编的鲜卑士兵原来多为六镇镇民兵户，少有出身权贵者。

高欢的族属，亦须一辨。

现在一般根据《北齐书》《北史》本传"累世北边，故习其俗，遂同鲜卑"的说法，认为高欢是鲜卑化汉人，但姚薇元《北朝胡姓考》考证高欢曾祖父高湖为鲜卑人，高氏实为纯正鲜卑血统[1]，这有助于我们理解何以高欢家族无论大小贤愚，都一以贯之地奴视汉人，辱杀汉族精英。约法三章，可见鲜卑人或鲜卑化之人虽被契胡凌暴，复以欺辱汉人为常事，种族的严重分层与压迫可见一端。其时高欢率领此支鲜卑部队脱出尔朱兆掌握进入青、冀之地，凭借山东汉族豪门高氏、封氏等的支持占领冀州，算是站住脚跟。但鲜卑士兵欺凌汉人的行为肯定频频发生，亟须约束，否则必加剧矛盾，激成事变。高欢虽约法部伍，而不惮贱称汉人为儿，真实立场自然明了。

教育与文化熏陶上的差距同样明显。

高欢之父属刑徒二代，行迹近无赖，可以推定高欢小时候没有受过良好的教育，但尚不至于是文盲，因为他曾任负责

---

〔1〕 姚薇元：《北朝胡姓考》，第137页。

　　　　　　　　　　　人中吕布：中国养子文化史

送信的函使。高欢从小丧母，为姐所养，可能得到担任善无狱掾的姐夫尉景的启蒙。狱掾的身份及其可能给予高欢的启蒙教育，让人遥遥想起赵高。

　　高齐王室第二三代男性成员虽已有条件延师授业，但初期老师基本是抓来的："始，范阳卢景裕以明经称，鲁郡韩毅以工书显，咸以谋逆见擒，并蒙恩置之第馆，教授诸子。"（《北齐书·帝纪二》）除太子高殷生性好文，能认真学习儒家经典，其他人"多骄恣傲狠，动违礼度，日就月将，无闻焉尔。镂冰雕朽，讫用无成……"（《北齐书·儒林列传》）。人以群分，"齐氏诸王选国臣府佐，多取富商群小、鹰犬少年"（《北齐书·高祖十一王传》），至于末世，"刑残阉宦、苍头卢儿，西域丑胡、龟兹杂伎，封王者接武，开府者比肩"（《北齐书·恩幸传》）。何以至此？答案可从高洋对继承人高殷的态度中找："文宣每言太子得汉家性质，不似我，欲废之，立太原王。"后怒高殷不忍手刃囚徒，用马鞭把这唯一好学有文的接班人撞成间歇性神经病，为其弟高演的轻易篡夺埋下伏笔。换句话说，是高洋作死，硬把父终子继的周道往兄终弟及的殷道上岔，为"复活天女"娄太后的后权干政洞开大门。高洋无法从本质上认识到文教学术、儒家治道对收拾人心、稳固政权的重要性，过于崇尚武力强权。这个观念与局限，源自高欢，源自家世出身，更深一层，源自鲜卑民族野蛮与反智的传统。出身阶层与反智贱儒等多种因素结合，造成北齐牧守长吏多武人，国戚贵臣不乏文盲[1]，公行贪酷。高欢虽深知其弊而无以纠之，只能放纵。

---

[1]　《北齐书·库狄干传》："干尚神武妹乐陵长公主，以亲地见待。自预勒王，常总大众，威望之重，为诸将所伏，而最为严猛。……干不知书，署名为干字，逆上画之，时人谓之穿锥。又有武将王周者，署名先为'吉'而后成其外，二人至子孙始并知书。"

北齐速亡，此为一因。

宇文集团方面，另是一番景象。

宇文泰本人"雅好经术"，《周书·薛慎传》："太祖（宇文泰）于行台省置学，取丞郎及府佐德行明敏者充生。悉令旦理公务，晚就讲习，先《六经》，后子史。又于诸生中简德行淳懿者，侍太祖读书。慎与李璨及陇西李伯良、辛韶，武功苏衡，谯郡夏侯裕，安定梁旷、梁礼，河南长孙璋，河东裴举、薛同，荥阳郑朝等十二人，并应其选。又以慎为学师，以知诸生课业。"即使在战乱颠沛中，宇文家族仍非常重视后代的教育[1]。宇文泰诸子显然从小受到良好教育，深受儒家文化熏陶。范阳望族卢辩之弟卢光为大儒，通《三礼》，河东名儒乐逊通《孝经》《论语》《毛诗》《春秋左氏传》，宇文泰均延于宫中教授诸子（《周书·儒林传》）。此外，他还为诸子简选宾友，以同游处。《周书·裴文举传》："文举少忠谨，涉猎经史。大统十年，起家奉朝请，迁丞相府墨曹参军。时太祖诸子年幼，盛简宾友。文举以选与诸公子游，雅相钦敬，未尝戏狎。"第五子宇文宪"少与高祖（宇文邕）俱受《诗》《传》"（《周书·齐炀王宪传》）；外甥贺兰祥，"长于舅氏，特为太祖（宇文泰）所爱。虽在戎旅，常博延儒士，教以书传"（《周书·贺兰祥传》）。长子宇文毓即位后，"集公卿已下有文学者八十余人，于麟趾殿刊校经史"（《北史·周本纪》）。周武帝宇文邕有重道尊儒之名，灭齐之后初入邺城，即往见名儒熊安生。

宇文泰同样重视对臣下后代的教育，曾"置学东馆，教诸将子弟"（《周书·儒林传》）。据《周书·儒林传》所述，八柱

---

[1]《周书·晋荡公护传》载有宇文护之母的一封信，回忆六镇乱时往事，述及其时延师教授宇文护、宇文元宝、宇文菩提及姑子贺兰盛洛的情况，可见一端。

人中吕布：中国养子文化史

国中的于谨、李弼都曾争延名儒教授子弟。宇文政权还有一个传统做法，就是将一些望族功臣的子弟"幼养宫中"，与诸王同受教育，共同成长。《周书·李穆传》："太祖令功臣世子并与略阳公（宇文泰嫡子宇文觉）游处"，李穆的长子李惇"于时辈之中，特被引接"。安定望族梁御位至西魏太尉，其子梁睿，"周太祖时，以功臣子养宫中者数年，其后命诸子与睿游处，同师共业，情契甚欢"（《隋书·梁睿传》）。博陵望族刘孟良西魏时官大司农，随魏孝武帝入关，宇文泰任为东梁州刺史，其子刘昉"周武帝时，以功臣子入侍皇太子"（《隋书·刘昉传》）。相比之下，北齐陪伴储君诸王者多为鲜卑武人，韩凤即是其中之一，"后主（高纬）居东宫，年幼稚，世祖（高演）简都督二十人送令侍卫，凤在其数。后主亲就众中牵凤手曰：'都督看儿来。'因此被识，数唤共戏"（《北齐书·恩幸传》）。高纬即位后，韩凤权倾朝野，骂汉狗，嫉士人。北齐末年，崔季舒、张雕、刘逖、封孝琰、裴泽、郭遵等一批汉族大臣因联名谏止武帝车驾北适晋阳被斩于朝堂，韩凤为此惨案主要推手。

天若有情天亦老，人间正道是沧桑。

平定江南兄弟在

本章首节，我们非笑元脩身为北魏皇帝，动辄与臣下兄弟相称，徒失尊严，于事无补。这不，北周皇帝也曾同一声口，但结果是国运昌盛，皆大欢喜。

话说宇文泰死后，其侄宇文护在于谨等老臣支持下，以犹子身份继为执政，讽魏帝禅位，扶立宇文泰嫡子宇文觉，北周建国。原八柱国中的赵贵、独孤信，自视地位初与宇文泰等夷，策划谋反，事败，赵贵被满门抄斩。宇文觉下诏宣布此事，安抚群臣。诏书首叙其父宇文泰与"群公泊列将众官"勠力同心，共治天下的开国创业史，说明自己得到拥戴的基础和原因，接着打出兄弟牌：

> 是以朕于群公，同姓者如弟兄，异姓者如甥舅。冀此一心，平定宇内，各令子孙，享祀百世。

注意，此处的表述是弟兄、甥舅，幼在前，长在后。宇文觉生于大统八年（542），557年1月登大位，年方十五，他喊话的对象，是父亲的同袍部属，父辈长者，所以自拟为弟为甥。但谁都明白，背后真正的发声人，是他那位居执政已届中年的从兄宇文护[1]。

这道诏书显然有效发挥了安抚作用，不久另一主谋独孤信被赐死，宇文氏的统治地位顺利确立，北周政局迅速安定。不到一年，宇文护废杀宇文觉另立宇文毓，群臣已视之为宇文氏的"家事"。

那么，同样的策略、声口，时间相去不远，何以元脩成为笑柄，而新朝北周岿然山稳？稍作比较，可以发现问题不是人君可不可以与臣下以兄弟子侄相称，而在于他们是否真的建立起这样一种拟亲关系，有没有起码的共同经历与场域作为真诚的基础为如此称呼背书。这一点，宇文氏的关陇集团做到了。其中一项主要措施，就是我们前面曾提到的普改胡姓与府兵制的结合。

---

[1]《周书·晋公护传》说宇文护于北魏普泰初被从晋阳接到平凉，时年十九岁。普泰是北魏节闵帝年号，节闵帝于531年3月即位，同年10月被废，此年号仅存在半年多。至北周立国，宇文护四十五岁。

人中吕布：中国养子文化史

公元554年，西魏利用侯景之乱及其后梁朝的内讧，先平蜀，后攻占江陵，乘开疆拓境节节胜利之势，宇文泰颁布了一项酝酿已久的改革，《周书·文帝纪》介绍说：

> 魏氏之初，统国三十六，大姓九十九，后多绝灭。至是，以诸将功高者为三十六国后；次者为九十九姓后；所统军人，亦改从其姓。

四年后，周明帝又补发一道诏令："诏三十六国、九十九姓，自魏南徙，皆称河南人；今周室既都关中，宜改称京兆人。"（《北史·周本纪》）

西魏普改胡姓，在历史上回应了孝文帝太和改姓。孝文帝将胡姓改为汉姓，多取单字，如皇室由拓跋改姓元，目的很明确，就是为加速汉化。这次来个反转，将汉姓全部改回胡姓，不管你原来是鲜卑人、汉人，还是其他民族。表面上，这是对太和改姓的否定与反动，唯鲜卑为尊，实则和稀泥，群公皆胡族，诸将尽鲜卑，战士俱兄弟，可谓面子且放一边，里子光鲜和谐。如此一着妙棋，为消弭族群区隔尤其是鲜卑与汉人的对立，提供了宗法上或者说谱系设计上的支持。

五胡乱华以来中原板荡二三百年，北方汉人的民族意识已相当淡薄，即使四海鼎沸，有力量的豪强望族也不敢再有多少"汉家天下"之想，唯视异族统治为当然，北魏末年山东豪族如高乾兄弟、封隆之、李元忠诸人即是典型。而高齐集团一贯奉行种族歧视政策，自皇帝到鲜卑权贵动称"汉儿""汉狗"，视凌辱士人为常事，杨愔、高德政、杜弼、崔季舒、封孝琰等多位汉族大臣相继横遭杀戮，天下寒心。宇文泰则反其道而行之，普赐胡姓既有效满足了鲜卑人或者说广义的胡人的自尊心，亦得到关陇地区汉族豪右的欢迎与配合。"赐姓宇文，与国同乘之荣；周之宗盟，非复异姓之后。蕃屏是寄，隆宠所归，公室无疏，此之谓矣。"由南入北的庾信在《周大将军上开府广饶公郑常墓志铭》中如是说。郑常出自荥阳望族，大统三年起义入关，累立军功，授车骑大将军，赐姓宇文氏。墓志所言，描述了赐汉臣以胡姓对君臣、族属关系的无缝校改与当事人的荣耀接受。

进一步，更到位的实质性改革，是让"所统军人，亦改从其姓"。

军人，指府兵。府兵制由宇文泰与出自武功汉人望族的度支尚书苏绰共同谋划设计，基于鲜卑部族制传统，在改造北魏镇、坊兵制度基础上，大约从大统三年（537）到大统十六年（550）间逐渐建立完善。主要构架是设八柱国大将军，宇文泰统摄全体，魏宗室元欣荣誉挂名，李虎、李弼、独孤信、赵贵、于谨、侯莫陈崇六人各督二大将军，十二大将军各统开府二人，每一开府领一军兵，是为二十四军。让府兵普从军将之姓，则是给全体作战单位的成员加上一重拟亲关系。基于鲜卑部族制的传统，此做法既能为府兵所接受，又有利于军队凝聚力与战斗力的提升。

府兵制是一个大题目，学术界已有大量专门深入的研究，非本书所能详究。联系宇文集团与关陇豪族的合作，窃以为普改胡姓不唯对府兵的建设，在逐步整合利用关陇豪右武装也即原来遍布坞堡屯聚的乡兵上，同样发挥实际作用。

"直以督将已下，咸称贺拔公视我如子，今仇耻未报，亦何面目以处世间。"（《周书·文帝纪》）宇文泰在贺拔岳被害不久给魏孝武帝的上表中如是说。"王者之宰民也，莫不同四海，一远近，为父母而子之。"多年后，北周第二任皇帝、宇文泰长子宇文毓继位后不久发布的诏书中如是说。宇文泰、宇文护都打得一手弟兄甥舅、亲从子侄的拟亲好牌，不唯口说，更善于因势利导收其实用。如斯用心与策略，正逢其时。

两汉的豪强势族主要以宗法血缘维系其内部结构与成员关系，战乱催生的流民播迁与坞堡屯聚则必然刺激结拜与恩养等异姓拟亲关系迅速发展。坞堡屯聚的宗主或曰领袖人物的产生渠道也趋于多元，除了豪门大族，也可能是在流移迁徙与御敌保聚中产生的有力人物，或两者的折中结合，东晋祖逖即是。其次，东汉中后期豪族大庄园产生的基础是土地高度兼并与农业规模生产的需要，成员多单一宗族，或同一地域的乡党，同姓或数姓，宗主多即强宗大族血缘上的天然家长，或者说宗法制中位处长嫡者。坞堡屯聚即使原为一姓一族所辟，其后每因收聚流民或坞堡间吞并争夺而渐趋混杂多姓[1]。一些地区可能会产生"统主"为代表的区域性坞堡屯聚集团，如前秦末年，"关中堡壁三千余所，推平远将军冯翊赵敖为统主，相率结盟"（《晋书·苻坚载记》），诸壁武装即所谓各处乡兵，自是杂姓。宇文泰以追复周制尊崇儒术取得关陇豪族普遍的支持合作，普赐胡姓并让兵随将姓，也相应成为收编关陇豪右的乡兵部曲的一个范式或者说工具。

北魏分裂为东、西魏之初，西魏兵力相当薄弱。《隋书·食货志》云："六坊之众，从武帝而西者，不能万人，余皆北徙。"

---

[1] 如东西魏对峙时位于龙门西岸的杨氏壁，原是弘农华阴豪族杨氏所筑，可容兵数千。《资治通鉴》卷一百五十六说：大统元年（535），"东魏行台薛义等渡河据杨氏壁；魏司空参军河东薛端纠帅村民击却东魏，复取杨氏"。《周书·薛端传》则谓东魏军队西渡黄河入据杨氏壁时，"端与宗亲及家僮等先在壁中"。后东魏军队再次进逼，"端率其属，并招喻村民等，多设奇以临之"，击走齐军。两文对读，可知薛端归西魏时携宗族僮仆而行（其时关东豪族入关，一般来说都是举乡兵起义，整族而行，相当于一次中小规模的移民），而壁中村民本亦兼能耕战。大统三年，东西魏交兵，又有夏阳人王游浪聚据杨氏壁以应东魏，西魏派于谨率兵攻壁，克之。其时杨氏壁兵家必争，屡易其主，居民自非复杨氏或薛氏一姓。

六坊乃府兵前身，为北魏鲜卑军人，随魏孝武帝入关才及万。宇文接所部，也不过数万。大统三年沙宛之战，其时关中大饥，宇文泰所率精兵不足万人；大统九年（543）邙山大战，西魏军队损失很大，为补充和扩大队伍，宇文集团遂不断收编关陇豪右的乡兵部曲。具体做法，大致是在各地豪右中选出当州首望或曰义首，再以首望担任当州乡帅，统率乡兵，在需要时接受朝廷征调，带乡兵随军出征。当州首望往往从在任官员中选拔，且多同时任命其为本州牧守，合朝廷命官、地方豪右与乡帅数任于一身，即所谓"本州之荣"。乡帅，大概同于帅都督或都督，是府兵建制中隶属开府仪同之下的军事职衔，意味着一旦参加征战即可纳入府兵的机制统一管理。武功之苏，河东之柳，太原之郭，长安之韦俱为第一等高门大姓，苏椿、柳敏、郭彦、韦瑱都曾以"当州首望"被任为统领乡兵的帅都督。如苏椿，领乡兵之前，已"拜镇东将军、金紫光禄大夫，赐姓贺兰氏。后除帅都督，行弘农郡事……（大统）十四年，置当州乡帅，自非乡望允当众心者不得预焉。乃令驿追椿，领乡兵"。后数次领乡兵出征立功，为武功郡守，即所谓"为本邑"（《周书·苏绰附苏椿传》）。

两个例子，可以更好显现普赐胡姓与收编关陇豪右乡兵部曲的关系。

敦煌人令狐整本名延，世为西土冠冕，深得民望，屡助朝廷平定邓彦、张保之乱，授寿昌郡守，并被立为瓜州义首。后令狐整"率乡亲二千余人入朝，随军征讨"。宇文泰非常器重令狐整，谓彼此"义等骨肉"，"遂赐姓宇文氏，并赐名整焉。宗人二百余户，并列属籍"（《北史·令狐整传》）。所率乡亲能从征讨，主干必为乡兵；宗人以户为单位，则是乡兵家出，农战合一；并列属籍，是所领乡兵全家跟从令狐整一起改姓宇文。

宇文泰入关之初，京兆蓝田人王悦屡率乡人从军征讨。大统十四年（548）授雍州大中正、帅都督，多次率所部兵从大将军杨忠、达奚武出征。后"以仪同领兵还乡里……陵驾乡里，失宗党之情。其长子康，恃旧望，遂自骄纵。所部军人，将有婚礼，康乃非理凌辱。军人诉之。悦及康并坐除名，仍配流远防"（《周书·王悦传》）。这个例子，说明当日所谓乡兵宗党几为一体，领乡兵者得并理民事军务。王悦以仪同领乡兵，比一般初以首望领乡兵者职位高，应是因为他的资历和勋劳。仪同在府兵体系中仅次于大将军，与开府同列或稍下，这也可说明乡帅职衔直接纳入府兵体系。

回到文武诸臣普赐胡姓的话题上。分析文献史料，应该说，赐姓之举，表明宇文集团的态度，充分发挥了消融族群分隔与加强拟亲关系的象征意义。而在实际操作中，除上述促进府兵组织与对乡兵的动员外，对官宦士人的生活与交游影响似乎不大，鲜会真正落实到敦亲睦族的微观层面。

其一，除去西魏恭帝元年（554）之前已去世者，并非所有文臣武将都被赐姓，或者说都接受赐姓。如《周书》卷三十六诸传主中，赐姓者有杨纂、段永、令狐整、刘志，未言赐姓者有郑伟、司马裔、裴果、崔彦穆。司马裔为西晋宗室，魏恭帝元年已官至使持节、车骑大将军、仪同三司、散骑常侍、本郡中正。《隋书·百官志》谓西魏自恭帝三年（556）以前，仍沿用北魏官制，据《魏书·官氏志》，仪同三司、车骑将军为第一品。再如太原郭氏为第一名族，郭彦于大统十二年选为当州首望，统领乡兵，除帅都督、持节、平东将军，魏恭帝元年已官除兵部尚书。其后南征北战，屡立战功，天和四年（569）卒于官。检其传记，亦未赐姓。如此二人未赐姓，原因肯定不是门寒官卑，更可能是本人不乐改姓。赐姓而可不受，既说明宇文氏为政宽松，或者对汉族高门特为尊重，也说明并非人人重视。

其二，赐姓可以根据情况变化或者当事人意愿而更改。叱罗协本胡姓，出自代郡，后改为罗氏。据《魏书·罗结传》所记，其先世为部落首领，在道武帝之前归魏。叱罗协前已由宇文泰赐姓宇文，宇文护执政期间，他以旧臣深得信任，因此希望连婚帝室，但若同姓于义不可通婚，"乃求复旧姓叱罗氏。护为奏请，高祖（宇文邕）许之"（《周书·叱罗协传》）。另一个例子见于《周书·唐瑾传》，《北史》亦载。唐瑾学行兼修，有名于时，原已赐姓宇文氏。燕公于谨"愿与之同姓，结为兄弟"，希望以此熏陶教育子孙。宇文泰非常支持，"更赐（唐）瑾姓万纽于氏。瑾乃深相结纳，敦长幼之序；谨（于谨）亦庭罗子孙，行弟侄之敬"。于谨本姓万纽于氏，北周天和二年所立《华岳颂》碑，末署"万纽于谨造"，根据《金石录》卷二二所载《后周延寿公碑颂跋》引《于烈碑》载，万纽于氏远祖原居地在幽州，世有部落，阴山之北，有山号万纽于者，因以为姓。北魏孝文皇帝改姓时，赐姓为于[1]。于姓还有另一个来源是西域于阗国，北魏文成皇帝于夫人即宇（于）阗国主之女，入魏后以国为姓。这种情况，大约也可归入"合族"的一个特殊类型。西晋孙旂父曾任幽州刺史，本人曾任荆州刺史，而孙秀出身寒门，"起自琅邪小史"（《晋书·赵王伦王同传》），后因助成赵王伦篡政，权倾朝野，"旂子弼及弟子髦、辅、琰四人，并有吏材，称于当世，遂与孙秀合族"（《晋书·孙旂传》）。此为"合族"常规类型，实亦拟亲一径。

大象元年（579），周宣帝死，杨坚甫为辅政大臣，就颁布复姓诏："……文武群官，赐姓者众，本殊国邑，实乖昨土。

---

[1] 转引自姚薇元：《北朝胡姓考》，第 55 页。

不歆非类，异骨肉而共烝尝；不爱其亲，在行路而叙昭穆……不可仍遵谦挹之旨，久行权宜之制。诸改姓者，悉宜复旧。"西魏赐姓之举，在完成其向世人表明宇文集团不搞种族区隔、主张胡汉皆父子兄弟的政治态度后即显现出其象征大于实义的本质，普赐而近虚设，仅实行二十多年即告废止。不过，此一番倒腾加剧了民众记忆的淆乱，有如洗牌，汉人自然不再从胡姓，而胡姓则加速汉化。如上举由万纽于所改于姓，隋唐之世人物辈出，于翼、于志宁、于顿俱为于谨子孙；于顗、于邵也皆出万纽于氏。若非溯源，无人复知有万纽于氏，亦不复注意此数人为鲜卑血统。

宇文集团的拟亲策略乃是一套组合拳。普赐胡姓并与府兵制结合堪称创造，最收实效，而赐名也是宇文泰得心应手经常使用的一招。宇文泰善于在特定场合通过赐名赋义，代表朝廷给予受赐者评价，提出期许，打上烙印，传递信息。如独孤信本名如愿，"太祖以其信著遐迩，故赐名为信"（《周书·独孤信传》）。裴侠本名协，"太祖嘉其勇决，乃曰：'仁者必有勇。'因命改焉"（《周书·裴侠传》）。王杰本名文达，王勇本名胡仁，耿豪本名令贵，邙山之役，周军先胜后败，宇文泰差点儿丧命，唯三人力战立功。战罢，宇文泰"赐勇名为勇，令贵名豪，文达名杰，以彰其功"（《周书·王勇传》）……须知赐姓名一般说来是皇帝给予臣子的一种恩遇，而当时宇文泰名义上仍是西魏宰相，同出武川的若干旧臣也未肯遽为之下，以宰相身份而频赐文武臣僚姓名，拟亲之外，其实是在变相宣示地位与权力，造成个人崇拜，尤其对视其为等夷的独孤信赐名，更包含一层特殊的意味。

通婚与恩养这两种老办法，也没缺位。

宇文泰嫡妻为魏孝武帝之女；为通好蠕蠕，魏文帝元宝矩娶蠕蠕主阿那瑰之长女郁久闾氏为后，并被迫赐死文皇后乙弗氏；宇文邕为联合突厥压制北齐，立木杆可汗俟斤之女阿史那氏为后。

贺拔岳、李弼、于谨、若干惠、刘亮、李远等人之子俱尚宇文泰女，于谨之孙尚宇文邕女，独孤信长女为周明敬皇后。

尉迟迥尚魏文帝女金明公主；尉迟纲之子敬，尚世宗女河南公主。

阎庆祖为云州镇将、敦煌镇都大将，姑母即晋公护之母，其子毗尚帝女清都公主。

苏绰之子苏威娶晋公护女新兴公主。

……

恩养方面，亦有数例。

《周书·李贤传》说，周武帝宇文邕与其弟宇文宪因避忌，幼时曾养于原州望族李贤家。周文帝因此"赐贤妻吴姓宇文氏，养为侄女，赐与甚厚"，又以第十一子代王宇文达"令远（李远，李贤之弟）子之"。

宇文泰与高欢一样，喜将虎贲之士、勋旧之后乃至望族之子收为帐内亲信，或曰帐内都督，相当于贴身卫队或亲军，从中发现、培养将才，表现优秀的，赐名进爵，加以提拔。这个团队有养子军团的性质，但斯时尚未如此定位命名。宇文泰、高欢也绝少直接养子。宇文泰破过一次例，他任夏州刺史时，曾从帐下亲信中收了一个养子蔡祐。蔡祐为镇将之后，西州名族，胆决过人。贺拔岳被害，其旧部共迎宇文泰，但夏州首望弥姐元潜通侯莫陈悦，阴持两端，蔡祐斩杀弥姐元，安定了局面人心，宇文泰即命其为子："吾今以尔为子，尔其父事我。"蔡祐以此自励，临阵每怀必死之心，所向无敌，齐人呼为"铁猛兽"。河桥之役，敌围之十余重，"祐下马步斗，左右劝乘马以备急卒。祐怒之曰：'丞相养我如子，今日岂以性命为念？'遂率左右十余人，齐声大呼，杀伤甚多"。是役周军大败，宇文泰奔北，夜中心惊，寝于蔡祐股上始稍安静。蔡祐并未改姓，仍属异姓恩养中较疏的一种，即所谓假子。蔡祐本人亦无非分野心，不自言功，不婚权贵，性节俭，慎交游，戒侈满。宇文泰死，蔡祐悲慕不已，由此落下致命病根。蔡祐的忠诚不渝，除了本人品质心地，亦与身为养父的宇文泰的人格魅力与整体政治环境有关。养子这种事，实在考验目力与驾驭之术，虎狼之士并非都是吕布，养对了，养而逾生，假且胜真；反之，罗刹场中，宫斗戏里，若大宝可窃、秩序翻覆，则亲兄弟而相杀，真父子亦灭性。这不，《复姓诏》颁布不过数年，杨坚篡周建隋，他励精图治，统一中国并开创了开皇之治的繁荣局面，允称大帝，但没有处理好继承人的选择与安排，在位二十四年后，为次子杨广所弑。

子假兄弟真，叔侄犹留情。夹在隋头周尾这段历史缝隙中，却有一个出身公子哥儿的混世式人物司马消难，因为一段"结为兄弟"的情谊而隔代获宥，免于身首异处。

司马消难堪称两朝叛人，而又是两朝国戚，在北齐为首席驸马，入北周为末代国丈。他的父亲是北齐神武皇帝高欢夫妇微时的铁杆老友司马子如，本人为高欢女婿。和高澄一样，司马消难是个连父亲的小妾美姬都要占有的角色，后因受文宣皇帝高洋猜疑，惧祸投奔北周。入周后，"纳女为静帝后"。杨坚辅政，胁主之势成，尉迟迥起兵，他也响应，兵败南投陈朝。589年，隋灭陈，他被抓回来，按说司马消难罪当五刑，万无生还之理，多亏了他与杨坚之父杨忠昔年一段结拜因缘，意外获赦：

> 初，杨忠之迎消难，结为兄弟，情好甚笃。隋文每以叔礼事之。及陈平，消难至京，特免死，配为乐户。经

二旬放免。犹被旧恩，特蒙引见。

（《周书·司马消难传》）

当年司马消难任北豫州（州治虎牢，今荥阳市汜水镇）刺史，地处洛阳东面，靠近北齐与周的边境，因惧高洋猜忌，派出特使向北周请降。杨坚之父杨忠正好镇守蒲坂（今山西永济），遂与柱国大将军达奚武一道率孤军驰入齐境五六百里援接，历经艰险，完成使命。正是在这样一场传奇式的敌境接援中，杨忠与司马消难结为兄弟。应该说，这种在生死与共的战场上结成的情谊的确非常深厚，不仅与元脩辈的信口为惠相去千里，也不是宇文家对同袍旧将那种立足于共同利益之上的兄弟舅甥之喻或改姓合宗之法可及。隋文帝往日亲沐这份真切深厚的父辈情谊而不忍亵渎摧破，今人思之，犹可感佩。

渡尽劫波兄弟在，相逢一笑泯恩仇。鲁迅所造之镜像，提前上千年映现。

黄花谣

破国亡家之事，乱世一碟小菜。若属罪在谋逆，或遇攻战屠城，往往灭族，黄发垂髫杀戮无遗。较轻的处置，是留下妇孺不杀，女眷入宫掖，幼童下蚕室。下蚕室是受阉，既绝其种，又为宦官提供来源。这种事，魏晋南北朝高发，至明清不绝[1]。

这听起来很惨烈，但也并非完全被动的苟活与奴役，里头

---

[1] 明孝宗之母纪太后，原为贺县蛮族土官女儿，成化年间明军平蛮，她作为战利品没入掖庭。

人中吕布：中国养子文化史

包含着翻盘复仇或者说接续香火的机会，概率虽小，赔率不低，《周易》所谓"匪寇，婚媾"，一旦成功，甚至可以制驭天下，影响历史。

孟昶是刘裕举义讨伐桓玄时的核心成员。起事之前，他把这个决定告诉了妻子周氏，让她先与己离绝，以免受牵累。周氏态度明确：你要造反，这种事不是我女人家所能劝止的。如果失败，我"当于奚官中奉养大家，义无归志也"（《资治通鉴》卷一百一十三）。奚官为官署名，南朝、隋、唐皆置，属内侍省，掌守宫人疾病、罪罚、丧葬等事，换句话说，就是后宫的后勤服务机构，多以罪人从坐之家属为之。中国旧史发明出"聪明妇人"这样一顶高帽，周氏就是代表，她很会说话，奚官是服劳役的地方，一边服刑一边伺候家姑，若真能如此，别说周氏名冠列女，桓玄篡晋建立的新朝肯定也排得上专制时代第一人道政权。事实上，奚官只是罪人女眷入宫的去处之一，一般用于安置年老体弱或貌丑容陋者，稍有姿色的年轻女子，最大的价值是色与性，往往发去当宫女。刘裕当日若被桓玄所败，最合理的可能是周氏充后宫，家姑下奚官，生死不相闻。还有一种可能，就是被直接分赏给功臣当仆妾。

入宫的年轻女性，也分三六九等。四类人可能有咸鱼翻身的机会：高门，绝色，有奶，挟术。高门，指出身高贵有来头者，尤其是亡国之主的后妃妻妾、女孙，也包括王公贵族、敌酋贼首的女眷，铜雀台就是为她们准备的。事实上，第一、二类，往往合二为一。孟昶属刘裕起事核心成员，周氏若入宫，桓玄岂能不先关照？绝色人见人爱，无须饶舌；第三类是身体健康的哺乳期妇女，如果后宫正好有皇子皇孙初诞，她们可能被选充奶妈，若所乳主子日后登基，还有可能成为位侔皇太后的保母，甚至控制皇帝，专擅朝政。东汉的王圣、北魏的窦太后和常太后均属此俦[1]；第四类则多挟巫蛊厌胜之术，主动或被动卷入宫廷斗争，如南朝宋文帝时，女巫严道育坐夫行劫，没入奚官，被太子刘劭、皇子刘濬奉为天师，为巫蛊咒诅，后最终引致文帝被弑。

其实还存在第五类：负责照料皇子王孙们生活起居的宫女，这类人偶尔也会有机会。汉武帝到姐姐长公主家听歌看中卫子夫，酒酣火热，直接在换衣间成其好事。卫子夫不是宫女，只说明起居更衣这种事及相关场所往往发酵暧昧情色。《红梦楼》中，贾宝玉初试云雨情，也正是在袭人帮他换衣时发生的。明朝宫中有个著名的姐弟恋，万贵妃比明宪宗年长十四岁，自宪宗出生她就在东宫服务，有些像大姐姐帮带二胎小弟弟，结果竟然能谗废吴皇后，让宪宗一辈子离不开她，而且宫人有子多被害，差点儿断了大明香火。

十六国时期，后赵皇帝石季龙灭前赵。前赵皇帝刘曜的幼女年方十二，绝色，为石季龙所宠，生石世。石季龙先后所立太子石邃、石宣悖逆相残，被废杀。大臣张豺把太子不仁归罪为其母倡贱故生凶儿，石季龙遂弃长立幼，以年仅十岁的幼子石世为太子，理由是此儿有帝王血统，出身高贵。不久石季龙病逝，这位前赵皇帝的外孙甫继位即被推翻。设若石世坐稳大宝，岂非刘曜借女儿之腹讨回半个江山？

北朝正是此类逆袭高发期，除了两位奶妈出身的保太后，最成功的例子，是北魏文明太后，她就是以罪人之女身份入宫的。

南北朝分裂终结于韩擒虎入建邺。照例，包括一众后妃公主在内的老少女眷都成为俘虏，随宗室一起北上长安。陈宣帝

---

[1] 《魏书·皇后列传》："先是，世祖保母窦氏，初以夫家坐事诛，与二女俱入宫。"又："高宗乳母常氏，本辽西人。太延中，以事入宫，世祖选乳高宗。"

人中吕布：中国养子文化史

有个"性聪慧，姿貌无双"的女儿宁远公主，被"配掖庭，后选入宫为嫔"（《隋书·后妃传》），得到隋文帝宠爱，后封宣华夫人，陈朝宗室子孙也因此普遍得到善待，多为地方牧守。陈宣帝另有一女赐韩擒虎为妾，一女赐杨素。晋王杨广谋取太子之位，多致珍宝于陈氏，得到有力支持。隋文帝临终，杨广以太子侍疾，调戏陈氏，陈泣告于杨坚，倒逼杨广弑父。陈氏虽不预此弑逆之谋，但祸由她起。她能突破独孤皇后这道以妒忌出名的"防火墙"而得宠，并助成杨广夺宗之计，本亦"狐媚偏能惑主"之辈，为隋室一大乱源。隋文帝死于仁寿四年（604）初，而陈叔宝于开皇九年（589）以亡国之君入长安，日日醉酒一石，驴肉餍足，活到当年年底[1]。虽说日日昏醉十多年，醉醒之间倒也见证了隋室父子兄弟之间残酷的明争暗斗与灭国仇家隋文帝的黯然谢幕，死可瞑目。陈宣帝地下有知，该给女儿竖拇指。宣华夫人是陈后主同父异母妹，根据1992年出土于长安县韦曲镇（今西安市长安区韦曲街道）北原的《陈临贺王国太妃墓志铭》，知其母为施氏，生二子一女；南宋《嘉泰吴兴志》称远宁公主为陈宣帝第十四女。施氏位仅太妃，且未生男，以故《南史》《陈书》均无传，身为臣虏的宣华夫人如果不靠自己的姿色心计狠掐一把历史的大腿根儿，亦自湮灭无闻。

---

〔1〕《南史·陈本纪》记隋文帝曾向监守者询问陈叔宝的生活情况："……监者又言：'叔宝常耽醉，罕有醒时。'隋文帝使节其酒，既而曰：'任其性；不尔，何以过日。'未几，帝又问监者叔宝所嗜。对曰：'嗜驴肉。'问饮酒多少，对曰：'与其子弟日饮一石。'隋文帝大惊。"

陳臨賀王國太妃墓誌銘

太妃姓施氏京兆郡長安縣人也吳將績之
後也父績陳始興王左常侍太妃婉娈在懷
淋慎后資皇帝躬入後宮寵冠嬪嬙
恩隆樹披旣而芳蘭在夢熊罷之兆斯章瑞沅
氣休符頴享遠公主進桂額茲企爵王閭
陵王剌興享遠公主平彌此二檔非關
公主以開皇九年金陵平昇夫人踵此二檔非關
皇帝納公主拜為宣華夫人踵此更衣以
續髮光斯二脈無待更政大業五年歲次
已巳八月十一日薨于高楊原里固鄉太妃以
九其月十四日葬于高楊原洪固鄉檀拾式
移居戚里優資旣隆湯沐之資咸從檀拾式
營寺宇事窮輪煥聊邦玄石以述清徽真詞
玄亦
爰自弱齡作嬪帝聞貞孝哀質溫恭為本逝
川不留過陳難駐蘭蕙俱摧徽歇同樹

陈临贺王国太妃墓志铭

复仇翻盘之事非本书所留意。笔者所关切者，是拟亲关系对宗法社会阶层壁垒的渗透、改写，以及由此发生的对社会结构的消解破坏或整合重组。联婚与和亲，当然属于社会集团之间的主动联结和渗透，而"配掖庭"与"锁二乔"之事不断发生，尤其是陷城灭国之后胜利一方的统帅、帝王对敌酋女眷的占有，客观上也往往发挥同样作用。其中一些突出的案例，不排除事件的主角在主观上有以此为策略，厌服、整合、吸纳异己力量的积极政治意图。

高欢原出尔朱荣帐下，他军事上取得胜利控制北魏政权后，继续任用前燕贵族、尔朱荣表亲慕容绍宗，又将尔朱荣两个女儿，包括原为魏帝皇后者，全部纳为嫔妃，并优宠尔朱荣之子尔朱文畅兄弟。这种做法，无形中缓和了他与同出尔朱集团者或者说旧日同袍的关系，也加强了与北魏王室的联结与个人权威，有利于整合资源，收拾局面稳定人心。但这类关系背后其实是现政权与前政权之间的关系，有前朝幽灵附体，蕴藏着改写、重组的黑暗力量，包含了变数。前赵刘曜的外孙不就真做了后赵末代皇帝吗？而石氏兄弟相残也由此引发，冉闵乘之，历史改写。尔朱荣之子就曾阴谋政变；高欢也曾欲废长子高澄，改立大尔朱所生之子，司马子如劝止高欢，一句"又娄领军勋，何宜摇动？"点得到位，它提醒高欢注意娄氏后面也有实力牌，处之不慎，可致倾覆。

文明太后虽非以敌酋妻女身份入宫，却俨然一敌国，因为她携带着迥异于鲜卑国族传统的文化信息与族群基因。她是汉人，其父冯朗乃北燕皇族，北燕灭，冯朗入魏，任秦雍二州刺史、西城郡公。她本人生于长安，年幼时冯朗因罪被诛，她遂入宫掖。更可怕的是冯氏并非一个人在战斗，她的姑母早在北燕向北魏称藩时嫁入魏廷，为太武帝拓跋焘左昭仪。大冯入宫相当于和亲，小冯入宫属于罪没，前后两股力量一接通，质变就发生了："世祖左昭仪，后之姑也，雅有母德，抚养教训。年十四，高宗践极，以选为贵人，后立为皇后。"早有研究者注意到"抚养教训"所包含的文化承传与保护谋划的特殊意义。

文明太后由罪人之女配掖庭，身份本低微如婢仆，非其姑母可比，其能逆袭成为贵人，与北魏本出鲜卑，诸王多早婚，性主放纵，不如汉族政权重视礼教之防与身份区隔有关。有"圣人"之称的北魏名臣高允在文成帝拓跋濬继位不久上表进谏，即指"皇子娶妻，多出宫掖"为一大弊。具足讽刺的是，文明太后那时已被立为贵人，而先于文明太后得幸并生下献文皇帝拓跋弘的文成元皇后李氏，也属配入平城宫的罪人眷属。多年以后，文明太后的忠实"学生"、深慕汉化与儒家治道的孝文皇帝迁都洛阳，他深悉此弊，并把纠偏与立正结合起来，亲自为诸弟选配中原汉族豪门大姓之女。然而，就连孝文皇帝本身也难免此事，他的长子元恂的母亲孝文贞皇后林氏，也是以与文明太后同样的身份配入掖庭的，足见积陋难改。如前节所述，北齐基本否定太和改制，代地鲜卑野蛮的习俗与传统沉渣泛起，宫闱之浊乱、民风之淫逸几乎到了失控的地步。高欢因为弟弟偷了自己的女人，活活把人打死；高澄与父亲宠妃通奸；文宣皇帝高洋更是遍奸内外女眷与元魏诸女，连嫂子都不放过；武成帝高湛之后胡氏与宠臣和士开通奸，武成死后又奸宿和尚，秽名遍于内外。如此风习与那个杀而不死的"天女"再次合体，"雄杰"出世，终于把北齐送上绝路。

"太姬虽云妇人，实是雄杰，女娲已来无有也。"（《北齐书·祖珽传》）北齐盲人宰相祖珽如此夸奖陆令萱。

陆令萱何方神圣？《北齐书·恩幸传》云：

> 穆提婆，本姓骆，汉阳人也。父超，以谋叛伏诛。提婆母陆令萱赏配入掖庭，后主襁褓之中，令其鞠养，谓之

干阿奶，遂大为胡后所昵爱。令萱奸巧多机辩，取媚百端，宫掖之中，独擅威福。天统初，奏引提婆入侍后主，朝夕左右，大被亲狎。嬉戏丑亵，无所不为。宠遇弥隆，官爵不知纪极，遂至录尚书事，封城阳王。令萱又佞媚，穆昭仪养之为母，是以提婆改姓穆氏。及穆后立，令萱号曰太姬，此即齐朝皇后母氏之位号也，视第一品，班在长公主之上。自武平之后，令萱母子势倾内外矣。庸劣之徒皆重迹屏气焉。自外杀生予夺不可尽言。

穆昭仪又从何所来？《北齐书·穆后传》（《北史·后妃传》略同）云：

后主皇后穆氏，名邪利，本斛律后从婢也。母名轻霄，本穆子伦婢也，转入侍中宋钦道家，奸私而生后，莫知氏族（婢从主姓），或云后即钦道女子也。小字黄花，后字舍利。钦道妇妒，黥轻霄面为"宋"字。钦道伏诛，黄花因此入宫，有幸于后主，宫内称为舍利太监。女侍中陆太姬知其宠，养以为女，荐为弘德夫人。武平元年六月，生皇子恒。于时后主未有储嗣，陆阴结待，以监抚之任不可无主，时皇后斛律氏，丞相光之女也，虑其怀恨，先令母养之，立为皇太子。陆以国姓之重，穆、陆相对，又奏赐姓穆氏。胡庶人之废也，陆有助焉，故遂立为皇后，大赦。……先是，童谣曰："黄花势欲落，清觞满杯酌。"言黄花不久也。后主自立穆后以后，昏饮无度，故云清觞满杯酌。陆息骆提婆诏改姓为穆，陆太姬，皆以皇后故也。后既以陆为母，提婆为家，更不采轻霄。轻霄后自疗面，欲求见，太后、陆媪使禁掌之，竟不得见。

这两段文字连读，直看得人心惊脉跳，却亦冷趣横逸！如果说同出北燕皇室的冯昭仪与文明太后是汉文化的跨朝潜伏与二代链接，陆令萱与有名无姓的孤女黄花联手，则是"配入掖庭"这股妖孽戾气的叠加变异。陆令萱以乳母起家，黄花以侍婢被幸，原本花开两枝，却彼此认门，默契配合，通过拟亲－恩养的路径，在北齐的深宫之内"异变"出母女组合，外加一个兄弟穆婆提，从亲情、性侣、玩伴延伸到对朝政的控制，形成围裹齐后主高纬的铁三角。细心的读者会注意到两段文字在交代同一事件时有意无意的表述差异："养之为母"和"养以为女"。自为养母之外，陆令萱更把"母养"玩成帽子戏法，让黄花原来的主子斛律皇后"母养"黄花所生之子，先为立太子扫清障碍。庶子经嫡母的认养而在同一父宗之下平移为嫡子，我们在本书"创造秦始皇"一节曾讨论过，只是此法到了陆令萱手上，金蝉已飞，徒具朽壳。陆令萱这套拟亲组合拳，横空出世，空前绝后，难怪祖珽五体投地。

"黄花势欲落，清觞满杯酌。"撰史者指此为童谣。但如此清词丽句，哪像童谣？分明出自当时文士之口。"碧云天，黄花（叶）地，西风紧，北雁南飞。晓来谁染霜林醉？都是离人泪。"（《西厢记》）作谣者当对穆氏身世一清二楚，冷眼旁观，拈出黄花地，静待西风紧。近千年后王实甫笔下崔莺莺眼中满满的"秋来愁杀侬"已提前化现，只不过那不仅是一个王朝的末季悲歌，也是野蛮落后的鲜卑文化的动地挽歌。谓予不信，对读《周书》与《北齐书》，不难发现一个与崇礼敦儒力复周制有很高相关度的非常明显的差异，西魏至北周宫闱之乱少闻，周武帝以前，几乎不见皇室成员公行秽乱，文武王公家门不肃争嫡夺嗣之讼也很少，即可说明两朝差别与问题所在。

当然，宇文与高欢两大政治军事集团同是封建专制政权，同出北魏六镇，残暴掠夺之本性无异，鲜卑之风尚习俗也不可

　　　　　　　　　　　人中吕布：中国养子文化史

能完全革除。周平江陵，尽掳平民百姓入北为奴。周武帝之李皇后，本为楚人，就是江陵之役的战利品，由周文帝宇文泰赐给儿子。北周平齐，周武帝特将齐后主的宠妃冯小怜赐给弟弟宇文达，以表彰他平时不近声色。到周武帝的继承人周宣帝这儿，衣帽间的故事又在深宫上演：

> 宣帝朱皇后，名满月，吴人也。其家坐事，没入东宫。帝之为太子，后被选掌帝衣服。帝年少，召而幸之，遂生静帝。……后本非良家子，又年长于帝十余岁，疏贱无宠。以静帝故，特尊崇之，班亚杨皇后焉。
>
> 《周书·皇后传》

周宣帝甫一即位，声色犬马原形毕露。尉迟皇后原为宗室西阳公宇文温之妻，"帝逼而幸之"，由此迫反其父宇文亮，诛其夫而纳其妇，行迹已与高洋无异。周宣帝死后，杨坚即轻移周祚。黄花飘落之处，秋色连波，波光远处见隋堤。

齿不齿

碧云天，黄花地。

黄花虽不知父，生母叫轻霄，却明白无误。古人怎么能把名字起得这么好，况是一个不知身世的婢女！想那时从皇后身边转出个婢女，就有倾国倾城之魅，能把人君搞得魂不附体，如黄花舍利出自斛律皇后，而冯小怜复从黄花舍利——穆皇后的婢女队中转出，真有些不可思议。

不可思议且不议。黄花之"莫知氏族"，却与本书题旨有关，略补一议。

度之情理，黄花应为北齐大臣宋钦道与轻霄的私生女，若不然，坊间不会有此议论，轻霄也不至于被黥面作"宋"。宋钦道为汉人，祖父曾任魏吏部尚书，他本人仕途通达。高洋死后，他与杨愔、燕子献同辅废帝高殷，不久高演发动政变，人被杀，家被籍没，黄花入宫。黄花乃其父与婢女所生，属于庶孽之末，地位与赵襄子、卫青们大致相同。赵、卫两人虽知姓氏，地位却近于奴仆。如前文"度世之诚"一节所述，南北朝时期的北方，嫡庶之防非常峻严，侧室或奴婢所生子女，多有"不举接"，即庶孽不列，姓氏不明，遑论地位。名将杨大眼，乃氐王杨难当之子，因为侧室所生，即不为宗族所重，至不免饥寒。此种情况，显然延续到北朝后期，黄花正属不被接举之列。颜之推在梁亡后入北，历仕北齐、北周二朝，亲睹南北礼制风俗之别，在《颜氏家训·后娶》中指此为北朝尤其是北齐陋习，并论及因果：

> 江左不讳庶孽，丧室之后，多以妾媵终家事；疥癣蚊虻，或未能免，限以大分，故稀斗阋之耻。河北鄙于侧出，不预人流，是以必须重娶，至于三四，母年有少于子者。后母之弟，与前妇之兄，衣服饮食，爰及婚宦，至于士庶贵贱之隔，俗以为常。身没之后，辞讼盈公门，谤辱彰道路，子诬母为妾，弟黜兄为佣，播扬先人之辞迹，暴露祖考之长短，以求直己者，往往而有。悲夫！自古奸臣佞妾，以一言陷人者众矣！况夫妇之义，晓夕移之，婢仆求容，助相说引，积年累月，安有孝子乎？此不可不畏。

循此，我们可以在颜之推所指的"河北"区域，即主要对应东魏——北齐的封域，找出若干证例，一地"不齿"。

《北史·后妃传》："琅邪公主名玉仪，魏高阳王斌庶生妹也。初不见齿，为孙腾妓，腾又放弃。文襄（高澄）遇诸途，悦而纳之，遂被殊宠，奏魏帝封焉。"

山东豪族高翼的侄儿高永乐有个儿子名长命，"本自贱出，年二十余始被收举。猛暴好杀，然亦果于战斗"（《北齐书·高乾传附传》）。

魏收父老而不归养，这成为政敌攻击的一个软肋。得知御史准备以此提起弹劾，他慌忙采取措施："收有贱生弟仲同，先未齿录，因此怖惧，上籍，遣还乡扶侍。"（《北齐书·魏收传》）

《北史·隐逸传》："崔廓，字士玄，博陵安平人也。父子元，齐燕州司马。廓少孤贫，母贱，由是不为邦族所齿。初为里佐，屡逢屈辱，于是感激，逃入山中。"

例一为魏室王侯之家，系鲜卑族。后三例均为汉族豪族。

四则材料引出两组词：齿，齿录，见齿；收，被收。

齿，原意指年齿、年龄，用作动词，指按岁数辈分在宗族兄弟中排序。顺此，齿录、见齿，即把侧出贱生之子纳入子女中依序排行，也即收录于宗族；反之，就是秋风里飘无所依的黄花。同是庶孽之子，尚有终生不齿或长大之后始被收录两种情形，例二、三是后者。原因皆非亲情发现，而是有用或需要，如长命暴猛善战，堪经战阵；魏收之弟可代兄回乡侍亲，避免自己被弹劾。

话说回来，颜之推的话我们也不能全信，"江左不讳庶孽"，所谓不讳，只是相对北朝"过讳"而言。《南史·后妃传》说，宋文帝刘义隆的嫡妻袁齐妫出自陈郡阳夏大族袁氏，为袁湛之庶女，就因其母卑贱，"年至六岁方见举"，这当然不是孤例。

盗谱者：命你给我当弟弟

养弟，是此时期宜加注意的又一拟亲品种。

上文提到北朝中后期"约为兄弟"之事骤增，连皇帝都动辄与臣下称兄道弟。若问谁是此中第一冤大头，不是王侯将相，也非轻霄黄花，乃一渔阳富人钟长命，《北史·齐宗室诸王传》云：

> 渔阳王绍信，文襄（高澄）第六子也。历特进、开府、中领军、护军、青州刺史。行过渔阳，与大富人钟长命同床坐，太守郑道盖来谒，长命欲起，绍信不听曰："此何物小人，主人公为起！"乃与长命结为义兄弟，妃与长命妻为姊妹，责其阖家长幼，皆有赠贿，钟氏因此遂贫。齐灭，死于长安。

这哪叫结义，直接就是命令：命你与我结兄弟，命汝家眷认姐妹，然后兄弟共财，姐妹送钱，你的全是我的。古人有言：交官贫，交贼富，此段文字，可与《水浒传》对读。

高绍的爷爷高欢可没他孙子这么浑。高欢养过一弟，也是直接"命为弟"（《北齐书·高隆之传》），连姓也改了，可他没把养弟弄破产，而是让人家开府称王，荣华富贵。"命"与"养"匹配，把"约为兄弟"与"养弟"清楚区别开来，前者基于平等关系，后者突出一方的主动、强势与隶属关系；双方的身份、地位差别也比较大，后者更近于养子，或者说就是"大龄养子"。

十六国时期，养弟的影子已经出现。成汉皇帝李期为其堂叔李寿所败，被废，自缢而死。李寿发兵的导火线，是李期鸩杀安北将军李攸。李攸者谁？《晋书·李期载记》："攸，寿之养弟也。"常璩《华阳国志》卷九则称此乃嫁祸:"会养弟攸从成都病还,死道中,乃阳言越(李越,李期之兄)药杀之。"李攸既堪任将领,肯定属于勇贲之士,也应以此为李寿所养。

北魏末年,一个由乳母带出来的养弟出现在北地三原(今陕西咸阳三原县)。《北史·毛遐传》:"毛遐,字鸿远,北地三原人也。世为酋帅。"他有两个弟弟,二弟鸿宾,三弟鸿显,鸿显为养弟,为"遐乳母所产也,一字七宝。遐养之为弟,因姓毛氏。劲悍多力,后随诸兄战斗,多先锋陷阵"。

是否可以发生这样的遐想?毛鸿远与穆婆提,其实可以互换——如果将两人的社会关系、角色、环境调个包。他俩都出身贫贱,借母亲为豪门皇家当乳母这样一重关系,突破社会阶层的壁垒,进入豪贵的圈子,可见乳母(保母)与养弟(养子)同为宗法社会"破壁"利器,间或组合配套。

北齐出了两个有名的养弟:高隆之、高思好。

《北史·高隆之传》云:

> 高隆之,字延兴,洛阳人也,为阉人徐成养子。少时,以赁升为事。或曰父干为姑婿高氏所养,因从其姓。隆之后有参定功,神武命为弟,仍云勃海蓨人。干赠司徒公。隆之身长八尺,美须髯,深沉有志气。初,行台于晖引为郎中,与神武深相结托,后从起兵于山东,累迁并州刺史,入为尚书右仆射。

高隆之在高欢时代号为四贵,位高权重,虽颇有政术建树,而用法深刻,多为酷毒。高洋称帝后,一开始还以之为尊长旧臣,任以政事,后因事积怨,遂失宠,被禁止。他的结局惨烈:"帝(高洋)深衔之……大怒,骂曰:'徐家老公!'令壮士筑百余拳,放出。"后因从驾,死于路中。高洋不解恨,不久诛其全家，高氏灭族。

高思好弄出的响动更大，差点儿扳倒北齐江山。《北齐书·上洛王思宗传》云：

> 思好本浩氏子也，思宗（高欢从子）养以为弟，遇之甚薄。少以骑射事文襄，及文宣受命，为左卫大将军。本名思孝，天保五年，讨蠕蠕，文宣悦其骁勇，谓曰："尔击贼如鹘入鸦群，宜思好事。"故改名焉。累迁尚书令、朔州道行台、朔州刺史、开府、南安王，甚得边朔人心。后主（高纬）时，斛胥光弁奉使至州，思好迎之甚谨，光弁倨敖，思好因心衔恨，武平五年（574），遂举兵反。与并州诸贵书曰："主上少长深宫，未辨人之情伪，昵近凶狡，疏远忠良……孤既忝预皇枝，实蒙殊奖，今便拥率义兵，指除君侧之害。幸悉此怀，无致疑惑。"……
>
> 思好至阳曲，自号大丞相，置百官，以行台左丞王尚之为长史。武卫赵海在晋阳掌兵，时仓卒，不暇奏，矫诏发兵拒之。军士皆曰："南安王来，我辈唯须唱万岁奉迎耳。"帝闻变，使唐邕、莫多娄敬显、刘桃枝、中领军厍狄士文驰之晋阳，帝勒兵续进。思好军败，与行思投水而死。其麾下二千人，桃枝围之，且杀且招，终不降，以至于尽……

综读《北史》《北齐书》《资治通鉴》关于两高的史料，可梳理出若干带共性的信息。

其一，他们都是乱世中冒出来的黑马，身世不明，背景含混复杂，尤其是高隆之。

其二，"养弟"，意味着养之如子，以区别于"约（结）为兄弟"或"兄弟结拜"。就毛鸿显、高隆之、高思好乃至唐朝彰义节度使吴少诚以吴少阳为养弟诸例而言，可以初步判定为弟者均改从兄姓。吴少阳与少诚不同乡，两人原为军中密友，吴是否为少阳本姓，未可遽定，高隆之则须为一辩。

《北史》本传说得很清楚，高隆之为洛阳人，曾以赁升（大约是居间赁卖之类贸易之务）为业，先为宦官徐成养子。徐成，《魏书》《北史》均无传，但北魏是个宦官的黄金时代，宦官非常活跃，可任地方牧守，往往养子置家。《北齐书》的介绍，与《北史》颇有不同，而闪烁其词："高隆之，字延兴，本姓徐氏，云出自高平金乡。父干，魏白水郡守，为姑婿高氏所养，因从其姓。"历来公认李延寿父子修南、北二史，在直书上胜过"八书"（宋、齐、梁、陈、魏、齐、周、隋断代史），改正不少"八书"的曲笔，此应为一例。中国古史一个通例，就是对史实有疑或违情曲笔的，前加"或云""自云""云"等语。《北史》直指高隆之为洛阳人，并"为阉人徐成养子"，是不疑；于其父养于高姓姑婿前加"或曰"，是疑，对其父曾任郡守则完全不予采信。《北齐书》于高隆之乡贯、父职与其父因被养而改姓之前加"云"，同样存疑。若从二史所疑，则隆之改姓高，应该是因为被高欢命为养弟。要知道，不管是养子还是约为兄弟，是否改姓，都是一条界线，不改姓至少说明没有因此改宗换祖。史上仅言"约（结）为兄弟"者，极少改姓，周瑜与孙策、杨坚与司马消难皆然。小说中的桃园结义，也是不改姓的。异姓结为兄弟而改姓，就意味着纳入一方的宗族序列，要"齿序""收录"，唯此才与"养"之义相当。高欢初以世子高澄为大将军代其理政时，"太原公（高）洋于澄前拜高隆之，呼为叔父；澄怒，骂之"。胡三省注："隆之本洛阳人，欢命为弟，故洋以叔父呼之。"（《资治通鉴》卷一百五十八）这则材料也说明当高欢亲政，高隆之得势时，高欢诸子是对这位养叔行家人礼的。另胡注取洛阳人之说，也与《北史》一致。

高思好本浩氏子，因被养为弟而改姓高，其后起兵，自称"孤既忝预皇枝"，而并州兵士也谓"南安王来，我辈唯须唱万岁奉迎耳"，是其宗室属籍身份也不存疑义。

其三，除毛鸿显属于乳母拖来的"油瓶"，其余包括唐朝藩镇吴少诚之养弟，或为党附，或籍武勇，都基于互相利用的功利目的。

高隆之于高欢有参定扶立之功。北魏永安元年（528），泰山太守羊侃叛，魏帝派于晖率众十万与高欢等同讨，败走羊侃。于晖，《魏书》《北史》无传，《册府元龟》卷九百四十五《附势》："于晖字宣明，为汾州刺史。晖善事人，为尔朱荣所亲，以女妻其子长孺，历侍中、河南尹，后兼尚书仆射东南道行台。"知此人为尔朱荣亲信。时高隆之为于晖郎中，而"深相结托"于高欢，后来成为高齐名将的彭乐，此时也为于晖所部都督。可见高欢利用此次战役暗中发展力量，网罗羽翼，为后来的起兵山东打下重要基础。高隆之既成为高欢唯一养弟，肯定曾经在某个关键时刻发挥了重大作用，如蔡祐以宇文泰帐下亲信在关键时刻斩杀阴持两端的夏州首望弥姐元一般。但高隆之与高家第二代实无亲情共感，高二代非但不买账，且要杀威，故高澄始亲政即面叱高洋，禁止弟弟称高隆之为叔。高洋本人当上皇帝，追憾昔怨，高隆之却不知自损谦退，结果不免倾覆。

史言高思宗遇养弟思好甚薄，但不妨其凭"击贼如鹘入鸦群"之骁勇无敌，直接得到高洋赏识，开府封王。后来形势变了，主子换了，他逐渐成为猜忌凌蔑的对象，不自安而终至于反。

高思好之反引出一场惨烈的屠杀："其麾下二千人，桃枝围之，且杀且招，终不降以至尽。"这支亲军如此忠诚，分明就是"假子军团"。

"养弟"之称，旷于前代，后世绝少，魏末至北齐期间，

　　　　　　　　人中吕布：中国养子文化史

正史所载也仅此数例。且三原毛氏之养毛鸿显缘于乳母恩重，与北齐二高之纯以党援武用相结实属不同类型。中唐安史之乱藩镇割据局面形成后，异姓恩养随之泛滥，但已基本固定在父子这种关系上，即使年龄差距不大，利益所关，也不妨父子相称。"养弟"于此时如昙花一现，正好反映了异姓恩养模式定型前的一种混乱随意。

而高欢，正好是那种为结党援可以胡乱认宗唤叔的混世魔王。

上节我们讲到，高欢南出太行下山东之前，山东豪族高乾、高昂兄弟早已起兵并据有信都，控制局面。但高乾懦怯，不敢自立，开门迎接高欢，甘当他人铺路砖，史家至谓"齐氏元功，一门而已"。而高欢对高氏兄弟只是利用，其后借刀杀人，摈斥几尽。不过，高欢当日带着半饱半饥一支疲卒初下山东时，为讨好高氏兄弟，取得其支持，竟乱攀亲戚，而且一点不顾辈分。得知高乾主动来迎，高欢大喜过望，"遂与乾同帐而寝，呼乾为叔父"，须知高乾比高欢还小一岁。这边高乾乐滋滋白捡一个雄才大侄，那边他弟弟高昂怒发冲冠不买账，高欢嬉皮笑脸，如法炮制，让长子高澄以子孙礼迎高昂：

> 昂马槊绝世，左右无不一当百，时人比之项籍。神武至信都，开门奉迎。昂时在外略地，闻之，以乾为妇人，遗以布裙。神武使世子澄以子孙礼见之，昂乃与俱来。
>
> 《北史·高昂传》

姚薇元《北朝胡姓考》考证高欢先世纯出鲜卑，他本人并非鲜卑化的汉人，而高乾家世是地道的汉人豪族，高欢先祖从未踏足渤海蓨地，两高父祖辈风马牛不相及。《北史》《北齐书》关于高欢为"渤海蓨人"的说法完全凿空，不耐一考。而《北齐书》已经伪饰，删去高欢南下山东与高乾见面呼其为叔并让高澄"以子孙礼"迎高昂这两个肉麻段子。若非《北史》直笔，我们难以想象当日北镇的鲜卑大兵高欢为"空手套山东"，可以如此即兴表演，而正史也只好配合他给谎言背书，闪烁其词以模糊其族属家世，拟亲大法，真天下无敌。

以此而言，高欢才是刘季的真传，无本万利的盗谱者。

2017年9月8日于杭州良渚白鹭郡南完成初稿
2021年4月3日于景德镇佛印湖畔终稿，是日辛丑清明
2022年11月24日于景德镇静默中终校，是日感恩节
2023年3月3日于深圳福永印前清校，三日后惊蛰

后 记　露从今夜白

秋风吹来"校书郎"

我小时听得最多的关于节气时间的俗谚，是"年怕中秋，月怕十五"：光阴如电，过半便如将尽——既警醒，又令人慨叹。展开在空间里的人生途程，却道阻且长："行百里者半九十。"俗谚与古训时空吊诡，相反相承，在人生边上拓扑出些许历史感。事实上，这也隐喻了个体人生与时代历史的关系。一代人，几十近百年，自以为很长，实则如梦幻如朝露，在历史的长路上，曾一粟之不如。缺乏历史感的人通常爱唠叨"我这辈子……""活久见……"，如此声口在孔子那儿怕是"孔仔"——潮汕话憨、孔同音，孔子是圣人，孔仔半晓人，所以说要读史明识。

说中秋，中秋到。话说今天是2022年9月7日，白露。露从今夜白，三天之后，便是中秋，又一年差不多可以看到尽头。

客观地说，这一年对多数国家地区、多数人来说仍是相当煎熬的一年。俄乌战争爆发且未见尽头，中美关系空前紧张；酷暑干旱，灼伤了刚过去的夏天，鄱阳湖底风吹草低……

然而，对于如我这样一个早已经由历史深悉血火前尘与生死之机的凡人，2022年却是无需抱怨的一年，甚至是黄金时代与丰收季节的叠加。

这是我卜居江西的第三个年头。四方疫情之下，景德镇如我老家潮汕，是天选福地，平安已久，恍如化外。我得以专精一意，继续这莲花塘畔野马读书堂游于艺、志于学的一个人的"黄金时代"。

天若有情天不老。

一月，新岁没忘给我开一朵小花——继《提头来见：中国首级文化史》（简称《首级史》）、《带着花椒去上朝：古杀十九式》（简称《古杀》）之后，我的第三本书《潮汕往事·潮汕浪话》由生活·读书·新知三联书店出版。

初春，得沪上经济学者、《理财周刊》创始人陈跃先生、友雄周君等乡贤、老友的资助支持，我在疫情大起之前去了一趟上海，与云间美术馆（位于上海环球金融中心29层，号称中国最高地标美术馆）徐迪旻、朱珉先生商定于六月中旬举办"远活在云间"个人艺术展。因为备展，机栝触发，我成功找到突破口和叙事路径，开始"往事系列"第二个长篇《借江南：杭州记》的写作，至八月底已完成十三万字，调性、风格、节奏基本明朗，面目崭新，成书可期。展览虽因疫情延期，却已种豆得瓜，无上菩提。

"怎么样的写作，才能自度度人？谁在时代的弯弓中一箭双雕？"——七月中旬，我又和疫情躲了个猫猫，"闯访"深圳，在壹方城觅书店和《晶报》主编，著名藏书家、书评家胡洪侠兄做了新书对谈，拜访多年不见的旧友，结识新朋。平安回到景德镇后，我照旧躲进小楼成一统，在酷暑中闭户"空调"，继续《借江南》的写作。

如此安度一个多月，好消息随第二缕秋风吹来。就在昨天，三联书店的编辑老师给我发来本书——《人中吕布：中国养子文化史》（简称《养子史》）校样，这本近三十万字的专著，是我迄今最看重的个人学术著作。此前一天，《读库》总编老六正好发来我的另一部十万字小书《周旋变：出南朝记》的校样，出版方是新星出版社。我这个离开江南四五载的"远活者"，恍然如于浅草没蹄的春晓复入苏堤，又恍然如当年元稹白乐天之同时获任"校书郎"。

> "谨以此书献给历劫弥繁的家国，和月明如昨的苏堤春晓。"——我在扉页如是说。

元稹《赠吕二校书》有句："同年同拜校书郎，触处潜行烂漫狂。"元白的烂漫狂是"占花园""定秋娘"，在下"十年一觉杭州梦"，走过秋娘渡泰娘桥，占得前朝水声，良渚玉气，不足深羡。这"触处潜行"，却可拿来比方我作为体制外写作者近半生独自深潜一以贯之的治学立场与学术生涯，也可说明本书的写作背景与我的学术抱负。

关于治史，我的方法与立场

对于历史的研究写作，我的方法与立场，是"一原""二入""三不"。

"原"，即精读原典、经典，多读原始史料即第一手材料，少读时文即今人之书；或者说，读罢原始史料、前人之书，再兼顾今论时文，必要的资料索引不在此列。又，历史研究是从现实出发对历史的观照解读，文史哲本一家，所谓原典，其范围不仅包括历史，也包括文学、哲学及其他相关的社会科学领域的经典。依靠不可言传的学术敏感，真正的学术问题，学术上的暗角、盲区，会在大量原典的阅读和比对中浮现。进一步，历史叙述的文体创新，需要超乎其上的人文视角与深厚文学艺术修养的海涵春育。

"首级—枭悬"这个题材最初进入我的视野，就是因为原典阅读。一方面，"斩首""枭悬""枭传""悬首""首级""送头"之类热词在《廿五史》中白雨跳珠高频出现，"传首"更是古代中国特有之事，专门之制；另一方面，中国史学界对此题材的研究近于空白——这简直是不需做文献检索就可以判断的事。通过对中国首级文化的整理研究，我首次发现并系统阐述了中国古代专制社会以首级—枭悬为表征的"礼兵刑三位一体"统治机制，从而使这一研究不仅具有开创性，而且显示出独特的学术价值。事实也正如此，当我在京杭大运河边坐了十年冷板凳，终于写成《千里送人头》（即《首级史》初稿），试着投给国内最具人文关怀与学术品位的出版机构北京三联书店时，触稿无量的编辑一看稿子，便问："作者何方神怪？这个角度很刁，匪夷所思！"

原中山大学历史系教授、已故著名学者蔡鸿生先生审阅书稿，也给予鼓励肯定，他评价说，《首级史》"具有广义文化研究的规模"，"按其创新程度而言，无异于发掘了文献中的一处古迹"。

同样，本书的写作，也缘于《二十四史》中"天子""养子""假子""亚父""义儿""冒姓""母养""寄奴"之类称呼、名词频频出现，相关人物的身影与气息无处不在，而现有的历史研究却很少涉及。这明显的不对称，是"别有洞天"的神示，吸引我进行又一程史学的探险，"杀"罢首级，接"生"养子。2015年，我在杭州良渚文化村开始《养子史》的写作，2017年草成初稿，而后辗转北京、武汉、重庆多地，至2021年春末于景德镇修改定稿。入窑块泥，出窑片玉，瓷都于拙稿亦有化育助成之功矣。

我在阅读《南史》《北史》《世说》《通鉴》等原典时，发现"之人"——名中有"之"的人曾在东晋南北朝时期的南方社会井喷群出，深潜捉"怪"，发现其与"周旋"——用现在的话说，即"社会内卷"的逻辑关系，进而发现"周旋人"这个"快闪一族"自来为治两晋南北朝史者所忽，而由最初一篇不足万字的论文，在老六的怂恿支持下，"周旋"扩充为《周旋变：出南朝记》这样一册我自己戏称为"南朝社会精神史"的独具面目的小书，这也是我卜居景德镇后完成的第一部史学著作。如精力许可，兴趣也能持续，我会循着这一进路写一个系列，下一本已有乳名，叫《在路上：出隋朝记》，不瞒你说，资料都理过一遍啦。

再说"入"。

入之路头有二：其一，借用社会学家项飙的说法，叫"把自己作为方法"切入历史；其次，是从现世人文关怀与生存困境切入历史。换言之，也就是把历史看作一条连续不断的长河，现世生活与个人生存，无一不是这长河前波所激的后浪。缘此，历史叙事，从运思到呈现，都必定鲜活感性，而非枯燥的论点罗列或事件的机械陈述。历史写作与阅读，必须既可烛照过去世代的人心世道或曰社会精神，同时能够慰藉当下，开解生存困惑。

亦以本人的学术实践"自明本志"。

且不说学术抱负及其实现，《首级史》《古杀》这两道"黑暗料理"，除了钩沉补阙，私意也存"忆苦思甜"之想，即通过再现、直面乱世血火的历史面相，提醒人们珍惜太平年月，维护安定生活，顺便增加幸福感。此前有友人认为如此题材冷僻血腥，大概率吃力不讨好；更有天真的书友认为离乱之世不会再来，这种写作没有意义；甚且有怕不吉利，做噩梦，不买不读不藏《提头来见》的。历史老人如闻此言，要笑众生生性健忘而神经脆弱，好了伤疤忘了疼。生而为人，幸遇治世，担头看花；遭逢乱世，命如虫蚁！健康快乐安定生活的每一天，何尝不是邀天之幸？不懂天道轮回，怎知宝惜敬畏！不管别人，作为写作者，我自己是切实从中得到慰藉，受其治愈的。

世人常说除了生死无大事，我做历史研究，可是专挑大事发题，生杀一手抓。如果说《首级史》说杀，《养子史》正好相反，落点在"生"，通过对拟亲机制——养子文化的系统研究，发明、探讨拟亲与宗法这两套治理工具怎样"相反相承"互为经纬，成为古老华夏民族——中华帝国兴亡继绝生生不息的调整系统和内生机制。当初书稿送到三联书店，火眼金睛的编辑同样一眼就判断出这又是一项填补空白的史学研究。犹记前年深秋桂花开时，我重访杭州，新朋故友在西湖深处三台云舍老朋友许韬的柿树民宿江海相逢杯酒论道，著名学者、评论家江弱水教授得知我写成《中国养子文化史》，大惊赞，继以叹：这样好的题材，被你写了！好像在下独拱十盘酸辣小白菜。稍歇，弱水兄实力"打赏"：等你这书出来，我给写评论。我自己则继续懵懂，等到写作《潮汕往事·潮汕浪话》时，在一天突然猛醒：可不，我爸爸就是养子！我亦养二代！作为平民，"养二代"虽未给我造成什么"生存困境"，毕竟在我成长的程途中投射下些许阴影，大概也算无意识的切入罢。

三"不"，是一不戏说，二不白说，三不呆说。

戏说历史，大家不陌生。前些年一批名为历史小说、历史题材影视作品的东西，戏说起来无下限，不怕穿帮，甚至以戏说掩饰才尽，以戏说歪曲历史、丑化文化。对我来说，把历史研究与写作当作严肃的学术来做是起步价，所以，我论必有据，事必有典，绝不戏说。至如借小说写作之名油腻《汉书》、糟蹋《通鉴》这样的事，给我吃一千个王八也干不出来。

不白说，有两层意思。

一是不做学术含量低的"白话历史"。当然，这是一条捷径，也少不得基本的学养和功夫。总体而言，这活儿门槛低，媚俗易，稍加文采花样，一不小心就成畅销书。但归根到底没多少养分，你不做，别人会做，基本不具备独创性、学术性和思想性，上不到"立言"的台面。我一个潮汕人，一个浪子，若为急功近利博名发财，过小市民生活，早该一心一意去经商，何苦假装是文人，做学问？更何苦在体制外焚膏继晷孤军作战，却尽干可以被轻易重复替代的事？钻石恒久远，一颗永流传。起码，《首级史》《养子史》此前未经人写，属于填补空白，仅此，亦算对自己有所交代。

如上所述，本书主要的学术价值，是首次在史学界明确提出宗法与拟亲互为经纬，成为古代中国专制国家兴亡继绝延续发展的配套治理工具。其次是按时间轴线整理养子史料，并借助拟亲—养子这个视角或者说理论工具，对诸多历史问题、事件和人物进行系统梳理，使之更为明晰，得到更合理、更有力的解读与评价。散见于本书，其大端者，如：天子观念的发生；赵襄子、秦始皇的造成；战国至两汉拟亲群体的界定；汉末三国豪族的实质与博弈兴衰之道；刘封悖论；东吴家兵制再认识与府兵制的源起演变；北魏母权传统与社会形态的再认识；高齐、宇文集团不同的路径策略与盛衰因果；等等。具体而微者则如：刘邦发迹史上长期被遮蔽的几段关系；"桃园结义"之结撰；关羽刘备真面目与历史形象的遮蔽错位；曹操吕布好色的实质及母养策略；文明太后何以躲脱历史清算；等等。由于学力未济，精力有限，《养子史》仅整理了先秦至北朝这个阶段，稍涉南朝与隋，只是第一册，也算开了个头。再写下去，隋唐五代尤其是中唐以后是养子大爆发时期，足为一大册；两宋时期中国社会进入转型期，拟亲与宗族建设、地方治理的关系有诸多新发展新特点，其后随着市民社会和明清资本主义的萌芽，拟亲与商业文明发生紧密关系，明清至近代内容更加多

人中吕布：中国养子文化史

元丰富。我要再写下去，残生怕真得“皓首穷经”到这里头去了，不好玩。如有同志者大力续成，是所愿也。

第二种“白说”，是以猎奇为主要目的，堆叠搬运掌故逸事。

比拙作《首级史》出版早几年，有本英国人写的小册子在吾国畅销，名字叫《人类砍头小史》，主要搜罗世界各地主要是欧、美、大洋洲各地古代砍头与首级的相关故事、逸闻。此一类型的工作，在前互联网时代，需要作者拥书万卷，博闻强记；如今给出关键词，一个本科生就能替你上网把《四库全书》搜个遍。史识，也即发现问题的功夫，因其不可替代，上升到最重要的地位，而史识源自老老实实精读原典。中国古代首级与养子文化这两个题材，之前均未有学人专力研究，“留下那半部《红楼》”（萧红语）与我来写，除多为体制课题所囿，史识不至，是主要原因。这两个题材，天生适合猎奇，若以此套路做《中国砍头故事》《历史上的“吕布”们》，成书甚快，风行亦易！不过，能干这种活的人多着，不少我一个，那只算得史料的粗加工，是一堆不需要学术支撑也没有文化底蕴的历史碎片！

我写《古杀》，就是对首级研究诸多“下水料”的深度加工，多少有猎奇“白说”之嫌，但着眼点仍是学术，是文化，是首发与独见。如“椒杀”“拉杀”“压杀”“扑杀”，前人均从未专力揭出并加以整理，解读史料，有时未免夹生成误。举个例，不明花椒杀人的就里，对李咸捣椒、刁存含香的典故和“闭气而死”的说法，就很可能不解或误读。巧杀、天杀、歌杀、酒杀、井杀等，则着力揭示杀戮扼制后面深层的文化动因，如“巧杀”——对“有巧思”的贬抑，关涉“李约瑟之问”，直指中国科技史上深层次的消极因素；“杖杀”则可作为一个特殊角度，来观察王阳明的心学与事功；等等。《古杀》出版后也得到学界与普通读者两方面的好评：在“华文好书”2020年8

月人气榜上,《古杀》居"读者投票最期待好书"之首;《博览群书》2021年第3期《对谈》栏目,也专文推介此书。

最后聊聊"不呆说"。

呆,是我憋出来的一个很"呆"的字,体制内做历史,很容易像写硕博论文一样按所谓学术规范一二三四,把历史叙述变成呆板无感情的论列,既无趣,也显示不出现实关切与人文关怀。此虽有所不得已,亦关涉研究者自己的认知、取向和选择。这就关系到一个更根本的问题:历史写作的文体创新和风格构建。前论切入之道,已涉及历史写作对文体与风格的内在要求。事实上,文史合一本来就是中国历史书写最古老的传统,中国古代的撰史者,往往同时是那个时代最作秀的文学家,《左传》、前四史与《资治通鉴》无疑都是最优秀的文学作品。包括本书在内,本人所有的历史写作,都立足文史合一,进行文体与风格创新方面的积极尝试。希望这种努力卓有成效,能得到读者的认可和共鸣。

露从今夜白,月是古时明。倘能如此,也就够了。

是为记。

2022年9月7日　白露

于景德镇莲花塘野马堂